U0003661

LOCUS

LOCUS

LOCUS

LOCUS

Smile, please

smile 117

太空人的地球生活指南：
夢想、心態、怎麼按電梯、如何刷牙，以及怎麼穿著方形裝備走出圓形艙門

作者：克里斯・哈德菲爾（Chris Hadfield）

譯者：陳榮彬

責任編輯：潘乃慧

封面設計：三人制創

校對：呂佳真

法律顧問：全理法律事務所董安丹律師

出版者：大塊文化出版股份有限公司

台北市10550南京東路四段25號11樓

www.locuspublishing.com

讀者服務專線：0800-006689

TEL：(02)87123898　FAX：(02)87123897

郵撥帳號：18955675　戶名：大塊文化出版股份有限公司

總經銷：大和書報圖書股份有限公司

地址：新北市新莊區五工五路2號

TEL：(02) 89902588　FAX：(02) 22901658

初版一刷：2014年6月

定價：新台幣360元

Printed in Taiwan

太空人的地球生活指南

AN ASTRONAUT'S GUIDE TO LIFE ON EARTH

夢想、心態、怎麼按電梯、如何刷牙，
以及怎麼穿著
方形裝備走出圓形的門

克里斯・哈德菲爾上校 —— 著
陳榮彬 —— 譯

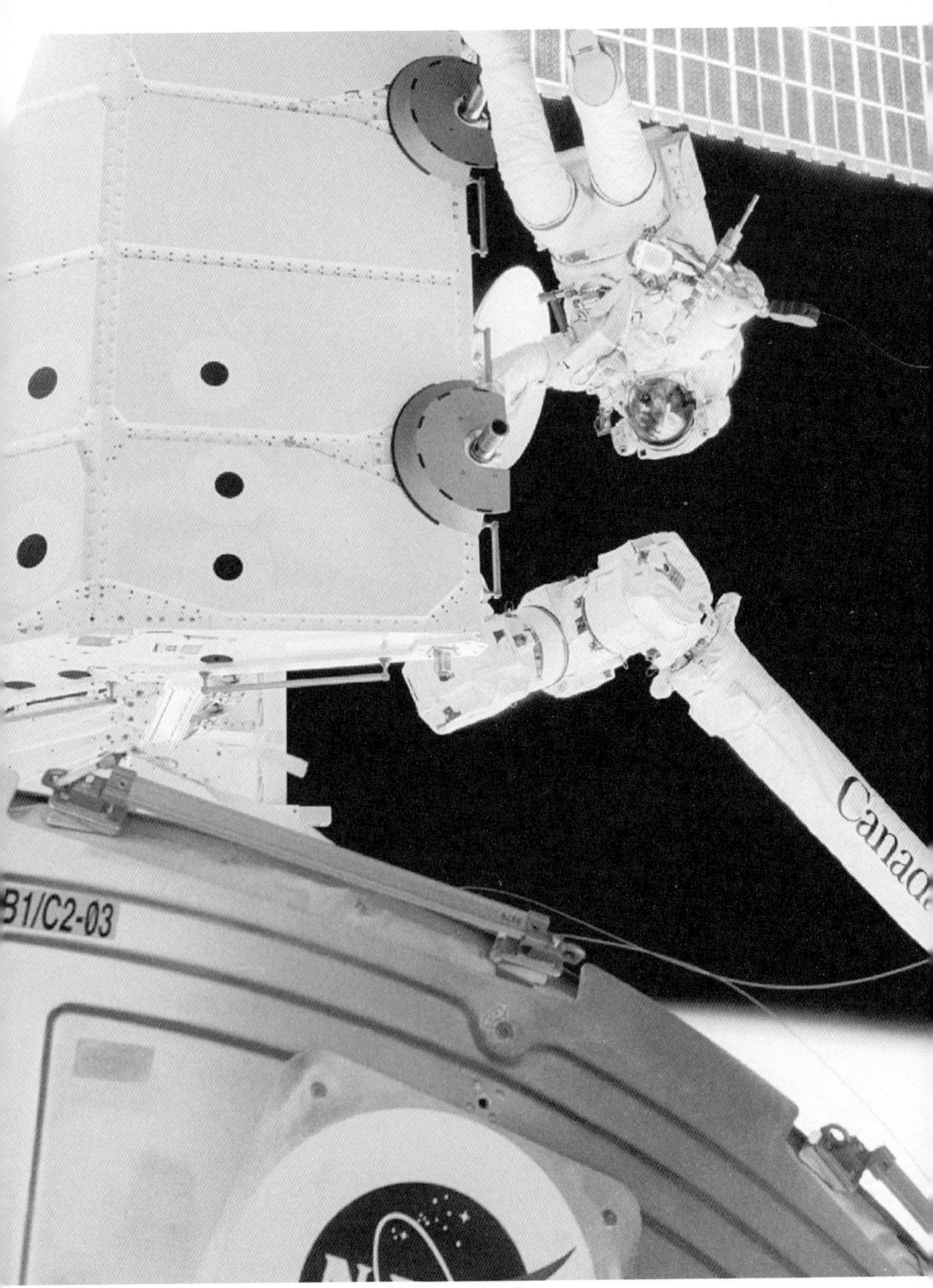
B1/C2-03

獻給我深愛的海倫。
我所有的夢想之所以能夠成真，
都是因為妳的信任、鼓舞，以及持續的幫助。

目錄

引言

永遠不要放棄夢想

沒人生下來就是太空人

從太空船的窗框後隨意往外看，到處都是奇景。每隔九十二分鐘都能看到一幅令人驚喜的景象：眼前的行星宛如以橘色為基底的千層蛋糕，然後是厚厚的藍色楔形色塊，接著是黑暗中的繁星點點，美不勝收，好似糖霜。地球上的圖案就像一個個在我眼前揭露的祕密：井然有序的平原上硬生生冒出一座又一座的高山，森林化為一道道邊緣積雪的綠色切口，河流在陽光下閃閃發亮，像一條條銀蟲似的曲折蜿蜒。五大洲一望無垠，外海上的島嶼星羅棋布，彷彿一片細細的破碎蛋殼。

執行第一次太空漫步任務前，我在氣密艙裡飄浮著，心知等一下出去後看到的美景會更為罕見。我將飄浮在太空中，沉浸在宇宙的壯觀景致裡，同時緊抓著一艘以一萬七千五百英里時速環繞地球的太空船——這是我畢生夢寐以求的時刻，為此我不知道付出了多少心血。壯闊的美景當前，我必須保持鎮靜，而且我眼前面對一道有點荒謬的難題：我要用什麼方式出去最好？艙口是個圓形小洞，而我的胸口掛了許多工具，還背著一個大大的氧氣筒和電子設備，全身呈方塊狀。穿著方形裝備，要怎麼走出圓形艙門？

剛剛成為太空人的時候，我的腦海曾經浮現電影般的畫面：襯著電影配樂，我優雅地一蹬，進入一片漆黑的無垠太空中——但這是不可能的。我反倒得用蹩腳的姿勢，耐著性子，慢慢擠出去，心裡不要想著這一切有多神奇了，而是務實一點，試著別讓太空裝被勾破，或是被太空飛行纜索纏住，像隻被繩子捆住的「飛天小牛」。

我小心翼翼讓頭部先鑽出去，眼前出現有史以來只有幾十人親眼目睹的地球景致，而我身上穿戴一具搭載推進系統與操縱桿的飛行背包，當一切都失效時，我還能利用背包內的高壓氮氣瓶噴氣，飛回安全的地方。這實在是人生經驗的極致，一條出乎意料的道路。

穿著方形裝備，要怎麼走出圓形艙門？這就像是我的人生故事：就算出門是不可能的任務，還是要試著走出去，達成目標。從履歷表看來，我的職涯似乎是一條早已註定的軌道：工程師、戰鬥機飛行員、試飛員（test pilot），最後成為太空人。對於幹我這行的人而言，此一發展途徑極其典型，是一條彷彿直線的坦途。但實際上並非如此。一路走來，我歷經過曲折的彎道，也數度走進死胡同。我並非生下來就註定成為太空人。我必須靠自己打拚。

從小確立志向

我是九歲那年踏上這條路的，當時我跟家人待在安大略省史泰格島（Stag Island）上，我們家的小屋過暑假。我爸是一名民航機飛行員，常不在家，當他值勤時，我媽總是跟我們五個小孩在一起，不是追著我們跑，就是在一棵高大橡樹陰涼的樹蔭下看書。我哥戴夫（Dave）跟我很好動，早上我們會去滑水，下午則是避開該做的家事，溜出去划獨木舟、游泳。我們家沒有電視機，但鄰居有。一九六九年七月二十日那天夜裡，時候已晚，我們漫步穿越與鄰家小屋之間的那塊空地，擠進他們家客廳，島上幾乎所有人都來了。戴夫與我坐在一張沙發的背上，伸長了脖子看電視。只見一個人有條不紊地從登月小艇的著陸腳上慢慢爬下來，小心翼翼地踩上月球表面。電視畫質不佳，但我非常清楚我們目睹的是什麼：一項不可能的任務完成了。客廳裡的人吃驚不已。大人紛紛握手稱慶，小孩則是大叫歡呼。某種程度上，我們覺得自己也跟尼爾．阿姆斯壯（Neil Armstrong）一樣上了月球，改變了這個世界。

稍後，當我們走回我家小屋，我抬頭仰望月球。它不再是遙不可及的星球，而是人類可以行走、講話、工作，甚至睡覺的地方。在那個當下，我知道自己這輩子要做什麼了。我想追隨剛剛那位勇者在月球上遺留的腳步。我想搭火箭到九霄雲外，探索太空，把人類知識與能力的界線往外擴展——我百分之百確定自己想當個太空人。

跟加拿大的每個孩子一樣，我也知道那是不可能的。只有美國人能當太空人。美國太空總署（NASA）只接受具美國公民身分的太空人候選人，加拿大政府連一個主管太空事務的機構都沒有。但是……在那天之前，月球漫步也是不可能的呀。阿姆斯壯並未因此畫地自限。或許有一天，我也能登上月球；如果真有那麼一天，我希望自己已做好準備。

我的年紀夠大，知道所謂做好準備，不只是跟兄弟們利用臥室的上下鋪玩「太空任務」遊戲，或者在牆上貼《國家地理》（*National Geographic*）雜誌送的大張月球海報。但當時我沒有任何活動可報名，也沒有可資參考的手冊，更遑論詢問的對象了。我的結論是，我能選擇的只有一條路。我必須想像一般太空人九歲時都在做些什麼事，然後照著做。我可以立刻開始。太空人都吃蔬菜還是吃洋芋片？很晚睡覺，還是早早起床讀書？

我沒有把想當太空人這件事告訴爸媽，還有兄弟及妹妹們。我想他們的反應大概跟聽到我說要當電影明星一樣。但是自從那一夜起，夢想為我的人生提供了方向。儘管我只是個九歲的孩子，我已經體認自己有許多選項，而且我的決定非常重要。我每天所做的一切將決定我未來會成為哪種人。

我向來就喜歡上學，但是等到暑假過去、回到學校，讀書對我而言已經帶有新的目的性。那一年與隔年，我各參加了一次課外營隊，藉此學會更具批判性與分析性的思考方式，不再只是試著找出答案，而是發掘問題。我們背誦勞勃．塞維斯（Robert Service）的詩作，用最快的速度念出法文字母，解答令人費神的謎題，還參與模擬股市操作的遊戲（我憑直覺買了某家種子公司的股票，結果公司並未賺錢）。實際上，我們學到的是如何學習。

如果你對某件事懷抱的渴望就像我想當太空人的程度，那麼逼迫自己努力學習並不困難，但如果你跟我一樣在玉米農場上長大，那的確會有幫助。我七歲時，我們舉家從薩尼亞市（Sarnia）遷居小鎮米爾頓（Milton），爸媽在那裡買了一座農場，距離我爸飛進飛出的加拿大機場並不遠。他們倆都是在農場長大的，認為飛機駕駛的輪休時間是勞動身體的絕佳機會，還可藉此延續家族傳統。農場的工作，加上照顧五個小孩，已經夠他們忙的了，實在沒有餘力緊盯我們，只期望我們，如果真想要什麼，就得自行設法——但是要先把家事做好。

對他們來講，小孩本來就該為自己的行為負責。十一、二歲時，某天我沿著一排灌木樹籬駕駛家裡的牽引機，但有點太過自信——基本上就是愛現。就在我覺得這世上沒有人的駕駛技術比我還棒的時候，牽引機後面的掛鉤勾到一根圍籬的柱子，結果斷了。我氣自己，也很尷尬，但我爸不是那種會說「沒關係，兒子，你去玩吧，我來處理就好」的父親。他會嚴肅地對我說，我最好學會怎樣把掛鉤焊接回去，再把牽引機開回田裡，完成我該做的事。他教我怎麼焊接，讓我把掛鉤焊回去，再繼續做事。後來，那一天我又因為同樣的理由把掛鉤弄斷，這回根本不需要別人對我大小聲，光這蠢事就讓我感到好挫折，開始對自己大吼大叫。然後我請父親幫我把掛鉤焊回去，第三度把牽引機開回田裡，這次我更小心了。

在農場上長大的好處是幫助我們養成有耐心的個性，這對任何鄉間居民都是必要的。我總是搭乘巴士去參加課外營隊，來回各需兩小時。到了中學，我一天只需花兩小時在巴士上，我已覺得自己真幸運。不過，搭巴士也有優點，因為我早就養成利用交通時間閱讀與學習的習慣——儘管不是無止境的著迷，但我總試著去做太空人會做的事。為了迎接未來可能的太空之旅，我決心做好準備，但也決心好好享受準備過程。因為如果在抉擇過後變得很慘，就無法繼續下去。我生來不是那種為了理想而犧牲自己的料。

所幸，我的興趣與阿波羅號時代那些太空人的興趣完全相符。他們大都是戰鬥機飛行員與試飛員出身；而我也很喜歡飛機。十三歲時，我追隨戴夫的腳步，加入航空青年團（Air Cadets），後來弟弟、妹妹也參加了。那種團體有點像童子軍與空軍的綜合體：除了學習軍規與領導技能，也學開飛機。到了十五歲，我已取得滑翔機執照，十六歲時則開始學習駕駛引擎式飛機。我喜歡那種御風而飛的感覺與速度，也喜歡嘗試以優雅的方式完成各種飛行動作，視其為一大挑戰。我不只是因為當太空人的夢想，才希望成為傑出的飛行員，我本來就愛開飛機。

當然，我也有其他興趣：閱讀科幻小說、彈奏吉他，還有滑水。我也是個高山滑雪好手，喜好競速，並不亞於我熱愛開飛機：因為兩者都必須學會有效地駕馭速度與力量，以高速前進，專注執行下一個轉彎、俯衝或滑行的動作，同時為了保命，得好好掌控一切。到了十八、九歲，我甚至晉升成為教練；靠整天滑雪賺錢是一件很有趣的事，但我也知道把人生的幾年虛擲在一座座山丘之間，無助於完成我的太空人美夢。

在這整個過程中，我不曾認為當不上太空人就是個失敗者，因為成為太空人的機率幾乎等於零，我不會笨到把它當成衡量自我價值的標準。我的態度比較像是：「很可能我辦不到，但是我必須努力付出，讓自己朝正確的方向前進，以備不時之需，而且我應該確保那些事讓我感興趣，所以不管結果如何，我都能快快樂樂的。」

當年，太空總署曾任軍職者的比例更勝今日，所以高中畢業後，我就決定進入軍校就讀。至少，我能好好念書，還有機會報效國家（更棒的是，讀軍校有錢可拿）。就讀軍校時，我主修機械工程學，心想就算沒當上軍機飛行員，也許可以成為工程師——我本來就喜歡探索各種裝置的運作方式。讀書與演算時，我的眼神有時會飄到那張掛在書桌前的太空梭照片。

「不要放棄你的太空人夢」

一九八一年聖誕節，距離畢業還有六個月，我做了一件可能對我的人生影響最大的事情。我結婚了。打從中學起，海倫（Helene）就一直是我的女朋友，當時她已經從大學畢業，在她就職的那間保險公司成為明日之星，賺的錢多到足以讓我們婚前就在安大略省的基奇納市（Kitchener）買房子。婚後兩年，我們分開的時間幾乎長達十八個月。我前往薩斯卡其萬省穆斯喬市（Moose Jaw, Saskatchewan）的加拿大空軍基地，接受基本的噴射機飛行員訓練；海倫則生下我們的第一個孩子凱爾（Kyle），在基奇納度過獨自扶養小孩的日子，因為景氣不好，房子根本賣不掉，我們瀕臨破產邊緣。後來，海倫辭掉工作，帶著凱爾遷居穆斯喬，住進基地宿舍，然後我被分發到亞伯達省的冷湖市（Cold Lake, Alberta），學習戰鬥機的飛行技巧，先飛 CF-5 戰機，後飛 CF-18。換言之，我們來到婚姻繼續或破裂的分水嶺。等到一九八三年，加拿大政府招募並選出第一批為數六名的太空人時，我們的壓力並未趨緩。我的夢想看來有一絲絲實現的希望了。從那時開始，我專注在事業上的動機更強烈了；我倆的婚姻之所以成功，理由之一在於海倫總是熱切鼓勵我追求夢想。

很多我們認識的人都說，能夠跟她那種做事積極、喜歡掌控一切、成就超乎預期的人結婚，並不是件簡單的事，她簡直把搬家當成一種運動，而我必須承認，他們的確沒錯——娶到海倫這種老婆，對我來講有時還挺難適應的。她的能力實在太驚人。如果將她空投到世界上任何一座城市，她都能在二十四小時內把公寓安排好，擺滿她欣然組裝好的IKEA家具，還能弄到售罄的演唱會門票。因為我常不在家，扶養三個孩子的過程中，她必須母兼父職，還得做好各種不同的工作——她曾負責一家大公司的企業資源規畫系統，也當過專業主廚。她宛如女超人；如果你在追逐遠大夢想的同時還想享受人生，她就是最佳伴侶。想把小孩養大，可能不需要全村的人幫忙，但的確需要她那樣的隊友。

當年，我是在完成戰鬥機飛行訓練、被告知獲派德國時，徹底看清這一切。海倫懷了我們的第二個孩子，大腹便便，但遷居歐洲後的前景讓我們很興奮，兩人開始神遊巴黎，想像孩子們未來一定很有教養、精通三國語言。結果，我被通知計畫生變，改派往魁北克省的貝哥特維空軍基地（Bagotville），成為北美防空司令部（NORAD）所屬的CF-18戰鬥機飛行員，負責攔截闖進加拿大領空的蘇聯飛機。被派往一個新成立的中隊是個大好機會，而貝哥特維是一個值得推薦的地方，只不過那裡的冬天酷寒，不管哪個季節，都不像歐洲。接下來三年對我們家是很難熬的。我們的經濟基礎仍然不穩：我是個戰鬥機飛行員（這可不是一份沒什麼壓力的工作），而海倫在家裡帶那兩個吵鬧不休的男孩（伊凡在我們搬到貝哥特維的前幾天才出生），其職涯沒有任何展望可言。然後，伊凡七個月大時，她發現自己又懷孕了。當時，我們倆都覺得那不是意外驚喜，反而是即將壓垮我們的最後一根稻草。我檢視自己的處境，試著想像自己四十五歲的生活，心想如果我繼續當戰鬥機飛行員的話，我們會過得很糟。中隊的指揮官忙得要死，薪水沒有比我高多少；工作量其大無比，也不被上頭看重，而我們做的事完全無法跟輕鬆這兩個字沾上邊。此外，戰鬥機飛行員是個危險的工作。每年我們至少會有一位摯友喪生。

所以，當我聽說加拿大航空公司（Air Canada）要徵人時，決定要務實一點。為航空公司工作會讓家人好過些，而且那種生活形態我早就熟知。為了取得民航機師執照，我還去上了一堂初階課程，結果海倫出面阻止我。她說：「你不是真的想要當民航機師。你不會開心的，因此我也不會開心。不要放棄你的太空人夢——我不能任由你那樣對待自己，或者我們。我們就再多等一會兒，看看接下來會怎樣吧。」

所以我繼續待在那個中隊，終於初嘗試飛員的滋味：飛機修復後，會交給我試飛。我非常入迷。戰鬥機飛行員都是以開飛機為人生目標，儘管我也愛開飛機，但我的人生目標是瞭解飛機這種機器：我想知道為什麼飛機會有某些特定性能，要怎樣才能讓它們有更好的表現。當我說，我想去讀試飛員學校時，隊上的同袍都覺得很困惑。我到底是為了什麼願意捨棄戰鬥機飛行員的光環，轉行當工程師？試飛員這份工作對我最具吸引力的，莫過於機械工程的部分，給我機會讓高效能飛機飛得更安全。

加拿大境內沒有試飛員學校，通常每年會派兩名飛行員到法國、英國或美國等地受訓。一九八七年，我中了大獎：被派往法國地中海沿岸的學校。我們在當地租了一棟完美的房子，還配有一輛車。東西都打包好了，也辦了惜別派對。結果，就在我們準備帶三個孩子搭機的兩週前（當時克莉絲汀才九個月大），加拿大與法國政府高層發生紛爭，法國把我的名額給了他國另一名飛行員。「大失所望」不足以描述我個人的心情，也不只是我職業生涯的「一大挫折」。我們快要崩潰了。又是一個此路不通的絕境。

戰機試飛員生涯

多年來我一再發現，很多事情在當下看來很糟糕（或者很美妙），但實際上並非如此。事後回想起來，那齣令人心碎的慘劇也許骨子裡是一次幸運的轉折，還好那年春天我失去前往法國的機會。幾個月後，我被派到愛德華空軍基地（Edwards Air Force Base）的美國空軍試飛員學校（U.S. Air Force Test Pilot School, TPS）受訓，那一年改變了我們的一生。剛開始，一切都很完美：就在寒冬侵襲貝哥特維空軍基地之際，我們朝著陽光和煦的南加州出發。不幸的是，要等搬家公司把家具載到，才能搬進基地的宿舍。正因如此，我們才有機會在迪士尼樂園的飯店住上幾星期，歡度聖誕節。

隔年，也就是一九八八年，可說是我畢生最忙碌而美好的幾年之一。就讀試飛員學校就像要拿飛行的博士學位一樣，一年內我們飛了三十二種不同的飛機，而且每天都有考試。難度令人無法想像，但也充滿樂趣：班上的同學都住同一條街上，大家都是二十八、九歲或三十出頭，喜歡找樂子。此一經驗比過去我參與的任何活動都適合我，因為整個課程始終聚焦在學會分析飛行活動，也與數學、科學密切相關，同志情誼濃厚。說真的，那是我這輩子第一次有機會跟那麼多志同道合的人聚在一起。我們大都想成為太空人，也不用諱言此一夢想。美國空軍試飛員學校就像太空總署的跳板；後來成為太空人的，包括我的兩位同學兼好友：蘇珊·海姆斯（Susan Helms）及瑞克·哈斯本德（Rick Husband）。

不過，當時我完全看不出試飛員學校是不是加拿大太空總署（CSA）的跳板。誰都不知道加拿大太空總署何時會再度徵選太空人，搞不好根本不會。只有一件事是確定的：第一批加拿大太空人都是酬載專家（Payload specialist，負責到外太空進行實驗的科學家），他們是科學家，並非飛行員。不過，到那時為止，我一直遵循大多數美國太空人走過的路。也許，祖國唯一的太空機構終究覺得我不是他們屬意的太空人人選，但我已經無法轉換跑道了。從好的一面看來，就算無法成為太空人，後半輩子只能當個試飛員，我也知道自己不虛此生了。

我們這一班曾到休士頓的詹森太空中心（Johnson Space Center）參觀，也觀摩了其他試飛中心，像亞伯達省冷湖市的那一所，還有馬里蘭州的帕塔克森特河海軍航空站（Patuxent River Naval Air Station）——在那裡，我巧遇一位透過某固定交換計畫被派到美國的加拿大試飛員。

那傢伙無意間提到他在美國的訓練快結束了，即將回到冷湖市，所以他猜上面應該會派人來取代他，不過還不知道是誰。稍後當我把這件事告訴海倫時，她臉上的表情彷彿在說：「你想的跟我一樣嗎？」

的確一樣。帕塔克森特航空站是世界上名列前茅的試飛中心之一。那裡的設備好到足以進行最尖端的實驗，例如測試新型引擎、新軍機的機身，而且不只是為美國政府服務，服務對象還包括澳洲、科威特各國。可想而知，由於加拿大軍隊的規模相對較小，冷湖市試飛中心測試的飛機少多了，而且主要業務是調整既有機種，不常為了增加飛機的基本性能而實驗。在接受戰鬥機駕訓時，我們很喜歡冷湖市的居住環境，但是等到我從試飛員學校畢業，我們一定會在那裡住上很多年，何不先試著爭取在帕塔克森特河航空站受訓的機會？此外，確實還有其他理由：我們已經習慣溫暖的冬天了。所以我打電話給人事官（這位軍官隨時掌握有哪些職位出缺、哪些是最佳人選），對他說：「嘿，直接把我們派往馬里蘭去吧，如果從冷湖大老遠把另一家人送到帕塔克森特河，空軍得多花五萬美金。」他的口氣很明確：「門都沒有。你給我回來。」呃……好吧，總之還是值得一試。但事實上，加拿大政府為了派我去試飛員學校受訓，已經花了一百萬美金。他們有權決定要把我派到哪裡去。

我們又開始準備搬家。但是一個月後，那位人事官打電話給我：「我有個好消息。直接把你派到帕塔克森特河如何？」我想這多少歸功於我是試飛員學校第一名畢業，而且我帶領的團隊還拿下研究計畫最高分。我覺得這對我個人是一項成就，也幫加拿大爭光——我一個加拿大人居然在美國空軍試飛員學校第一名畢業耶！甚至有一名冷湖市的記者來採訪我。那家報社沒人想得出要如何下標題，於是打電話給試飛中心，也不知道電話是誰接的，只知道那人說：「不如就叫作〈加拿大人以第一名從試飛員學校畢業〉，或者這類的？」一個朋友把文章印下來寄給我，是個不錯的紀念品，也能證明我有多優秀。標題呢？就是〈加拿大人以第一名從試飛員學校畢業，或者這類的〉。

海倫和我決定在前往帕塔克森特河的路上順道度假，所以在一九八八年十二月，我們開著那輛外號叫「加長禮車」、兩側有仿木紋飾板的醜陋藍色旅行車，從加州前往馬里蘭州。我們是一對帶著三個小毛頭的年輕夫妻，第一次見識到美國南方各州的風情：我們去海洋世界（SeaWorld）玩，也探索過洞穴，在巴吞魯治市（Baton Rouge）過聖誕節——那是一趟探險之旅。

在帕塔克森特河的時候也是。我們沒有住在基地的宿舍，而是租了一間農舍，對大家來講，都是一個非常不錯的改變。過一陣子，海倫找到一份房地產仲介工作，因為時間還挺彈性的；凱爾、伊凡與克莉絲汀也都開始上學了。而我則要負責F-18戰機的試飛工作，常常故意把飛機飛高一點，任其失控，然後在下墜過程中設法把飛機拉正。一開始我挺猶豫的，因為我一輩子做的都是試著去控制飛機，而不是任其到處亂飛，但是等到我有了自信，就開始嘗試各種不同的技巧。到最後我迷上了那種感覺：我到底能夠讓飛機失控到什麼程度？受訓時，我們發明了一些讓飛機恢復正常的技巧，都很棒，儘管與直覺不符，卻能把飛機與飛行員救回來。

同時，我仍在思考：如果加拿大太空總署再度招募太空人，我該具備哪些條件？更高階的學位似乎是必要的，於是我利用晚上與週末，透過遠距教學，完成田納西大學（University of Tennessee）航空系統的碩士學位，只需在論文口試時到校。不過，住在帕塔克森特河期間，我最有意義的成就，是成為外燃式氫氣動力引擎（external burning hydrogen propulsion engine）的第一名試飛員，那種引擎能讓飛機以超音速飛行。我與試飛工程師莎朗·浩克（Sharon Houck）合寫了一篇研究報告，榮獲試飛員學會（The Society of Experimental Test Pilots）首獎。對我們來講，那簡直像得了奧斯卡金像獎——特別是頒獎典禮就在比佛利山莊舉行，而且與會者有許多傳奇性試飛員，像是世界上第一個以兩馬赫速度（音速的兩倍）飛行的人——史考特·克羅斯菲爾（Scott Crossfield）。

最後，我在一九九一年被任命為美國海軍試飛員。我的旅程快要結束了，而且我達成了我的美國夢——儘管未成為美國公民。我的計畫是休息一下，好好享受我在馬里蘭的最後一年，多花時間陪孩子，多玩一點吉他。然後，加拿大太空總署在報紙上刊登了一則廣告：

「誠徵太空人。」

應徵太空人

我的時間很趕，大概只有十天可以寫履歷，然後寄出去。海倫跟我把那份履歷當成馬里蘭鄉間有史以來最重要的文件。它的確是頁數最多的文件之一：我寫了一頁又一頁，把所有事蹟都列上去，所有殊榮、獎項，還有上過的課程，只要還記得的都不放過。那還是只有點陣印表機的時代，我們決定交給專業印刷廠處理，用高品質紙張輸出。海倫還說一定要裝訂。這能讓他們眼睛一亮！一份印刷廠裝訂的精美履歷表，大小差不多跟一本分類電話簿一樣。但我們做的不只如此：我還找了一個以法語為母語的朋友把所有內容譯成精準的法語，把法語版另行印刷裝訂起來。我們校對了好幾遍，搞得我晚上夢見自己標錯逗點，接著我們還認真地爭論：是否該直接開車去渥太華送件，藉此百分之百確認申請文件送達。我心不甘情不願地同意找快遞，然後打電話到加拿大太空總署確認。結果真的寄到了，其餘五千三百二十九份應徵文件也是。那是一九九二年一月。接下來的五個月是我畢生最坐立難安的一段時間。我一直試著把手頭的工作做好，但是應徵完全沒下文，我無法得知自己是否獲選。

一週又一週過去了，卻音訊全無，但我們終於收到一封信：我成為五百名候選人之一！下一步，我必須填寫一些心理評估表格。我填了，獲得的回覆則是：「不管是否入選，你都會在幾週內接獲通知。」幾週過去了，還是沒有消息。一片靜悄悄。又是數週慢慢消逝。難道評估結果是我有非常嚴重的心理問題，所以他們連跟我說一聲不都不敢？最後，我無法忍受這種不確定感，於是打電話給加拿大太空總署。接電話的傢伙說：「等一下，我看看名單。哈德菲爾。嗯……喔，有，你在名單上。恭喜你，成為下階段的候選人。」這不是我最後一次起疑：難道這是他們故意設計的壓力測試花招，想看看候選人如何面對不確定的處境，並控制自己的怒氣。

到了此刻，候選人只剩一百人。他們要我到華盛頓特區接受一位工業心理學家的面試，他跟我約在飯店大廳，宣稱：「我沒有租會議室什麼的，直接到我房間談吧。」上樓時，我心裡只有一個想法：如果我是女性，一定很不舒服。進了他的房間，他要我自在一點，我開始猶豫了：該坐在床上還是椅子上？怎樣能讓他對我有較高的評價？我選擇了椅子，回答一些顯然只想測驗我有沒有心理變態的問題。如果我沒記錯，他曾問說我有沒有想過要殺我媽。

我又等了幾週，電話終於響了：有五十人獲准到多倫多接受進一步面試。五十人！此刻我才相信自己的確有獲選的機會，於是決定跟人事官說我在做什麼。在美國，太空人候選人都是由軍方先行篩選；想應徵的人會把資料送交所屬的軍種，由他們來決定把哪些名字呈報給太空總署。但是在加拿大，軍方在這整個過程中沒有置喙餘地，我想當我打電話去的時候，他們一定很困惑。我說：「我想我應該說一聲，我去應徵太空人的工作了，你們可能要比原先計畫的稍稍提早找人來接替我，但也有可能不用。」

去過多倫多之後，情況並未明朗化：我接受了一些基本體檢，確認我大致健康，也跟幾個加拿大太空總署的主考官進行長時間面談，其中之一是加拿大第一位太空人——鮑伯．瑟斯克（Bob Thirsk）。回到馬里蘭州，海倫既興奮又有信心，而我則是試著過平常的生活，但心裡時時刻刻惦記著那件懸而未決的事。過去長久以來，成為太空人只是我的一個想法而已，如今卻即將實現了（或者不會實現），真是折磨人。當年那個九歲小男孩的夢想能夠成真嗎？

之後，我來到最後一關。四月底，二十位候選人被叫到渥太華進行為期一週的仔細考核。我始終規律運動，吃東西也很小心，但如今我更認真起來。我想確定我有較低的膽固醇數值，因為我知道他們一定會做嚴格的醫療檢查，我希望我看來很健康。我模擬了一百個問題，試著回答，也用法語練習回答。等到我抵達渥太華，第一個念頭是，我即將面臨激烈的競爭。另外十九名候選人都很了不起，其中有幾個博士，也有一些人跟我一樣是軍校畢業生。還有幾個人有大量出版品。大家不是醫生、科學家，就是試飛員，每個人都試著不經意地表現出自己很厲害。當然了，這種安排最令人焦慮，因為沒人知道到底有幾個人會獲選。六個？一個？我試著表現出一副不在乎的模樣，但也暗示我擁有他們要求的所有條件，是不二人選。我希望如此。

那一週我們好忙。透過一場模擬記者會，他們想看看誰擅長搞公關，或者在受訓後足以勝任。我們還做了許多深入的體檢，抽取各種體液，挨了很多針。但真正具有決定性的，還是長達一小時的小組面談，主考官包括加拿大太空總署的大人物、公關人員與太空人。為此我思考了一週：要如何讓自己表現突出又不討人厭？要如何回答那些簡單的問題？哪些話不該說？我非常確定我是那一週最後接受面試的候選人，但無論如何，主考官顯然熟知彼此的問話風格，而且習慣聽從麥克·伊文斯（Mac Evans）的話——他後來成為加拿大太空總署署長。當他們回答問題時，會說：「麥克，你想回答這個問題嗎？」我覺得自己過去一週跟這些人混得有點熟了，所以有人問了一個很難回答的問題時，我隨口回了一句：「麥克，你想回答這個問題嗎？」這實在很冒險，有可能會讓他們覺得我很自大，但是所有人都哄堂大笑，這爭取到一點時間，讓我想出較適合的答案。然而，他們沒有多少反應。我不知道他們比較喜歡我，還是別人。在返回馬里蘭的路上，我壓根兒不知道自己是否會獲選。

離開時，有人說我們二十人會在五月的某個禮拜六接到一通電話，來電時間在下午一點到三點之間，到時候就知道到底是獲選還是被刷掉。那個週六來臨時，我決定讓時間過快一點，於是跟一個有船的朋友去滑水。之後，海倫和我回家吃午餐，看著時鐘等來電。我們猜想，先接到電話的應該是獲選的人，如此一來，假使有人拒絕，他們就可以打給名單上的下一人。我們猜對了：下午一點過後沒多久，電話響了，我在廚房接起來。電話另一頭是麥克．伊文斯，問我想不想當太空人。

我當然想，那是我一直以來的夢想。

但是，當時我的情緒並非愉悅或驚喜，甚至不是興高采烈，而是鬆了一大口氣，好像心裡由壓力累積而成的水庫終於潰堤。我終究沒讓自己失望，沒讓海倫失望，也沒讓家人失望。我們一直以來努力的目標終於達到了。麥克說，我可以告訴家人，只要他們肯保密。海倫跟我盡可能讓心情沉澱之後，才打電話給我媽，要她發誓保密。但她一定是掛上話筒後就四處打電話給別人。等我打給祖父時，他早就知道了。

接下來幾個月，我們都很興奮，我和其他三名新的太空人開了一次祕密會議，然後是各種大張旗鼓的宣傳活動，甚至有些隆重的典禮。但是，在我接到加拿大太空總署來電那天，我的感覺就像在一瞬間安然抵達從九歲以來一直在攀爬的山峰，現在正遠眺山巔另一頭的情景。那是不可能的任務，但我辦到了。我當上太空人了。

只不過，實際上我還不算是太空人。太空人必須具備可靠、能正確做出重大決定的人格，不是接到一通電話就直接變成太空人。那是任何人都不能賦予的一種身分，必須付出多年的認真努力，持之以恆，因為必須吸收新的基礎知識，培養身體技能，學習各式各樣的新技巧。但最重要的是必須改變什麼？你的心態。你必須學會從太空人的角度去思考。

我只是剛剛起步而已。

Part I

PRE-LAUNCH

第一部 升空前的準備

1 太空漫步的祕密

八分四十二秒

某天早上醒來不久，我的腦海浮現了一個奇怪的念頭：我正要穿上腳的那一雙襪子，將跟著我一起到外太空去。此一前景給人一種既真實又超寫實的感覺，好像是一場特別鮮明清晰的夢。吃早餐時，那種感覺更強烈了，因為我看到記者為了卡位拍照而擠在一起，好像我是在吃最後一餐的死刑犯。同樣地，稍後等到技師們幫我穿太空裝、進行壓力測試時，我那愉悅的心情也怪怪的。可以說是真相揭露的時刻。他們必須讓太空裝的功能正常運作，因為這次可不是演練：一旦太空船在真空的太空中失壓，能夠讓我活命、繼續呼吸的，就是這一身太空裝了。

今天我真的要離開地球了。

我提醒自己，還不一定。還有好幾個小時，這段時間內，任何事情都有可能出錯，發射任務有可能取消。這個念頭，加上我身上穿的那一件紙尿布（這是為了預防我們必須待在發射台上很久的措施），促使我不去想那些還沒發生的事，讓自己回到現實面。要牢記的東西還很多。我要集中注意力。

等到我們這些太空船成員全部穿好太空裝，會從宿舍一起搭電梯下樓，走進我們要搭乘的火箭。我小時候做的太空時代美夢裡就曾出現這種場景，唯一沒有的就是那好慢好慢的電梯。從三樓到一樓的時間只比煮蛋的時間少一點點。等到我們終於步出電梯，朝那輛銀色雪佛蘭廂型車走過去時，大家都知道那樣的片刻：黎明前一片漆黑中，突然閃光燈啪啪作響，群眾發出歡呼聲，我們則揮手微笑。在廂型車裡，我們看得到遠處的火箭，機身燈火通明，閃閃發亮，宛如一座方尖塔。當然，實際上它應該是一枚裝滿易爆燃油的四百五十萬噸巨型炸彈，所以大家才會離它遠遠的。

到了發射台，我們搭電梯上去——這一座電梯的速度就快多了，接著我們一一用手與膝蓋爬進太空梭裡。然後，負責為我們做行前準備的一組人員幫我坐進小小的座位裡，把我綁緊，其中一人遞了一張海倫的留言給我，她說她愛我。我在裡面不是很舒服——太空裝又笨重又悶熱，船艙裡擁擠不堪，我的背後還卡著一套硬邦邦的降落傘和一個救生包，而且接下來至少幾個小時，我都會維持這個姿勢。但若是與這裡相較，我不能想像有哪裡是我更想去的地方。

地面人員最後一次檢查駕駛艙之後，對我們說聲再見，並且把艙口關起來，該是檢查艙壓的時候了。大家不再笑鬧，所有人都聚精會神。這一切都是為了增加我們的存活機會。其實，再怎麼檢查都難以抹去一絲假裝的感覺，有可能出錯的地方實在太多了（線路有缺陷或者油箱有問題），足以把這檢查工作降格成另一次精細的彩排。

但是，隨著時間一分一秒過去，我們今天到外太空去的機率也大增。就在我們忙著進行那一長串確認清單上的工作事項時（包括檢查所有的警鈴、確認和發射控制中心及任務控制中心聯絡的頻道是否正常），太空梭也開始隆隆作響：系統的電源開啟，火箭引擎的鐘形噴管出現發射前的聲響。當輔助動力系統啟動時，火箭震動的力道變得更穩定。透過耳機，我聽見發射控制中心幾個主要控管人員最後的確認，還有其他太空人的呼吸聲，然後是控制中心主任誠摯的道別。我很快地一遍又一遍重新確認自己還記得所有即將發生的大事、我的角色，還有出問題時該怎麼做。

剩下三十秒了，那種搖晃讓火箭感覺像是一隻有自由意志的生物，我也不再只是抱著希望，而是知道我們的確要升空了。就算幾分鐘後必須在空中終止任務，可以確定的是，火箭一定會發射出去。

剩下六秒。引擎開始噴火，我們都往前傾，太空梭則因為這股巨大力量而傾斜，先是左右搖晃，然後砰地一聲挺直。在那一刻，太空梭用力而猛烈地震動起來，發出轟隆隆的聲響。我們像是被一隻巨犬含在嘴裡，搖來晃去似的，之後牠被主人制止，我們也就此被甩上空中，離開地球。那感覺好神奇，我像是贏了，又像在做夢。

這種感覺也像是一輛以極速行駛的巨大卡車從側邊撞上我們。這一切顯然很正常，早有人警告我們會遇到這些狀況。所以我只能「任由火箭不斷高飛」，睜大眼睛，翻閱我自己的各種表格與清單，緊盯頭上的按鈕與燈光，瀏覽一台台電腦，確認是否有問題。發射塔台早就消失了，我們不斷往上高飛，每個人都穩穩地坐在位子上，無法動彈，燃料則是越燒越少，機身越來越輕，四十五秒後來到了超音速。三十秒後，我們的高度及速度都超越了協和號客機，高達二馬赫，而且持續攀升。就像在賽車似的，儘管加速就對了。升空兩分鐘後，我們的速度已經是音速的六倍，結實的火箭推進器炸了開來，與太空梭分離，我們的身體又再度往前傾。我仍然專注在我的職責上面，但是從眼角餘光，我看見天空的顏色已經從蔚藍轉為深藍，然後是一片漆黑。

接著，突然間一切都靜了下來：太空梭的速度達到二十五馬赫，也就是軌道速度（orbital speed），引擎慢了下來，我注意到有小小的塵埃微粒慢慢往上浮了起來，越浮越高。我嘗試把手上那一份清單放開，看著它飄浮了幾秒，然後靜靜飄開，而不是掉在地上。我覺得自己像個小小孩，像個魔法師，是這世界上最幸運的人。我來到無重力的太空中，只花了八分四十二秒的時間。

再加上幾千個訓練日。

不是上了外太空就能成為太空人

那是我的第一次太空之旅。我們搭乘的是亞特蘭提斯號太空梭（Atlantis），時間是一九九五年十一月十二日，已是多年前的往事。但是那次經驗對我來講還是那樣栩栩如生、歷歷在目，讓我覺得不該用過去式來描述它。發射升空是一種令人震撼的感官經驗：那速度與推動力是如此可觀，接著那猛烈的速度卻突然間消失，取而代之的，是類似飄浮在隱形氣墊上的體驗，輕飄飄而如夢似幻。

那種經驗是如此強烈，我想任誰都不可能習慣或厭煩。在我的第一次任務中，經驗最豐富的太空人是常常搭乘太空梭的傑瑞．羅斯（Jerry Ross）。那是他的第五次太空之旅（後來他又飛了兩次，跟張福林〔Franklin Ramón Chang Díaz〕並列曾七度上太空的唯二太空人）。傑瑞的能力很強，個性冷靜而節制，是那種值得信任、忠心、謙遜又勇敢的太空人典範。受訓期間，每當我不確定該怎麼做時，我都會先看看他在做什麼。在亞特蘭提斯號上，距離發射五分鐘的時候，我注意到他在做一件我從沒看他做過的事：他的右膝在輕輕抖動。我還記得自己心想：「哇，如果連傑瑞的膝蓋都在抖，那一定有件不可思議的事要發生了！」

我覺得他應該沒意識到自己的身體反應。我敢確定。在那當下，我實在太過專注在各種新鮮的體驗，因而無暇自省。事實上，發射時，我一直在確認各種表格，做好分內的事，把該檢查的事項檢查好，但突然間我意識到臉在痛。我這才發現自己一直掛著笑臉而不自知，雙頰因此緊繃。

此刻距離我小時候站在史泰格島的那片空地上仰望夜空，已經超過四分之一個世紀，我終於上了外太空，以任務專家的身分搭太空梭，繞行地球，執行 STS-74 號任務：在俄羅斯所屬的和平號太空站（Mir）上搭建一個對接艙（docking module）。我們的計畫是，用太空梭的機械手臂把安置在亞特蘭提斯號酬載艙（payload bay）內的新建對接艙拿出來，裝在太空梭頂端；然後把對接艙與太空梭接在太空站上，讓往後的太空梭能以更安全更簡便的方式在太空站停靠。

那是一次難度極高的挑戰，我們甚至不知道計畫能否奏效。沒有人這樣嘗試過。結果，我們長達八天的任務並不順利。事實上，在關鍵時刻，我們的重要設備出了問題，一切都沒照計畫進行。不過我們還是把對接艙搭上太空站，離開時我跟整組人員都滿意極了，幾乎是到了歡聲雷動的地步。我們完成一件難事，而且做得很好。任務完成。美夢成真。

只不過，我不是全然地心滿意足。就某方面來講，我的確很平靜：我終於上了外太空，而且那經驗比我過去想像的還要令我滿意。但是我並未負擔什麼了不起的責任（任何第一次上去的太空人都是如此），也沒有如己所願地盡量貢獻。就貢獻度來講，我跟傑瑞・羅斯實在是天差地別。在休士頓受訓時，我無法區分什麼是至關緊要、什麼是微不足道，我也用同樣的態度去面對緊急狀況下的求生訣竅，還有只有太空人才知道卻不重要的趣事。要學的東西好多，只能試著全部塞進腦袋。任務期間，我也只是在汲取經驗：**把一切都告訴我吧，多教一點，我會全部學起來**。

所以，儘管我飛了三百四十萬英里，還是覺得尚未到達自己的目的地。我還沒成為夠格的太空人。

不是搭上太空船就能成為太空人。如今，任誰只要口袋夠深、身體健康，都能到外太空一遊。只要你付得起二千萬到四千萬美金的價碼，就能成為所謂的「太空旅客」（space tourist），離開地球十天左右，前往國際太空站（International Space Station, ISS），而你搭乘的則是聯盟號宇宙飛船（Soyuz）——一款小型的俄國火箭，它是目前人類前往國際太空站唯一的交通工具。但也不是搭上飛船就好，旅客必須完成大約六個月的基本安全訓練。不過，當個太空旅客實際上與太空人不一樣。

太空人必須在資訊不完整的狀況下做出迅速的決定，而決定的結果都會造成關鍵影響。我也不是只靠那一趟八天的太空之旅，就奇蹟似地成了太空人。但我的確發現，我甚至不知道有哪些地方是自己不明白的。要學的東西還很多，而我必須跟所有太空人一樣，在同一個地方學會那些東西：也就是地球。

太空人飯碗不好端

偶爾，當人們發現我是太空人的時候，總會問：「你們沒上太空時都在做些什麼事？」他們的印象都是，在每次太空任務之間，我們差不多都在休士頓的休息室等待，在下一次升空前好好喘口氣。既然大家都是當太空人上了太空或即將上去時，才會聽見他們的消息，所以我想這種假設還挺合理的。每當我跟人們說出真相時，總覺得令他們失望了：我們的工作大都是待在地球上接受訓練。

基本上，太空人可說是一種公家飯碗：我們都是公僕，是政府聘來幫國人完成一些困難任務。那是一種我們無法不正視的責任，因為政府投資數以百萬計的經費來訓練我們，把造價幾十億美元的設備交給我們使用。我們的工作內容不是到太空中體驗一些令人歡呼的刺激事物，而是讓太空探險變得更安全，獲得更多科學成就——不是為了我們自己，而是為了他人。所以，儘管我們學了一堆在外太空很管用的重要技能，像是太空漫步之類的，也花很多時間為其他太空人找出問題，幫助太空軌道上的同事解決技術問題，並且試著發展出未來能使用的工具與作業程序。通常我們都在受訓與上課，在這方面花了很多時間，還有考試。到了晚上與週末，我們則需要讀書。除此之外，還要做一些地勤工作，支援其他在執行任務的太空人，這些都是能幫助我們培養技能的重要工作事項。

多年來，我扮演過很多角色：擔任過各種委員會的委員，也當過休士頓國際太空站的營運主任（Chief of International Space Station Operations）。不過，我做過最久、也自認最有貢獻的地勤工作，則是簡稱為CAPCOM的「指令艙宇航通訊員」（capsule communicator）。太空軌道上的太空人與任務控制中心之間的訊息往來，主要就是靠指令艙宇航通訊員，而那是一種極具挑戰性的工作，簡直是世上最難的填字遊戲。

詹森太空中心的任務控制中心，可謂是這個世界上最令人望而生畏、也最能激盪腦力的教室。中心的每位成員都是某個技術領域中出類拔萃的專家，像蜘蛛一樣，對蛛網上的任何震盪都很敏感，總能很快找出問題，有效解決。指令艙宇航通訊員的工作並不涉及如此深刻的技術層面，卻是太空人在地球上的代言人。我從一九九六年開始擔任此一職務，而且很快發現，即使只出過一次太空任務，還是能幫助我瞭解，哪些要求對於正在出任務的太空人是合理的，而且知道在何時對他們提出要求也很重要。如果任務控制中心某位不曾上太空的專家要求太空船組員做某件事，我就能察覺他未曾考慮到的後勤問題。同樣地，組員們也知道我能體會並瞭解他們的需求與挑戰，因為我自己曾去過外太空。不過，與其說指令艙宇航通訊員是傳聲筒，不如說他是個傳譯人員，因為他必須不斷分析持續變動的資訊與因素，快速做出無數個細微的判斷與決定，然後把結果告訴組員及休士頓的地勤團隊。他就像是「校長兼撞鐘」，是個集各種角色於一身的人物。

大概在一年內，我就成了指令艙宇航通訊員的主管，共參與過二十五趟太空梭飛行任務的通訊工作。這份工作只有一個缺點：因為卡納維爾角（Cape Canaveral）的天氣多變，發射時間常常延誤，也毀了我們家的度假計畫。令人難過的是，那是一份不能用電話遙控的工作。然而，除了這項不便之外，我覺得它實在是個「肥缺」，因為學習機會總是一個個接踵而來。當我不在詹森太空中心的任務控制中心時，我就會與組員一起受訓，藉此親身體驗太空人的互動方式，還有他們每個人有哪些強項與缺點，確保我在他們到外太空時能為其代言——同時我也能掌握最新的訓練內容，並學會使用複雜的設備與硬體。那份工作讓我特別喜歡之處在於，我能夠感覺、看到，並且記得自己對每次任務的貢獻。每次太空船返回地球後，我可以抬頭看著掛在任務控制中心牆上的組員名牌，知道那不只是團隊成就的象徵，也代表他們每個人都克服了一些挑戰，完成了複雜而幾近不可能的任務。

等到我在二〇〇一年四月為了執行 STS-100 號任務再度上太空時，我對太空任務已有更深入的全盤瞭解，而不只是從我個人的角度看待它。在此我沒有必要說假話：如果有機會，我寧願早一點出太空任務，問題是太空梭在美國製造，歸美國政府所有，理所當然美國太空人是太空任務的首選。但是無疑地，因為第一次和第二次的太空任務相隔六年，我才能變成一個更棒的太空人，不管在地球上或外太空，我都有更多貢獻。

為了執行 STS-100 號任務，我們在預定升空的四年前就開始受訓。當時，連我們的目的地國際太空站，都還不存在；太空站的第一個部分是一九九八年送上外太空的。我們的主要目標是把「加拿大機械臂二號」（Canadarm2）載上去組裝：它是一架巨大的機械手臂，可以用來抓住衛星與太空船，讓補給品與人員四處移動，它最重要的任務是，把國際太空站的其餘部分組裝起來。太空梭會持續將一個個太空艙與實驗室運上去，由加拿大機械臂二號從旁協助，讓它們各就各位。它是全世界最昂貴最精密的建築工具，如果要把它弄上外太空並正常運作，需要兩趟 EVA——也就是「太空梭外活動」（extra vehicular activity），簡稱太空漫步；儘管我這輩子在外太空時未曾離開太空船，還是被指派負責領導該次太空漫步任務。

太空漫步是一種同時融合攀岩、舉重、修理引擎與雙人舞蹈等各種元素的活動，而且在做這些事的同時，身上必須穿著一件不斷摩擦指關節、指尖與鎖骨的笨重太空裝。在無重力狀態下，許多簡單的事都變得無比困難。光是用扳手把某顆螺栓鬆下來，都可能像是穿著溜冰鞋或戴著足球守門員手套換輪胎。因此，每次太空漫步任務進行之前，都要靠好幾百人協力合作好幾年；為了確保細節無誤，必須把所有突發狀況想過一遍，進行一堆不為外人所知的困難工作。詳盡規畫是有必要的，因為太空漫步算是危險的任務。太空人涉險進入的，是一片足以令人喪命的真空。如果出了問題，不是急忙衝回太空船就可以了。

我在中性浮力實驗室（Neutral Buoyancy Lab）裡練習太空漫步好幾年。基本上那是詹森太空中心的一個巨大水池。它真的很大。上過一次太空，又在任務控制中心工作多年後，我已經知道如何判斷事物的優先順序，如何分辨什麼是真正重要的大事，什麼事只要知道就好了。最關鍵的是，要瞭解國際太空站外的環境，在外面要怎樣移動才不會損壞身上的設備，以及真正出問題時要怎麼修護並調整設備。我的目標是在水池裡練習我即將在太空踏出的每個步伐、要做的每個動作，直到轉化為本能反應。

所幸我練習過了，因為太空漫步時我遇到一些預料不到的問題，如果我的準備工作只是草草了事，就解決不了。最後，STS-100 號任務非常成功：搭乘奮進號太空梭（Endeavour）返家時已筋疲力盡，但是成就讓我們感到自豪。這次我覺得自己終於有所貢獻，成為一個厲害的太空人，因為我跟大家一起把加拿大機械臂二號裝好，並蓋了一個人類在地球以外的永久住家——更了不起的是，這是一項由十五個國家共襄盛舉、通力合作才能完成的任務。

就算接下來的十一年我都待在地球上，這種感覺不曾稍稍減退。沒錯，我的確希望有一天能再回到外太空，但我並未把地球當成太空人的難耐煉獄，什麼事也做不了。二〇〇一到二〇〇三年期間，我被美國太空總署派駐到尤里．加加林（Yuri Gagarin，蘇俄太空人，第一個進入太空的人類）受過訓的星城（Star City，一個位於莫斯科附近的小鎮），擔任太空任務主任（Director of Operations）。我學會用當地人的方式過活，真心融入，藉此瞭解跟我一起工作的人，以便更勝任自己的角色。這段經驗在十年後發揮了效用，因為十年後我必須與一些俄國太空人住在一起，密切合作。我不只學會說俄文，也更瞭解自己：我必須花更多時間才能瞭解他國文化，所以我告訴自己，不能操之過急，也不能對他們有太多要求。

離開星城後，我回到休士頓，在太空總署史上最低潮的一段時間，擔任太空人辦公室的機械長（Chief of Robotics）。那是二〇〇三年，哥倫比亞號太空梭（Columbia）爆炸的慘劇剛發生不久，太空梭已經停飛，國際太空站的建築工作因而停擺，許多美國納稅人強烈質疑，自己的血汗錢怎麼會被虛擲在太空探險如此危險的活動上。從當時的情勢看來，就算我們能克服種種技術障礙，讓太空梭成為更安全的交通工具，似乎也很難挽回民心。然而，我們還是設法達成上述兩個目標，也印證了一個道理：就算目標看來遙不可及也無所謂，重點是保持強烈的企圖心與樂觀態度。

坦白講，我的第三次太空之旅看來的確遙不可及。但就像大學時代那樣，我依舊覺得，做好準備以因應不時之需是很合理的。所以事實證明，二〇〇六到二〇〇八年期間我被太空人辦公室指派為國際太空站營運主任，就是一件很好的準備工作：當時我必須負責與太空站人員有關的所有工作，包括人員的甄選、訓練、認證、支援、恢復、復健及重整等。不管是和各國太空事務主管機關的互動，或者對國際太空站的高度關注，後來都有助於我的準備工作。我獲得第三次飛行任務的派令：這次是一段長時間的太空任務。

二〇一二年十二月十九日，我搭乘俄羅斯的聯盟號宇宙飛船，第三次飛到外太空去，同行的還有太空總署的太空人湯姆．馬許本（Tom Marshburn）以及俄羅斯太空人羅曼．羅曼年科（Roman Romanenko）。國際太空站上的太空人總是新舊雜陳，如此一來，新人可以有幾個月的時間跟老鳥學習，我們上去時，由凱文．福特（Kevin Ford）指揮的三十四號太空任務（Expedition 34）人員都還在。他們在二〇一三年三月初離開，三十五號太空任務有了一位新指揮官：就是我。實際上，這是我一輩子努力的目標：讓自己成為一個能幹又厲害的太空人，有辦法承擔起指揮所有太空人及管理國際太空站的全責（等到下一次聯盟號宇宙飛船於三月底抵達時，站上人數連我再度成為六人）。

太空人的思考方式：學會在地球上過得更好

我為第三次太空任務做好準備時，也發現了一件驚人的事：在太空人辦公室裡面，我是最資深的太空人之一。這個發現對我來講不是什麼好事，因為不管在當時或現在，我都不覺得自己有那麼老。然而，從好處看來，人們總會聆聽我的話，並尊重我的意見。不管是訓練時或飛行路線規畫期間，我都能發揮影響力，讓工作更切實、更有效率。當時距離麥克．伊凡斯打電話給我，問我願不願意加入加拿大太空總署已經二十個年頭了，我也成為詹森太空中心決策高層的一分子——儘管我只在太空中待過二十天，我還是把自己變成貨真價實的太空人。說得更精確點，是美、加兩國的太空總署刻意把我栽培成太空人的，方式是提供我正確的教育訓練與工作經驗。

當然，第三次任務大大擴展了我的太空經驗。我不只是造訪外太空，還有機會在那裡**生活**。我與組員在太空待了一百四十六天，重返地球時，我們已經環繞地球兩千三百三十六遍，飛行了將近六千兩百萬英里。我們在國際太空站上完成的科學成就也是史上之最。三十四／三十五號太空任務是我太空人生涯的顛峰，也是我接受多年訓練的成果——在受訓過程中，我獲得的不只是各種與工作相關的特定技能（例如駕駛聯盟號宇宙飛船），也培養出許多新的本能、思考方式與習慣。真正徹底改變我的，與其說是那些太空之旅，不如說是這趟在太空站長期受訓的過程；對於當年那個只能仰望夜空、驚嘆人類太空成就的小孩而言，這一切都是難以想像的。

重點是，在我成為太空人的過程中，發生了一件怪事：我學會怎麼在地球上過得更好、更快樂。多年來我已學會如何預先發現問題、防患未然，也學會如何在危急時刻有效地反應。我學會如何面對恐懼、保持專注並達成目標。

我學會的許多技巧其實很簡單，卻違背直覺——某些技巧甚至與大家朗朗上口的格言恰好相反。在訓練過程中，太空人學會了一件事：如果想減輕自己的壓力，最好的方式就是小題大作。我們習慣悲觀一點，設想可能發生的最壞狀況。事實上，在接受模擬器訓練時，我們最常自問的問題就是：「好吧，接下來有什麼狀況可能害我送命？」我們也學會，所謂做事要有太空人的樣子，就是當其他太空人出任務時，你必須照顧他的家人——幫他們買飯、跑腿、拿皮包，甚至衝出去買尿布。當然，我們學到的很多東西都具有複雜的技術性，但其中一些技巧極度平凡無奇。每個太空人都會修馬桶，因為這是在外太空常做的事，而且我們都知道打包要仔細一點，就像在聯盟號宇宙飛船上一樣，每樣物件都必須綁好，否則就會破壞飛船的配重與平衡。

這一切的重點在於，我們變得很能幹，而這是所有太空人必須具備的最重要特質——坦白說，不管你想在何種領域有所成就，都需要如此。所謂能幹，意思是在危急時刻保持清醒的頭腦，就算局勢看來不妙，也要堅持執行任務，還有當一分一秒都很寶貴時，你必須隨時想出好方法來解決難題。所謂能幹包含了足智多謀、不屈不撓、為一切做好準備。

身為太空人，具備這些特質並不是因為我們比其他人聰明（不過說實話，如果腦筋太差，也很難學會修馬桶），而是我們學會用一種不同的方式來看待這個世界與自己。簡而言之，就是「學會太空人的思考方式」。這不意味著你必須去過外太空。

重點在於，你必須改變自己的視角。

2 心態和航向一樣重要

嚴苛的養成條件

不管多麼能幹或資深，基本上每個太空人都必須持續學習，不斷為下一次考試K書。這跟我在九歲時所想的實在不一樣。當時我夢想的是，光榮地搭太空船轟的一聲離開，在宇宙裡四處探索，而不是坐在教室裡研究軌道力學，而且是用俄文寫成。但我還是熱愛工作——我不只喜歡在太空中飛來飛去（這部分當然是酷斃了），也喜歡每天必須面對的真實面向。

如果說你只喜歡坐著太空船環繞地球，你一定會痛恨太空人的工作。用比例算起來，每待在地球上**幾個月**，才能換來**太空中的一天**。在你還沒被指派任何太空任務時，就要接受好幾年的訓練了；被指派某個任務後，接受的訓練更密集、更嚴格，受訓時間大概介於二到四年之間。練習有一定的困難度，你會被各種差事操到筋疲力盡，有的不斷重複，有的極具挑戰性，而且有一半以上的時間不能待在家裡。如果那不是你熱愛的工作，會變得很難熬。完成飛行任務後的那幾個月也一樣；慢慢復原時必須接受各種體檢，還要聽取各種技術性與高科技的詳細簡報。一次任務完成後，必須等上好幾年才會有下一次任務；這段時間內，必須重新接受認證考試，學習新技巧，還要幫其他太空人準備飛行任務。如果你把受訓當成一件枯燥的瑣事，每天都不會快樂，而且，如果你是在接受任務後才被刷掉，或是壓根沒被指派過任務，那你會覺得自己很不值得，進而失去專業的理想。

有些太空人的確是這樣。他們接受訓練，做好一切工作，但從沒離開地球。接下這份工作時，我就知道自己可能跟他們一樣。

我是個務實的人，而且小時候根本沒有「加拿大太空人」。等到政府於一九八三年選出加拿大的第一批太空人時，我已經是成人了，大學畢業，有一份工作。所以，當我最後終於在一九九二年被派往休士頓，就讓我高興了老半天，但同時我也懷疑自己離開地球的機率到底有多少。在國際太空站上，某國太空船組員能工作多少時間，完全取決於這個國家出了多少錢；加拿大出的錢不到太空站經費的百分之二，所以太空人的工作時間也不到百分之二——這種規定相當公平，而且絕無例外。就連美國選出來的太空人也不能確定自己一定有機會上太空。政府的出資政策總是有可能突然出現一百八十度的大轉彎；當計畫取消，受影響的是一整個世代的太空人。如果有火箭爆炸，導致所有組員喪生，人類的飛行任務也會暫停好幾年，直到事故的完整調查報告出爐，輿論也相信太空任務是安全且有價值的。另一個可能是使用的太空船類型有所改變。太空梭在使用三十年後退役了，如今能搭載人類前往國際太空站的，只有聯盟號宇宙飛船這種較小的太空船。有些在太空梭時代獲聘的太空人因為身高太高，無法搭乘空間有限的聯盟號。目前來說，他們離開地球的機率是零。

太空人自身的改變也可能影響其飛行機會。即便是小小的健康問題也會讓他們喪失資格（在前往國際太空站之前，他們必須通過全世界最嚴格的體檢——有誰願意為了把一位生病的太空人帶回地球，而中止經費以百萬計的任務？）。家裡出了狀況，也會讓他們失去出任務的機會。

如今，就連太空人出任務的條件也與過去不同了。太空梭搭載的七位組員只到太空兩、三個禮拜，其中有人只精通某個專業領域、會的技術並不多樣化。如果太空梭載運十二噸的設備前往國際太空站，太空人就必須辛苦地把所有東西卸下來重新組裝，再把酬載艙裝滿要載回地球的各種物品，這時只要扮演有條不紊的裝卸人員角色就好了。但是聯盟號宇宙飛船的空間有限，不可能讓只擅長某個專業領域的太空人搭乘。俄羅斯太空船只能供三名太空人搭乘，他們會的技術必須涵蓋各種專業領域。有些技術是最基本的：駕駛太空船、太空漫步、操作國際太空站上的機械（例如加拿大機械臂二號）、懂得如何修護站上故障的物品，同時要在船上進行並觀察各種科學實驗。既然組員必須遠離文明世界好幾個月，他們必須學會基本的外科手術、拔牙、設計電腦程式、幫電路板重新配線、拍攝專業級相片、主持記者會——還要學會在狹小的空間與同事融洽相處，每天二十四小時都不能有例外。

在太空梭時代，被太空總署選為太空人的，只要學會操縱世界上最複雜的交通工具就好，出任務的時間也較短。如今，太空總署想要找的人，要能夠被關在小如罐頭的空間長達六個月，還能維持傑出表現；所以說，光是個性問題就會讓你過不了關。由於任務時間變長，過去接受、甚至視為典型的太空人人格（例如固執而墨守成規），如今再也不適合太空飛行了。

把目標當成紅利而非津貼

能否到外太空出任務，取決於許多變數與狀況，絕對不是任何一個太空人能夠控制的，所以對我來說，把太空飛行經驗當成一種紅利，而非應得的津貼，會比較合理。據此而論，如果有誰把自己的希望都壓在額外的紅利上，不是太大膽了嗎？所幸，讓太空人對工作保持專注與熱忱的，還有很多東西。我最熱愛的，是在太空船模擬器及水池裡受訓，因為那對體力是一大挑戰，有些人則是在科學研究上有較好的表現，也有人喜歡針對太空政策提出建言，協助執行太空計畫。當然，我們有時也會抱怨不受歡迎的規則與要求，但你絕不會聽到太空人說：「閉嘴，把工作接下就是了。」我認識的每個太空人都覺得這是一份充滿夢想的工作。

這二十幾年來，我之所以對工作始終保持熱忱，是因為我養成一種心態：我可能根本就上不了外太空，即使真的出任務，也有可能無法返回地球。因為我不讓太空任務來決定我的任何東西：它無法主宰我對自己的評價，或者我是否快樂，也影響不了我對太空人職業的看法，因此我每天都懷抱興奮的心情去工作，即便出完第二次任務後的十一年裡，我都沒辦法回到太空去，而且一度被肯定地告知，我再也無法出任務了（稍後我會再論及這件事）。

這聽來可能有點奇怪，但是正因為我對未來抱持悲觀的心態，才會如此熱愛自己的工作。我甚至想說，這對我的職涯有正面的幫助：因為我喜歡學習新事物，自願去上很多額外的課程，如此一來我的條件變得更好，也讓我在太空總署裡獲得更多機會。然而，我還是不曾把出過太空任務與否當作成功的要件（儘管它確實會讓我很有成就感）。在這充滿變數的漫長路程中，最後我有可能上得了外太空，也有可能上不了，但如果我滿意自己所做的事，就是成功了。我們不該把受訓當成某種更崇高目標的踏腳石。它本身就必須是目標。

我的祕訣是，試著享受受訓的過程。我從來不把受訓當成某種沉重的苦差事，一心只祈禱能再參加太空任務。對我來講，訓練的吸引力與《紐約時報》的字謎遊戲很像：訓練總是艱難而有趣，能磨練我的思考力，所以每當我撐過去、完成了訓練，總是很高興，同時覺得自己隨時能接受下一次的訓練。

如果用太空飛行來比喻，「心態」就跟航向一樣重要：那是太空船相對於太陽、地球與其他太空船的方向。如果不能控制自己的心態，會有兩種後果：太空船開始翻滾打轉，船上每個人都迷失方向，船也會迷航，如果這時剛好在趕時間或燃料不夠，可是一件生死交關的大事。例如，在聯盟號宇宙飛船上，我們會從各種可用的資源尋找線索，例如潛望鏡、各種感應器以及眼前的視野等等，藉此時時偵測飛船的航向，並且在必要時調整。我們絕對不能迷失航向，因為保持航向是成敗的關鍵。

就我個人的經驗而言，這個道理也適用於地球上。在專業領域裡，我們是否能達到原先預期的目標，終究不是一己所能決定的。有太多變數不是我們能控制的，我們真正能控制的，只有自己的心態。而在追求目標的過程中，能讓你持續感到平穩而安定、覺得自己沒走錯方向的，就是心態。所以，我總會刻意注意自己的心態，必要時予以修正，因為與未達成目標相較，心態錯誤是一件更可怕的事。

準備工夫不會白費

我平常講話時一本正經的態度，常成為孩子們的笑柄。多年來，他們總是在玩一種「上校說」（The Colonel Says）的遊戲，模仿我特別逗趣的名言。我兒子伊凡最愛的，是我躺在我家那輛車子下面修車時，對他喊的那一句：「只想坐下來的人絕不可能有偉大成就。」最近他們還開玩笑說，要研發一種叫「上校說」的手機應用程式，能隨時吐出我那些適用於任何狀況的名言。這個構想不錯，不過我覺得三句就夠了：「做好準備。努力工作。好好享受！」不管你遇到什麼情況，都用得上。

我不妨用海倫和我偶爾喜歡一起觀看的實境電視節目《我要活下去》（*Survivor*）來解釋。那個節目已經播出很多年了，大家都知道，為了獲勝，有些技巧是每個參賽者必備的：例如生火、用樹枝蓋可遮風避雨的地方。然而，每年還是有人沒學會基本技能就來參賽了。我真是不懂。你都知道自己要去上《我要活下去》了，難道你以為光靠俊美的外貌與魅力就能抓到魚嗎？既然你知道比賽的獎金高達一百萬美元，而且你的人生會大不相同，為什麼不事先做好準備呢？

對我來講，這非常簡單：如果你有時間，就拿來做好準備。難道你有更重要的事情可做嗎？沒錯，也許最後你學到的技巧有幾項並非真正必要，但是我想你寧願如此，也不要需要某種技巧時，卻無從學起。

這不只是我面對工作的態度，也是我的生活方式。例如，幾年前我獲邀參加一場在安大略省溫莎市（Windsor）舉行的航空展，展期剛好和一場艾爾頓．強（Elton John）的演唱會重疊。策展人決定試著邀他跨刀為航空展宣傳。我心想，要一位超級巨星中斷表演，幫地區性航空展宣傳的機率實在太低了，但是接著我心想：如果他答應了呢？如果艾爾頓．強剛好酷愛飛機，或者私底下是個太空迷呢？如果如此極端的狀況真的發生了呢？

從小我就彈吉他，我不是世上最厲害的吉他手，但我的確很愛彈吉他。多年來不管在地球上或太空中，我都參加過一些樂團的彈奏與歌唱演出，其中包括成員都是太空人的 Max Q 樂團。我眼前閃過令我又喜又憂的一幕：艾爾頓．強發現了，於是邀請我這個會彈吉他的太空人在航空展舞台上連袂獻藝。我知道這件事的可能性幾近於零，但我也跟休士頓交響樂團同台表演過，所以我很清楚，有些事不可能，有時還是會發生。所以，我下一個念頭是：「好吧，姑且說真有那麼一回事，他會要我演奏什麼歌曲？」可能的答案只有一個：〈火箭人〉（Rocket

Man〉。於是我就坐下來練習彈這首曲子，直到我相信自己不會被人噓下台，而且開始有點希望上台與艾爾頓．強一起表演了。

結果，我的確在演唱會上現身，海倫與我也有機會跟艾爾頓．強見面，盡興地閒話家常了十分鐘。可惜我根本沒機會上台，艾爾頓．強直到此刻也不知道我能精湛表演他的歌曲。但是我並不後悔自己費了一番工夫準備。

我差不多是以同樣的態度來面對一切事物。我練習彈奏〈火箭人〉。我會想像自己遭逢最嚴苛的挑戰，繼而尋思該怎麼做才能挺過去；然後，我會不斷練習，直到滿意自己的技巧，知道自己有辦法做到。自從一九六九年決定成為太空人以來，我總是這麼做，而我有辦法進入休士頓的太空中心，主要是因為我刻意按部就班地準備。我不曾停止各種準備工作，我總是未雨綢繆。

如果二十一歲時，有人要我為自己的人生寫一部劇本，我一定會這樣寫：戰鬥機飛行員、試飛員、太空人。婚姻幸福美滿，孩子健健康康，體驗過各種有趣的事。我的人生就是照這個劇本走的，但是這一路走來，我遇到太多足以改變劇本的「如果」：例如，如果我沒看到加拿大太空總署登在報上的徵人廣告——這是很有可能的，因為當時我們住在美國。然而，我不曾覺得「如果沒當上太空人，我就是個窩囊廢」。如果我留在軍中發展，成為大學教授，或是當上民航機試飛員，劇本走向會大不相同，但即便如此，也不會變成一部恐怖電影。

不放過任何受訓機會

我不是一進入詹森太空中心就是優秀的太空人。沒有人是。你能抱持的最大希望，就是你有成為優秀太空人的潛力。有些人雖然通過了徵選過程，卻沒有好表現，造成這種差異的就是我之前提到的特質：心態。你必須願意花好幾年上俄文課，不斷練習國際太空站的安全程序，即便你認為自己全都了然於心。你應該接受自己必須學會各種深奧技巧的事實，其中有些技巧你根本用不到。還有，你不能把其中任一環節看作是浪費時間。

如果你認為那些事很好玩，至少是有趣的，那就更好了。我在二〇〇一年成為美國太空總署派駐俄羅斯的太空任務主任，在當時，那是大多數美國太空人都不會渴望的差事。因為有些人就是討厭美、俄兩國的歷史糾葛，其他人則是不喜歡融入外國文化，用不慣全然不同的字母，不喜歡酷寒的冬天，也受不了缺乏洗碗機與乾衣機等現代化家電的地方。然而，我這個加拿大人既然能習慣德州墨西哥灣沿岸的潮濕天氣，還有拖拖拉拉的德州腔，自然覺得有機會到其他國家待幾年會是一件很刺激的事，所以我欣然接受派令。為了好好利用待在俄國的時光，我跟海倫都上了額外的俄文課（當時我們的三個孩子都在讀加拿大的寄宿學校或大學）；她用遠距辦公的方式與休士頓的辦公室保持聯繫，所以她每個月大部分時間都可以待在星城陪我。星城距離莫斯科大約一小時車程，是太空人訓練中心的所在地。我們沒有住進太空總署在當地興建的別墅，而是找一棟俄國公寓來住，心想那樣才有辦法真正瞭解俄國及其國民。

結果的確如此。我們被迫講俄語，晚上也跟俄國鄰居玩得很盡興，節目包括音樂、舞蹈與社區的 shashlik 大會（shashlik 是美味的俄羅斯烤肉串）。令人難忘的是，太空總署聘的一位當地司機瓦洛迪亞（Valodya）決定教我如何選擇並切割肉塊，製作俄羅斯烤肉串——那簡直是一個帶點神祕氣息的過程，得花半天時間，弄完後得要兩天才能恢復體力。我們用伏特加酒來祝福那些肉，用摩爾多瓦（Moldovan）的干邑白蘭地慶祝我們居然吃得到那麼棒的豬，然後一邊啜飲俄羅斯啤酒，一邊把解凍一半的豬肉切成一塊一塊，把肉浸泡在紅酒裡，自己也喝一點，然後聊起那些生肉有多漂亮，男人之間的感情有多密切，越聊越起勁。瓦洛迪亞跟我切了一百七十磅的肉和整袋的洋蔥、番茄，接著拿出一包包沾滿灰塵的藥草與香料，跟肉塊混在一起，同時把他家的每瓶酒喝光光，用他那台畫質不佳的十吋電視欣賞足球比賽。等到那天晚上，我們做好滿滿五桶的醃豬肉，隔天就可以烤來吃，而我們的關係變得比家人還親近（這是件好事，因為那天我把外套、帽子、相機與鑰匙都忘在他家了）。此外令我很驕傲的是，我居然沒在來接我的那輛廂型車上嘔吐。最重要的是，我們仔細遵循的那份古老食譜至今仍是祕方，因為我不太記得我們到底做了什麼事。

如果我假裝自己把俄羅斯那份工作當成異國的冒險經驗，那不啻在說謊。到了二十一世紀第一個十年的尾聲，太空梭的退役計畫早已擬定好，聯盟號宇宙飛船將成為前往國際太空站的唯一交通工具。美、俄之間的夥伴關係會越來越重要。對此鉅變，大家都心知肚明，如果想做好準備，確保我這個太空人還能出任務，我就必須把俄文學好，同時搞清楚俄羅斯聯邦航太總署（Roscosmos）的運作方式。這一樣是未雨綢繆的準備工作。

我所做的一切到底是為了娛樂，還是為了進步？我想，只要把所謂的進步當作一種學習，而不是在專業領域中更上層樓，答案就絕對不會是二選一。如果你肯學習，即便最後未獲升遷，你**的確**還是領先了其他人。正因如此，我才會主動詢問我能不能接受訓練，學會駕駛聯盟號宇宙飛船。我對這種跟太空梭截然不同的太空船非常有興趣——儘管我明白真正駕駛它的機會就跟和艾爾頓．強同台演出的機會一樣渺茫。像我這樣的北美洲人想要獲准駕駛那種飛船，必須在外太空遇到一位非常無能的俄羅斯指揮官，而且前提是，我能獲派參加任務。換言之，這得在許多不太可能的條件都成真之後，才會發生。

我的想法是，也許某天我的付出真能獲得回報。如果沒有，嘿，能學會駕駛聯盟號宇宙飛船仍然是件有趣的事，而且學到的技巧或許也能用於其他領域。所以我設法取得俄國太空船的飛航工程師資格，也學會穿著俄國太空裝時該如何執行太空漫步任務。顯然，我的閒暇時間會因為接受額外訓練而大幅減少，但我也因此有機會見識到俄國體系的運作方式。它與美加體系的最大差異在於，俄國太空人在進入太空船模擬器受訓前，必須熟知的理論比我們還多。結果，瞭解了俄國體系也有助於我白天的工作，特別是當我試圖調解兩國太空計畫的衝突時。過去，我從來沒有機會被俄國指派為聯盟號宇宙飛船指揮官，也不可能幫他們進行太空漫步，未來也是。但我仍然很高興自己學了那些東西。

太空人接受的訓練中，有些就跟上學一樣：你必須坐在教室裡聽課、考試、被打分數。但是我們也必須學會操作跟真實太空船非常像的電腦，還有太空船模擬器。在詹森太空中心時，我最喜歡的就是在水池裡接受訓練。有時候，我們會在中性浮力實驗室研發裝備，或是測試未來將採用的任務程序。有時候，正在出任務的太空人遇到問題，我們必須幫忙找出解決之道。因為我們在地球上，可承受的風險較高，也有較大的空間做實驗。但我們也在實驗室裡接受很多訓練，因為在水中漂浮是地球上最接近微重力環境的經驗，還能練習太空漫步。在水池裡，我彷彿覺得自己就在外太空：我穿著太空裝，跟太空漫步時一樣，必須藉由機器的輔助才能呼吸，很有真實感，讓人回想起太空中的經驗。那種訓練很累人，不過我不曾感到厭煩——二〇〇一年執行第一次太空漫步任務前，我花了整整五十天在水池裡受訓。在水裡待了六小時後，夜裡我根本不用擔心失眠。

訓練過程有一大部分只有太空人才體驗得到，而且是畢生難得的事情，讓人很難不愛它。例如二〇一〇年夏天時，我在加拿大卑詩省帕維里恩湖（Pavilion Lake）和一個國際研究團隊合作。那裡的湖景很美，湖水清澈無比，湖底到處都是微生物岩（microbialite）：那是一種奇形怪狀的岩石結構，看來很像珊瑚礁。在地球的遠古時代，大約有二十億年的時間到處可見微生物岩，如今卻很罕見。所以，帕維里恩湖研究計畫（Pavilion Lake Research Project）的目的是：試著搞清楚微生物岩的形成方式，藉此深入探掘地球的生命起源。在湖底看著那些岩石結構，好像置身另一個星球，所以研究團隊認為找太空人來參與計畫是有道理的。結果，我因此通過了深海號小型潛艇（DeepWorker）的駕駛認證。深海號是一種了不起的單人水底交通工具，有點像是個人專屬潛艇，因為實在太有趣了，某些（有錢）人會買來當玩具。深海號得用腳操作，一個踏板可讓潛艇上下移動，另一個是左右移動，機械手臂則要靠雙手來控制。待在深海號裡面給人超脫塵世的感覺：你會覺得自己好像被圈在一個小小的防水泡泡裡面，在水深兩百英尺處拍攝並採集樣本，舉目所及是一片與地球生命起源有直接關聯的岩石結構。

對太空人來講，這是一份得心應手的差事。我們在受訓時，學會以手腳並用、眼觀四面的方式來操作交通工具，也習慣優游於充滿危險的環境裡，避免撞到任何東西。而且，美、加兩國的太空總署都對那項計畫有興趣，因為在研究微生物岩的過程中，我們也許能學會如何辨認其他星球上的遠古生命形式——另一個理由是，等到某天我們要到月球、小行星或火星上採集樣本，駕駛的可能就是類似的交通工具。地球上的科學家依賴太空人幫他們蒐集正確的資訊與樣本，因此參與計畫的太空人最後必須像替身一樣，學會科學家的手藝與眼光。所以，參與計畫的目標就是到帕維里恩湖去，學會將太空人訓練成地質學家的方式——不是什麼傑出的地質學家，只要具備足夠的專業水準即可，因為這比將地質學家訓練成太空人簡單多了。

顯而易見，這只是長期的目標，未來我絕不可能登上月球或火星，等到真的有人上去，我可能已經作古了。我們受訓的內容有很大一部分是為了未來的偉大任務，每個人都有一點小小的貢獻，但與自己的專業成就絕對無關。我們花很多時間研究與模擬的，也許是自己不會擁有的經驗。說真的，那一切只是假想而已，但我們確實學到許多東西。而我認為，學習就是其中的重點。

我的第一次太空任務是在一九九五年前往和平號太空站。那是當年的大事，因為我是第一個真正搭上太空船的加拿大人。如今，沒人記得那次任務了，和平號太空站也早被刻意脫軌，落入大氣層焚毀。如今，除了我，沒人覺得那次飛行任務有多重要。我可以選擇讓這件事打擊我，並沉溺其中、不可自拔；或是保持我一貫的心態，不斷學習。因為那是我選擇的路，未來我仍然會時時做好準備，就像我練習彈奏〈火箭人〉那樣。

這一切都是為了未雨綢繆。

3 太空人怎麼排除懼高症

從面對恐懼到排除恐懼

「你怎麼面對自己的恐懼？」

這是我最常被問到的問題之一。當人們想到太空探險時，腦海裡閃過的，不只是阿姆斯壯從登月艙階梯爬下去，踏上月球的畫面。令人難忘的，還包括挑戰者號太空梭（Challenger）發射後不久便爆炸，在空中化為一陣煙霧，以及哥倫比亞號太空梭在重返大氣層時解體，化為一團火球，太空梭與太空人殘骸如雨水般落下的驚人景象。深深烙印在大眾心坎裡的情景，不光是那些凱旋而歸的歡欣時刻，也包括上述的驚悚奇觀。

還有，當人們想像自己坐進引擎隆隆作響、不斷冒火的火箭時，自然會很害怕。如果你被人從街上抓走，丟進太空船裡，獲知四分鐘內就要發射了，一定也會感到恐懼不已（順道一提，隨便一個小動作做錯就會害死你自己和所有人）。但是我並不害怕，因為我受過經年累月的訓練，訓練我的許多專業團隊幫我把各種可能狀況都想透了，因此以從發射後到登陸前，不管有什麼問題，我都能解決。跟所有太空人一樣，我參加過一次又一次真實度極高的模擬太空飛行，我最強烈的感覺並非恐懼，而是解脫。

我心想：**終於啊**。

透過經驗，我獲得的體會是，恐懼源自於不知道也無法控制接下來會發生什麼事。無助時的恐懼感，遠比能清楚掌握狀況時還要強烈。如果你不知道自己該對什麼保持警覺，每件事都會讓你緊張兮兮。

我非常清楚那種感覺，因為我自己就有懼高症。每當我站在懸崖邊，或者從高樓上陽台的欄杆後面往下看，我的胃就會揪成一團，手心冒汗，即便我的身體感到越來越驚慌，知道應該往後退到安全的地方，雙腳還是不聽使喚。不過，如今那種身體反應不會再讓我感到困擾了。我想每個人都**應該**怕高才對。就像害怕巨蟒與憤怒的蠻牛，是自保的合理本能反應。但我也清楚，有人可能心想：飛行員（太空人）怕高？這像話嗎？如果待在高處就會引發我的恐懼本能，我要怎麼把分內工作做好？

答案是：因為我學會如何排除恐懼。我是跟兄弟與妹妹們一起在農場上長大的，我們會一起到存放玉米粒的穀倉裡，爬上屋椽，往玉米堆跳下去，只想體會一下雙腳突然被玉米粒淹沒的感覺，就像陷進又深又鬆的砂堆裡。只要雙腳先著地，保持平衡，就能平順地穩住身子。隨著自信心增強，我們會從更高的屋椽往下跳，直到高度達到兩、三層樓，我們開始比賽誰較為大膽，也讓自己的膽量越練越大。每一回我都有一股強烈的恐懼感，但不會因而無法動彈。我總是有辦法逼自己往下跳。我想，我能辦到的理由有三：往下跳的高度是逐步累積的，而我漸次增強的自信心也有真實經驗作為基礎，另一項極為簡單的事實是，不斷的練習讓我的技巧越來越好。

但我對高度的恐懼仍在。十幾歲時，我爸曾用他的雙翼飛機載我。夏天氣溫夠高，可以把座艙罩拿掉，讓座艙敞著，我們與頭頂的穹蒼之間沒有任何阻隔——當我爸翻轉機身、以特技飛行時，我們與地面也一樣沒有阻隔。我就這樣頭下腳上，停在幾千英尺的高空中，只因綁著安全帶沒往下掉，恐懼令我無法動彈。我用雙掌與雙臂本能地抵住座艙，好像這樣撐著就不會掉下去。我身上的每吋肌肉都繃得緊緊的，不斷振動，頭顱後方好像有東西上上下下衝來衝去，幾乎像是一陣陣噪音。

然而我還是沒有掉下去。安全帶跟座艙裡有五個地方連接在一起，扎扎實實地把我綁在座椅上。舉目所及，我看不到任何東西能擋住我，讓我不掉下去摔死，但是根據經驗，我漸漸有辦法以理智克服那種感覺：我知道自己實際上沒事，不會從飛機掉出去。我覺得自己**也許會**往下掉，但那種感覺最後也消散了。

我還是害怕站在懸崖邊緣。但是，當我搭乘飛機與太空船飛往高處時，我確定自己不會掉下去。我能保持在空中，是因為飛機的機翼、機身、引擎與速度都正常，就像在地面上是地球表面把我撐住。知識與經驗讓我在高處時相對安心——不管是搭乘雙翼飛機、進行太空漫步，還是從屋椽跳進小山一般的玉米粒裡。無論上述哪個例子，我都知道難度有多高，也很清楚它們遵循的物理與機械法則；經驗告訴我，我不會徬徨無助，在某種程度上能控制情勢。

人們通常以為太空人都像超人一樣勇敢，或者像機械人一樣沒有情緒起伏。如果想在高壓與高風險的情境下保持冷靜，唯一需要的只有知識。當然，也許你仍然不免有點緊張、焦慮，或是有如驚弓之鳥，但你不會感到害怕。

每演練一次，信心便增強一點

覺得自己準備好可以去做某件事，並不意味著你有信心一定能成功——不過既然要做了，自然想把它做好。當你真正做好準備時，你一定知道過程中可能出現什麼問題，而且備有解決方案。例如，你有可能在度假飯店學會水肺潛水之後就直接到海裡去潛水了，那是一次很棒的初體驗，你卻還不懂怎樣在水肺故障時使用「共氣」（buddy breathing，與他人共用水肺）這種求生技巧，也不知道遺失一隻蛙鞋時該怎麼辦。但是，如果情況於你不利，你會發現自己很危險。在海裡，你常會遇到生死交關的突發狀況。這就是為什麼在取得潛水執照前，你必須多次練習，學會處理各種問題與緊急狀況，如此一來才算是真正做好了萬全準備，不是只會在風平浪靜的狀況下潛水。

基於類似的理由，太空計畫的訓練人員擅長的，一樣是設想各種糟糕的狀況，讓我們重複演練，而且演練的真實度會越增越高。這些狀況包括引擎故障、電腦當機，還有爆炸事件。我們被迫正視各種可能出現的問題，深入研究並分析，詳加瞭解問題的成因與後果，這一切都很有幫助。如果能夠每天這樣練習，幾年後你就等於穿上一套刀槍不入的鐵布衫，不會被恐懼擊敗：你所憑藉的，是自己努力掙來的實力。

訓練促使我們培養一種新的本能：遇到危險時，不會因為腎上腺素的分泌，只能做出正面迎戰或逃走的反應，而是冷靜以對，立刻區分出各種威脅的嚴重程度，有技巧地從最嚴重的依序化解。本來我們最先想到的是逃走，但長期受訓讓我們懂得面對問題、瞭解問題，並設法解決。

最後一次到國際太空站出任務時，才抵達不久，我就在半夜被一陣警鈴大作驚醒。一開始兩、三秒內，我還搞不清楚狀況，猜想那刺耳的聲響是什麼。我們四個待在太空站美國區的太空人，好像四隻草原上的土撥鼠，同時從睡覺的艙位探出頭來，看著牆上的緊急燈號面板，想知道是失壓、毒氣瀰漫或其他足以令人喪命的問題。突然間我們四個人都醒了，因為那震耳欲聾的警鈴聲是火警。

在太空船中，火警是最危險的問題之一，因為根本無處可逃；在無重力的狀況下，火焰的擴散狀況比較不好預料，也更難以撲滅。如果我還是第一年當太空人，我的反應應該是一把抓起滅火器，開始為自保而奮鬥。但是經過二十一年的訓練，我已經沒有那種本能反應了，取而代之的是另一套反應程序，可用三個詞彙表示：警告、集合、解決。在太空總署工作的人，常用「解決問題」（work the problem）一詞來表示層層分析問題成因，在氧氣耗盡前有條理地找出解決之道。我們一再練習以「警告、集合、解決」的程序來解決火警，次數多到取代了本能反應。所以，當我們聽到太空站的警鈴聲時，並沒有衝去拿氧氣罩與滅火器，而是由其中一人用內部對講機平靜地警告大家有火警發生，因為俄羅斯太空人在他們的站艙也許聽不見警鈴，而另一個人則是到電腦前面瞭解是哪個煙霧偵測器觸發了警鈴。沒有人是一派輕鬆，但大家的反應只是專注而好奇，彷彿要解決一則抽象的謎題，而非化解一起可能害死我們的迫切危機。事實上，在任何旁觀者看來，可能會覺得我們很奇怪：我們毫不激動，也沒人咆哮下令，大家都不疾不徐。

下一個步驟是集合，所以我們先到另一個站艙與俄羅斯太空人集合，一起解決問題。火警的威脅有多嚴重？到目前為止，所有跡象都令人感到安心。我們聞不到煙味，也看不見火焰，或許是某處的一小條電線熔化了，或者是灰塵觸動了警鈴。我們和休士頓及莫斯科的任務控制中心聯絡，但是就在進行調查、查看發出警鈴的站艙時，我們發現機件故障的可能性越來越高。最後，大家都同意那是假警報，這才回去睡覺。一小時後，警鈴聲再度響起，我們仍舊進行「警告、集合、解決」的程序。所有人的反應還是很冷靜，但一點也不馬虎，因為過去一小時內可能有什麼東西持續悶燒。結果，沒有悶燒的情況，只是那具偵測器壞掉而已。我還記得當時自己心想：「那就像一次演習，只是這下更上一層樓，因為我終於可以去睡覺了。」

處理那次火警危機的過程中，就算是一開始那幾分鐘，我們似乎真的快被可怕的大火吞噬，但我想應該沒有任何人的心跳稍稍加快。我們覺得自己有能力處理所有狀況，那是一種透過扎實準備工夫養成的自信心。如果想強化自信，最好的方式莫過於模擬災難的發生，以體能與腦力直接面對它，確知自己有辦法面對問題。每演練一次，信心都會增強一點，如此一來等到問題真正出現了，就能清晰地思考。

但是你也絕不該掉以輕心，以至於在受訓時心想：「哼，又來了，又是另一次『太空災難』的戲碼。」如果希望演練發揮效用，就必須把它當真。真實感會有所幫助：例如，當我們接受太空站上的滅火訓練時，模擬器裡面會瀰漫真正的濃煙——在我進行最後一次飛行任務的不久前，我跟組員做過服務艙（service module，太空船中推動與電力系統等設備的所在地）內的演練，那煙霧濃到戴上氧氣罩時都看不見自己的雙腳。身為指揮官，我做的決策是：「煙霧太濃了，我們把艙口關起來，到另一個船艙集合，一起解決問題。」事後做檢討報告時，參與演練的俄國團隊非常有意見。按照美國的處理標準，我的反應可說完美無缺，因為太空總署教我們要把起火的船艙關起來，先救出組員，再思考怎麼滅火——但俄國人的觀念完全不同。他們希望我們留在原地滅火，因為他們顧及的是：俄國的救援用太空船——聯盟號宇宙飛船就停靠在服務艙旁邊。事後我對訓練人員提出的說明是，我們樂於留下來滅火，只不過那次演練有一點**太過**真實。我必須用回應真實火警的方式採取行動：遇到大火與濃煙時，我會選擇遵循太空總署的標準程序，搶救組員而非實驗室——畢竟，就算失去了服務艙，我們仍保有食物、水及通訊系統。在地球上演練的最大好處，是可以看出這種觀念上的差異，設法化解。下次火災演練時，俄國人妥協了：他們將服務艙的濃煙減量，讓我們也認為可以繼續待在那裡、設法把火撲滅。

國際太空站發生火災並非純然假想的狀況：一九九七年，也就是我造訪國際太空站的兩年後，一個能製造氧氣的罐子引發和平號太空站的火災。組員設法解決問題，把一條條濕毛巾蓋在那個罐子上，直到火焰被撲滅；他們的太空船濃煙密布，事後還造成氧氣罩短缺，但是每個人都活了下來。此一意外提醒大家，為意外災害受訓確實有其必要。太空探險本來就是一種危機四伏的活動。在教室上課或參加為期八小時的演練活動時，如果我發現自己開始不專心，總會用一個很簡單的事實來提醒自己：我有可能在太空任務中殉職。

為了讓大家重視此一訊息，我們甚至會進行所謂的「應變計畫演練」（contingency sims）：說白一點，就是死亡演練，目的是逼我們用巨細靡遺的方式設想自己殉職的慘劇，因此我們腦中設想的不只是自己可能怎樣死去，也包括我們的死對家人、同事及整個太空計畫有何影響。這種沙盤推演的最大受惠者是管理階層，所以推演活動不會在模擬器裡進行，而是在會議室——如果有必要，也可以透過擴音機來進行。參加演練的，包括在太空人殉職後協同處理後續問題的所有人員：醫生、太空計畫管理人員、公關人員，甚至包括死去的太空人本身。

死亡演練以假想的狀況為開端，例如：「克里斯在太空任務中受了重傷」，接下來的幾小時內，大家依據職責回應。每五到十分鐘，負責主持演練的人會對所有參加者丟出一張「綠卡」：代表各種新的突發狀況。綠卡是由訓練團隊研發出來，而團隊的職責就是設想各種可能的真實突發狀況；任何參與演練的人都不會預先知道綠卡的內容，我們必須假設上面寫的狀況的確發生，伺機因應。綠卡上有可能寫著：「我們剛剛接獲太空站傳來的消息，克里斯殉職了。」人們會立刻設法解決。好，我們該怎樣處理他的遺體？太空站上沒有屍袋，所以應該把遺體塞進太空裝裡，安置在置物櫃嗎？該怎麼解決屍臭的問題？還是應該讓補給太空船載回地球，跟其他垃圾在重回大氣層時一起燒毀？或者在太空漫步時順便棄屍，任它飄走，進入太空？

討論熱烈進行，有人說我的遺體很快就會腐壞，也有人提到應該幫我的組員熬過這次心理創傷，此時又有一張綠卡丟到他們面前：「有人在推特上面發布訊息，說國際太空站發生了意外，某位《紐約時報》的記者來電詢問現在的狀況。」剛剛的問題還沒解決，又遇到新問題：公關人員該如何回應？應該由美國太空總署或加拿大太空總署來主導？何時該發表聲明，上頭該說些什麼？綠卡丟出來的速度越來越快，就像現實生活一樣，不斷有新問題產生：誰該跟我爸媽報喪？該打電話還是親自登門告知？他們在哪裡？在農場上，還是史泰格島的小屋？我們需要備妥兩套計畫，確定我爸媽的行蹤之後再決定用哪一套嗎？

也許，此時你已經看清：死亡演練中沒有人會哭哭啼啼，悲傷難過。演練的重點在於評估現況。儘管家屬沒必要參加演練，但海倫還是參加了好幾次，因為她發現，如果想知道自己是否真的做好準備，最好的方式就是把遇到最糟狀況時會做的事情說出來。例如，在我出三十四／三十五號太空任務的五個月期間，她高高興興地計畫要去爬喜馬拉雅山，而在任務前的某次應變計畫演練中，她發現一旦我出事就不妙了。一張張綠卡迫使我們去思考，我殉職的話，誰會把死訊告訴孩子（我們發現很可能是記者，因為他們的母親正在登山），還有海倫要花多少時間才能到休士頓與他們會合（時間應該很久，因為她必須轉機好幾次）。我們必須假設我在國際太空站殉職，進而去思考那些相關細節：例如，在那些偏遠的亞洲山城，手機的收訊狀況如何？時差因素是否會讓她難以與休士頓的主管取得聯繫？結果，海倫決定把喜馬拉雅山的登山計畫延後到來年，改去猶他州健走。事實上，每個參與這種演練的人都會發現自己的計畫有漏洞，因而修改一些細節（不過我就不用管那麼多了，因為我已經掛了）。

有時候，你可以透過演練來證明自己的各種能力是否完備，但通常那也是一種考驗，可以幫你找出自己在知識上的欠缺，並且讓你面對未曾想過的連鎖效應。羅曼．羅曼年科是我最後一次太空任務的成員，也是聯盟號宇宙飛船的指揮官，當我第一次在星城與他一起受訓時，我們在模擬器進行重回大氣層的演練。羅曼有搭乘聯盟號宇宙飛船的經驗，而我沒有，所以我的主要工作只是從旁協助。演練時，我注意到座艙的氧氣筒有一點漏氣，但看來沒有大礙。我們有好幾個氧氣筒，而且漏氣的情況並不嚴重。我們只是注意和重回大氣層有關的各種複雜任務，後來我突然想到：因為氧氣漏進一個很小的座艙，這意味氧氣含量即將大幅升高，所有的東西都會變成可燃的，也許必須減壓，避免火災——但如果真的減壓，可能就沒有足夠的氧氣返航了。

我們不可能用一般漸進的方式重回大氣層。重點不是我們能不能在哈薩克附近降落，而是必須立刻將聯盟號宇宙飛船掉頭，降落到地球上，否則就會殉職。但是我不知道什麼是掉頭的最快方式，而羅曼已經忙著進行另一個程序，所以我們錯失那個能救自己一命的短暫時機。氧氣筒微微漏氣原本只是個小問題，結果卻害死我們。

羅曼和我本來並未真正瞭解氧氣筒漏氣對任務可能產生的衝擊，但在演練過後，我們都懂了，而且在後來的訓練中也能更穩當地因應。演練是練習的機會，但通常也具有警醒的作用：實際上，我們**並不知道**自己在做什麼；在太空中面對那種狀況前，最好先找出解決之道。

也許你覺得像這樣每天演練最糟糕的狀況，會把人搞得很憂鬱，但奇怪的是，這種作法令人開心。預演各種災難讓我確定自己在面對困境時，擁有各種解決問題的技巧，可以面帶微笑度過難關。演練令我不用再擔心是不是有哪些程序還沒仔細檢查，心神與情緒不會被擾亂，三更半夜也不用再胡思亂想。我非常希望自己不要在太空中殉職，但也不會害怕那種可能性，主要是因為我已經把實際狀況想過一遍了：例如，我希望太空總署用什麼方式通知家人，我應該找哪位太空人幫我老婆處理美、加兩國太空總署的種種繁文縟節。最後一次出太空任務前，我重新檢閱了遺囑（其實每次都會），也把財務與稅務問題打理好，跟臨終的人一樣，把所有待辦的事都完成了。即便如此，我不覺得自己已經一腳踏入棺材。事實上，這一切讓我感到很平靜，也不太需要擔心如果我出了事，未來家人該怎麼辦。這意味著當太空船的引擎在發射台上點燃時，我可以把所有焦點都擺在手頭的任務上：也就是活著抵達外太空。

冒險背後的風險控管

儘管災情演練早已讓我習慣意外發生的可能性，但有誰能對這種事情完全無動於衷？我想我永遠忘不了二〇〇三年二月一日早上發生的事：前一天晚上，我從俄羅斯搭飛機回到休士頓，直到早上我跟海倫開車出去吃早午餐，才想起應該把手機打開。開機後，我就發現一堆留言；她看看她的手機，也是一樣。我不用聽留言也知道某件可怕的事發生了。那天是哥倫比亞號太空梭的返航日，上面有許多我們的朋友。我們把車掉頭開回家，一路上心情爛到極點，覺得了無生趣。

我打開電視，立刻看見發生了什麼事：電視上重播哥倫比亞號在空中解體的畫面，而事發地點距離我家不是太遠。我還沒搞清楚那是怎麼回事就已熱淚盈眶了，海倫則是跪下來啜泣。災難突如其來，一切不可挽救。太空梭上的七位太空人都是我們認識的。我們有共同的夢想，也關心他們的配偶與孩子。那一次任務的指揮官瑞克．哈斯本德是我在試飛員學校的同學；我們曾一起唱歌，共同參與研究計畫。某次我出任務要發射升空時，瑞克主動表示要幫忙照顧我的家人，結果我爸媽真的被困在奧蘭多市，他欣然地開車把他們接回卡納維爾角。他是個大好人，我的摯友。當時，他與其他六個朋友的死讓我難過不已，我至今仍為他們哀悼。

此外，我也感到非常失落，覺得自己有責任：我是那個太空計畫的成員之一。我大概在一小時後抵達辦公室，許多團隊正要出發去清理太空人與太空梭的遺骸——因為太空梭在高空解體，掉落在佛州各地。我在詹森太空中心幫忙，也盡可能對瑞克的家人伸出援手，但是大家能做的其實不多。那些太空人是如此有天分而努力不懈，每個都是好人，卻在執勤時殉職，而且他們沒有犯任何錯。這樣的無謂損失實在太糟了。

然而，我沒想過要離開美國太空總署，我的家人也沒討論過這個話題。事故發生前，我並未被指派任何太空梭任務，而且我想自己也不會再被指派，所以我的人身安全無虞。我的工作是幫助其他人安全地完成任務，哥倫比亞號的災難只會增強我的工作動機。我們必須再度向世人證明太空梭是安全的，而且先前太空梭組員的工作極為重要，應該繼續下去。我跟太空總署大多數的人員一樣，認為最能紀念哥倫比亞號上所有太空人的，莫過於這兩件事，也確定那是他們的願望。我認識的每個太空人都把他們的職責看得比性命還重。

我很榮幸能參與太空梭的風險調查，除了找出問題，也設法預防並減少問題，藉此不再讓任何一名太空人受到傷害。我們必須處理三件事：首先，減少太空梭在升空時受到的損害；其次，設法讓太空梭在外太空時接受檢測，以便發現損害的地方；最後，找出在外太空修護太空梭的方式。哥倫比亞號事故發生後不久，我當上太空人辦公室的機械長，負責研發在外太空使用的機械施工方式與硬體，並確保美、俄兩國的太空人都懂得如何使用，所以上述三件要事的後兩者與我的工作內容密切相關。事實上，儘管太空總署的士氣低迷，輿論對於各種太空計畫的支持度更是降到了極點，署裡的每個人還是一起努力解決問題。

結果非常成功。我們改變了太空梭內泡沫塑料的黏著與檢驗方式；我們構思出太空梭進入太空軌道後就能檢查損害的方式（我們把加拿大機械臂一部分的剩餘零件裝在太空梭機身，當成某種吊桿，在上面裝一架攝影機，藉此檢視太空梭上面最脆弱的部分）；我們也研發出一種特殊的膠水，讓太空漫步的太空人修復機身的任何損害——還有，為了預防太空梭出問題，我們總是備妥一架救援用太空梭。太空梭因而變得安全多了，而我們再也沒有失去任何一隊組員。後來我沒有機會再出太空任務，但如果要我再去，我會毫不猶豫地點頭。

理由並不是我只求一死，也不是我喜歡追求刺激。很少太空人是那種人。把自己綁在一個像是巨型炸彈的交通工具上，基本上就很危險了，還有比這更刺激的嗎？對於那種必須抱著「豁出去」心態才能做的事（例如高空彈跳），我向來沒興趣。如果你喜歡腎上腺素在全身亂竄的感覺，我可以瞭解你為何會覺得那很刺激。但我不一樣，我不覺得那有什麼刺激。

對我來講，要我冒險唯一充分的理由就是，在冒險後極有可能獲得比那風險更有價值的回報。對我來講，到宇宙的邊緣去探險，拓展人類的知識領域與能力就是很有意義的回報，所以我才接受當太空人的所有風險，但我也心懷警戒：我想瞭解有哪些風險，設法做最大程度的控管，好將風險降低。

常有人用勇士與牛仔這種刻板印象看待太空人，這種類比幾近可笑。太空人一定是做事有條理且重視細節的人。我們熱愛的不是刺激的經驗，而是工作，並且非常努力。我們也不得不如此：因為我們使用的設備花了納稅人數以百萬計的錢，讓我們保命的最佳措施，則是全心全意地投入訓練活動。太空人反覆進行各種研究、模擬與練習，直到反應變成本能的一部分，而這一切，不只是為了達到太空總署的要求。我們接受訓練的目的是要減低殉職的機率。有時候，太空船就是會出問題，就像挑戰者號與哥倫比亞號一樣，組員無能為力。但有時候也能幸免於難。不管是在發射台上或外太空發生火災，或是像聯盟號宇宙飛船發生彈道式著陸的意外，太空船像石頭一樣從太空彈射到地球，甚或太空船因為碰撞意外而撞出破洞、突然減壓，都曾有太空人逃過一劫。在類似的真實危機中，大家抱在一起是無法保命的。你能存活的唯一希望就是確實知道該做什麼，並且冷靜迅速地把那些事做好。

我的孩子曾取笑我，說我的功課比他們還多，而且我做功課的態度也比他們嚴謹。當風險真實無比時，任誰也不敢馬虎。最該把功課當真的人，莫過於我自己。如果我能遵守安全程序，也許哪天真能保命，而且一定能幫我避免各種愚蠢的錯誤，降低風險。不管情況有多糟糕，永遠都可能惡化。比方說，聯盟號宇宙飛船在脫離軌道、必須重新點燃引擎時，發生了引擎故障問題，於是我把引擎關掉，結果無法重新啟動——嗯，難道這樣不是把嚴重的問題變得更不可收拾嗎？

準備的目的不只是做外在的風險控管，也在於減少自己的不智作為，避免風險升高。當我們能為自己的命運編寫劇本時，有誰會想要寫一齣悲劇？撇開其他缺點不談，光是演續集都不可能了。

最糟的狀況不可能只有一個

幾年前，我們的樂團在休士頓表演，有一位女士走上台問：「你們會演奏〈驕傲的瑪莉〉（Proud Mary）嗎？我想唱那首歌。」她表現出一副很有自信的樣子，就連外表也有點像原唱者蒂娜·透納（Tina Turner）。所以我們說：「當然會！」她上台後抓起麥克風，架式十足，我們開始演奏了——但她沒有開口唱。我心想：「喔！她大概不知道該從哪裡進歌。」所以我幫她唱了第一句。但是，我們立刻發現她只會唱「搭船順河而下」，她只在恰當的時刻唱出那幾個字，然後就一路哼到完。任誰都看得出來，她認為只要手裡握著麥克風，她就會奇蹟似地變成蒂娜·透納。也許更蠢的是，我們居然以為她有備而來。這是北美洲特有的自吹自擂文化，總有人以為只要看過電視節目《頂尖廚師大對決》（*Top Chef*），就能學會如何煮菜。

當你可能遭逢重大損失，就更該把準備工作當成第一要務。在我的日常工作中，能讓我遭逢最大損失的莫過於動態的任務，因為各種變數會促成一連串快速的變化，於一瞬間引發連鎖效應。然而，在太空中並不總是如此。有時候，問題出現時，我們有許多時間解決，就算是狀況嚴重也不例外。例如，國際太空站就像一個繞著地球轉的小型月球，不用靠引擎運轉，即使電力系統完全失效也可以繼續繞行地球。當所有系統失效，太空站變成一團廢鐵，我們還能安然度過好幾天——這時間足以讓我們嘗試各種修復方式，如果都沒用，仍然可以撤出太空站，搭乘聯盟號宇宙飛船回地球。如果太空站被一小顆隕石擊中，突然間我們就會進入動態任務模式。在那樣的時間壓力下，每一秒都是關鍵，假使你未能搞清楚每件事的先後順序，就會害死自己。

最常出現動態任務的時間點有兩個：太空船離開發射台和重回大氣層的時候，因此我們總是重複模擬這兩個時間點的突發狀況與各種故障問題，演練的次數就算沒有幾千，也有幾百。如果聯盟號宇宙飛船在脫離軌道、重新點燃引擎時，發生了故障，你知道你無法以原先預想的方式重回大氣層，也許就不會降落在有救援交通工具等待的地方。此時太空船下墜的速度不只是四G（相當於地球引力的四倍），而是八G或九G，那不只會令人極度不舒服，也更危險；此外，因為身體承受龐大的壓力，就算只是伸手扭動太空船的控制開關，都十分吃力。太空船重回大氣層時可能軌跡不順，以類似打水漂的方式越過大氣層，以致之後脫離軌道時缺乏足夠的燃料點燃引擎。聯盟號宇宙飛船也可能就這麼解體，在大氣層中燃燒起來。

不管是哪種問題，都來得又急又猛，能否倖存在很大程度上取決於你是否有足夠的能力。包括太空船的內部系統、實際速度與高度，還有它與地球之間的距離，這種種因素的交互影響極為複雜。這**就是**所謂的火箭科學理論。你必須瞭解什麼原因會造成何種後果，而你根本沒時間和組員或自己釐清那些理論。你必須清楚知道，如果太空船傾斜二十度，你該怎麼辦，或是如果有一具火箭推進器故障，該如何處理，還要確實掌握數十種後續影響，以及隨之而來的連鎖反應。你可能連幾秒鐘動腦筋的時間都沒有，因為要做出好的決策，必須在當下就有想法。

在訓練過程中，一旦我們瞭解理論以及各系統間的互動方式，就會開始學習系統出錯時的狀況，一個一個搞清楚。一開始，我們研究問題的工具是PTT，也就是所謂的「部分功能訓練器」（part task trainer），在這種一對一的電腦模擬訓練中，通常有一位使用筆記型電腦的教官坐在身邊。我用過一台部分功能訓練器，它模擬聯盟號宇宙飛船上的熱控制系統（thermal control system），訓練方式是盯著電腦螢幕顯示的系統控制面板，習慣它的外觀，然後教官使其中一具幫浦失效，讓我看出後頭可能發生什麼狀況。接下來，他再讓我看看如果有一具感應器故障會怎麼樣；表面上，我們遇到溫度調節的問題，但真正的問題卻是溫度計失常。我花了很多時間使用部分功能訓練器，學會辨別哪些是假警報的徵兆，哪些跡象反映真正的系統故障：包括壓力調節系統、大氣成分控制系統，以及會合感應系統（rendezvous sensing system），數量多到無法一一列舉。

在這個過程中，我開始搞清楚什麼事該注意，什麼事不用理會，也發現哪些事情的風險最高，哪些會引發最負面的各種後果，這意味著我已經準備好接受聯盟號宇宙飛船的模擬器實驗，可以體驗一下駕駛它的感覺。我的教官待在控制室內，一開始先模擬一個個系統故障問題，過一段時間才讓幾個系統同時出錯：例如，除了熱控制系統壞掉，中控電腦的數位控制迴路也故障，於是我就知道兩者一起出錯會發生什麼狀況。這兩種狀況會結合，還是毫不相干？哇，現在輪到引擎故障了，而我們使用的是備用推進器。我們有哪些選擇？

這種種演練的重點在於，讓我們學會如何確定哪些風險的後果比較嚴重，哪些則不然。我們必須瞭解這些風險是否相關，並決定哪幾項必須先解決——這些在出任務之前就該搞懂，因為外太空是一個猶豫就會送命的地方。在地球上，我們的時間很充裕。為了確定我們真的搞懂了，教官甚至可以先把模擬器暫停下來，然後跟我們說：「剛剛，數位電腦已經壞了——看看太空船在這種狀況下，會如何重新計算加速與關掉引擎的時間，還有它會怎樣控制進入大氣層的角度。試著思考每個步驟。」

最後，我學會排除各式各樣的故障問題，而訓練人員在過程中讓我們見識到各種狀況，包括廚房水槽出問題。我們好像又回到大學時代參加期末考，每個人振筆疾書好幾小時，用最快的速度把答案寫下來，不能停歇。結束艱難的整合式演練時，我總是累翻了，外表也許很平靜，大腦卻被狠狠地操過，此時最多只知道啤酒在哪裡，拿了一罐就往後院的門廊走去。

等到訓練完成，就可以與組員一起參與深具挑戰性的演練。此時所做的一切都是太空任務的準備工作，目的是讓自己完全就緒。例如，羅曼參與演練前，湯姆·馬許本跟我一起演練過脫離軌道後將引擎重新點燃的程序，我們討論了幾個不同問題的解決方式——像是「如果數位電腦在此刻故障的話，我們該怎樣解決」，也分派了角色與職責。在動態任務的狀況下，我們每個人都有必須特別注意的地方，而我們在最前面的三、四次演練活動中，預演了各種各樣的狀況，藉此培養默契。我的習慣是在每次演練時問道：「好吧，簡述一下到目前為止，我們遇到了哪些故障問題。」湯姆就會一一羅列出來，我們再快速找出哪些問題的後果最嚴重，哪些是需要立刻化解的威脅。

「樂觀以對，但是要為最糟的狀況打算」（expecting the best but preparing for the worst）這

句話，大家都朗朗上口，但我想那是很容易讓人誤解的觀念。最糟的狀況永遠不可能只有一個。我們幾乎總會遇到各種可能發生的問題，而真正可被視為**糟糕透頂**的狀況，就是你根本沒有準備應變計畫。

把演練當真才是真的演練

接下來，我要說一件也許會令你困惑的事：認真看待演練活動，把它們當真，但是要有心理準備，即便是演練活動也有可能出錯。當我們用模擬器做技術訓練而非防災訓練時，就常常遇到這種情況。

一九九二年，當時我還是菜鳥太空人，奮進號太空梭的第一項任務，是修理一顆編號V1-F3的國際通信衛星（Intelsat），因為它沒照計畫進入距離地球兩萬三千英里的軌道。因為引擎失常，這一具造價極昂貴的通訊衛星就這樣被困在三百英里的低軌道上，四處飄蕩，毫無用武之地。我們的計畫是派一組人到外太空，在上面裝一顆新馬達，再放它往地球靜止軌道（geostationary orbit）移動。但是加拿大機械臂在設計時，並未想到要將它裝在一顆故障的衛星上，所以必須派一名太空人用太空漫步的方式坐在機械臂尾端，把一個特製的抓鉤設備裝上去。有了抓鉤設備，就能抓住那顆衛星，有如在衛星側邊裝上巨型把手一樣。

我們沙盤推演此一計畫，還打造了一具模擬器。當然，缺少無重力環境，模擬器也無法真的模擬，所以我們利用太空總署裡一個像巨型空氣曲棍球桌的設施模擬。負責抓住衛星的太空人坐在機械臂模擬器上，一遍又一遍練習，直到學會如何把機械臂裝在衛星上。然而，即便是在那巨型空氣曲棍球桌上模擬，還是有一點摩擦力，在那位太空人真正進入太空之前，沒有人完全瞭解這一點會造成什麼影響。在真正的無重力環境中，他沒辦法充分施力，順利把機械臂裝在衛星上，只能任它飄走。

這種情況一再發生，直到太空中與地球上的所有人員開始咒罵那次演練活動。那顆衛星的外表看起來有點像銀色的筒狀穀倉，體積大到那名太空人無法徒手將它攔下，硬是要攔的話，坐在機械臂尾端的他有可能被扯下來。即使派兩名太空人做這件事，也會有一樣的問題。

那三名太空人呢？也許能奏效。只不過，太空梭的氣閘艙（airlock）最多只能容納兩名太空人，三個就太擠了。此外，三個人有辦法同時抓住那顆衛星嗎？這實際上可行嗎？即使可行，指揮官要如何把太空梭移動到夠近的地點，讓他們嘗試這種方法？於是，太空梭的組員放了一天假，而地球上的太空人與訓練人員則分頭演練，設法解決一個個問題。大家不眠不休，一組人負責用太空梭模擬器演練接近衛星的方式，而在中性浮力實驗室的另一批人，則負責解決讓三個太空人同時進入氣閘艙的問題，並想出如果他們真的抓住了衛星，接下來該怎麼繼續。那一天大家都絞盡腦汁，最後的高潮是一項整合式演練活動，試過好幾回之後，才獲得太空總署高層的同意：「值得一試。」

最後的結局皆大歡喜：三位太空人確實把衛星攔了下來，裝上新馬達之後再放開讓它繼續飛行。他們完成了任務。他們是靠演練活動才解決問題，但一開始會捅出樓子，也是因為演練活動不夠周延。這個故事的教誨是：我們要為最糟糕的狀況做好準備的部分原因在於，即便是演練活動，也可能建立在錯誤的假設上，如此一來當然會得出過度美化的錯誤結論。

預見問題，避免問題

令我非常疑惑的是，為什麼會有那麼多心靈大師要人們想像自己成功的情景，而不是繼續採取行動？有些大師甚至堅稱，只要持續希望某些好事發生，時間夠長，精神也夠專注，那些事就會真的發生——相反地，如果你聚焦在負面的情況，壞事也會成真。他們總是說，為什麼要因為擔憂過著悲慘的生活？為什麼要把時間浪費在可能不會發生的災難上頭？

與擔憂恰好相反，預見問題、找出解決之道有許多好處。同理，如果事先把行動計畫勾勒出來能讓你安心，就不算浪費時間。的確，你防範的事情最後也許不會發生，但如果真的發生會讓你蒙受重大損失，那麼準備工作就有其價值。在高速公路上開車，與其只是聆聽收音機、享受陽光，不如好好注意路面的動靜，仔細觀察前頭的油罐車，考慮一下當你切出去超車時，是不是會被左側車道那輛已經蛇行十分鐘的廂型車撞到。想要避免問題發生，最好的方式就是預見問題。

我不是要你緊張兮兮，隨時為災難做好準備，一副天快要塌下來的樣子。但是，如果你擬好的應變計畫足以面對任何可能出現的難題，當然是好事一樁。對我來講，這已經變成有如本能反應的心智訓練，同時適用於我的工作與人生。例如，當我走進一台非常擁擠的電梯時，我會想：「好吧，如果我們被困住了，該做些什麼？」接著，我就開始設想自己該扮演什麼角色，如何協助解決問題。在飛機上也一樣。當我在繫安全帶時，我會本能地想到如果有危機發生，我該怎麼辦。

我不是緊張兮兮或悲觀的人。這一點千真萬確。我的樂觀甚至容易讓人討厭，至少在某些專家的眼裡是如此——所謂專家，就是我的家人。我通常認為事情總會以喜劇收場，結果也的確如此。我的樂觀與自信並非因為我自認比別人幸運，也不是我總是想像自己成功的樣子，而是我這輩子總是在設想各種失敗的場景，並且找出防範之道。

跟大多數太空人一樣，我非常確定自己有辦法面對人生中任何突發狀況，因為我不只設想一切順利的狀況，也考量各種可能的問題。這就是負面思考的影響力。

4 預飛的重點是不斷學習

差一點重飛

一九八二年，我取得軍校的機械工程學位，對未來有非常明確的計畫：我想當軍機飛行員。跟大部分懷抱相同目標的同學一樣，畢業前我已有多年駕駛小飛機的經驗，而我是在一九八〇年夏天於曼尼托巴省（Manitoba）的波蒂奇拉普雷里市（Portage la Prairie）上完基本飛行訓練課程。但是，如果要當上軍機飛行員，我必須先到薩斯卡其萬省穆斯喬市接受噴射機的飛行訓練。加拿大空軍的噴射機飛行員基本訓練課程非常嚴格：我們必須接受兩百小時的 CT-114 教練機訓練（那是一種兩人座飛機，如今只供加拿大皇家空軍的「雪鳥特技小組」〔Snowbirds〕使用），每一趟飛行訓練都有教官跟隨，為我們評分。只要一次表現不好，就必須接受額外訓練，重飛一次。不過通常來講，有那種經歷的人通常只會每況愈下：對於飛行員而言，「重飛」可說是重大的不良紀錄。重飛太多次，就會被退訓。最糟的是，他們在非常顯眼的地方掛了一塊大板子，重飛者的名字總會出現在上面。如果你上了榜，其他飛行員會認為你已處於退訓邊緣。想要恢復自信很難，很多學員終究辦不到。

每一趟飛行訓練都像「不成功便成仁」那般嚴重。對我來講，更是有重大影響：那是一九八三年，加拿大剛剛徵選了第一批太空人，我那不可能的夢想出現了一絲希望——但是我必須設法踏上成為太空人的傳統途徑，也就是成為戰鬥機飛行員，否則一切免談。如果想要確保自己當上戰鬥機飛行員，唯一的方式就是以第一名成績完成噴射機飛行訓練。只有第一名畢業生有權決定自己要成為戰鬥機或運輸機的飛行員（運輸機較大，負責載運軍隊與貨物），抑或成為教官，班上沒有其他人有這種置喙的餘地。所以我決定以第一名畢業。至少我確定，儘管成為太空人的機率極低，但要是當不上戰鬥機飛行員，那機率就是零。

後來，我在一次儀器檢定飛行訓練中搞砸了。我從來沒和那位教官一起飛過，他不知道我到底厲不厲害，但是我的許多表現都讓他認為我很糟。我飛得不好，而且在那一趟儀器飛行（instrument flight，完全以儀器而不以目視方式飛行）訓練中，我並未對每一道飛行程序有適當的心理準備：我一直呆坐在儀表板前面，反應慢吞吞，本來我應該預先知道接下來必須做什麼，好好控制飛機的相應動作，但就是辦不到。那位教官注意到我每個愚蠢的錯誤，嚴厲批評我，然後開始冷酷地瀏覽我的紀錄。顯然他差一點就要幫我安排重飛了。

過去我從來沒有不及格過，努力加上天分讓我的成績向來很優秀。我沒想過要試著為自己辯護，因為那位教官是對的。我搞砸了。我只是坐在那裡，不發一語，覺得很丟臉，眼睛直視前方，聆聽他翻動紙張時發出的沙沙聲響。

過了好一會兒，教官終於看完我的檔案，抬頭對我說：「我發現這是你第一次出現這種問題，所以我只會記錄你飛得不好，但不用重飛。」

我不只是如獲大赦而已，那簡直是改變我一生的時刻。如果他沒有做出對我有利的判決，我後來也許就無法成為太空人了。我差一點搞丟了自己的機會，此事至今仍讓我難以忘懷。即使在當時，我已能體會那起事件帶給我的明顯教誨：每當我必須接受評分時，不管是正式或非正式的場合，都不能不做好準備。我一定要讓自己充分準備，不能有例外。

我決定改變自己準備的方式，而且馬上開始。晚上我不會在房裡研習，而是在隔天要飛的飛機裡。我拿出所有的待辦事項清單與飛行程序表，把飛行訓練演練一遍，假裝自己在使用機上的各種儀控裝置。一旦演練完畢，安全「降落」，我會重複一遍。沒有人要求我在寒冷的停機棚待上兩、三個小時，只為重複演練飛行程序，直到一切了然於心。沒有人必須這麼做。那一次幾乎重飛的經驗加強我以第一名畢業、繼而成為戰鬥機飛行員的決心。非常合理的一件事是：像我這樣在心裡把飛行訓練演練了三遍，等到隔天真正開教練機出去算是飛第四遍，表現當然好多了。

我也開始在心裡事先預想飛行路線。「好吧，我即將往北飛到速溪鎮（Speedy Creek，薩斯卡其萬省的一個小鎮，正式名稱為 Swift Current，Speedy Creek 為其綽號），然後往雷吉納市（Regina）切過去——那樣的飛行路徑實際上是如何呢？」當你在空中兩百呎的高處，以兩百四十節的速度飛行時，最好能隨時掌握自己的位置，但是在那一大片草原區，實在容易迷路。從空中鳥瞰，薩斯卡其萬省有很多地方看起來沒什麼兩樣：到處都是一片無垠而平坦的棕綠色原野，只有一條條道路縱橫穿越其間，偶爾看得到零星的乾枯湖底或破碎山谷。我養成一個習慣：每逢休息日，我都會開車前往接下來那週要飛過的地方，下車好好觀察四周的景物。這樣的收穫很大。有好幾次我在飛行時突然想到：「嘿，那不就是我停車的地方嗎？我還記得那條路——我非常清楚自己的位置。」

順便說明，那可不只是菜鳥飛行員的訣竅。即便成為高性能戰機飛行員、累積了數千小時的飛行經驗，我還是會做類似的事。每當我要飛 F-18 戰鬥機，即便我知道升空後自己就看不見地面，還是會拿出那個地區的地圖，把飛行路徑畫在圖上；我會搞清楚自己有哪些助航設施（navigational aid）可以使用，還有這對我在駕駛艙操作按鈕的方式有何影響；我會把待辦事項清單拿出來重複瀏覽，就像當年還是菜鳥戰機飛行員時。這一切作法的重點是，如此一來，等到我真正升空飛行，就會有一種熟悉感（此外，我就是喜歡知道自己身在何方——特別是在國際太空站。當我知道我看到的是台灣的台北市，我會覺得眼前這個被火山群包圍的臨河大城看起來更棒了）。

仔細想想，這種密集的準備工作與演練其實是一種可被接受的作弊。有點像西洋棋比賽進行到一半時，你跟對手說：「嘿，我想休息一下，棋盤先不要動，我幾小時後回來。」然後馬上到別處去，嘗試幾十種棋步，從中找出最厲害的三招。如果你比對手多付出這麼一點努力，將獲得極大的競爭優勢——如果對手決定在休息時間打個盹，你的贏面就更大了。

我把噴射機駕訓當成一種持續進行的考試，我的目標是為自己創造各種可能的優勢，為每個試題找出完美的解答。所以，當我搞砸那次飛行訓練、差一點重飛時，我被迫自我反省，找出沒做好準備的原因。是我累了嗎？還是因為宿醉？對控制面板還不夠熟悉？還是焦點擺錯了地方？

都不是。答案很簡單：因為我自認是很棒的飛行員，棒到不用緊盯每個細節。如果我願意碰碰運氣，接受命運的安排，的確不用那麼在意細節。但是，如果我想出類拔萃，不管是成為最棒的吉他手或戰機飛行員，做再多準備工作也不為過。這可說是提高成功機率的最佳機會。

在我接下來的職業生涯裡，這種習慣甚至不可避免。如果太空人不小題大作，就可能犯下致命的錯誤。

重點是不斷學習

不管在什麼領域，如果體認到任何批評都可能有所幫助，而不視為人身攻擊，對自己好處多多。但是對一名太空人而言，不把批評當成人身攻擊則是一種基本的求生技巧。如果每次聽到負面言論就生氣，或是固執地拒絕別人的回饋，那你就死定了。

太空總署的每個人都擅長批評。多年來，我們的表現會固定接受數以百計的人批評。只要是犯下大錯，都會被放在顯微鏡底下檢視，讓更多人引以為戒：「你看看哈德菲爾犯了什麼錯——我們絕對不能重蹈覆轍。」

我們的訓練過程通常必須接受同步的觀察與評分。在使用模擬器時，旁邊往往有一堆人：包括真正出問題時負責想出解決之道的任務控制中心人員，還有一開始設計模擬課程的訓練人員，以及最瞭解測試中系統內部的細微組件的專家。例如，當我們在模擬離開軌道、降落地球的過程時，總會有好幾十人在一旁觀看，希望有新發現，例如標準程序的缺陷，或者達成某個目標更棒的方式。為了確認我們有解決問題的能力，事實上他們希望的，正是看到我們偶然闖進一個過去沒人認為會出問題的灰色地帶。如果我們沒能解決問題，那就更好了，因為那個灰色地帶是在地球上發現的，我們可以多模擬幾次，直到找出解答。在演練過程中，我們的成敗只具參考價值。真正的重點是學習，接著，在事後，我們必須從每個可能的角度重新檢視那一次經驗。

檢討會議是太空總署特有文化的重頭戲，也是不喜歡開會的人把太空總署視為畏途的原因。演練進行時，飛行任務的主任或帶頭的太空人會把重要事件記錄下來，事後的檢討會議就從重新檢視那些重點開始：哪些部分進行得很順利，發現了哪些新東西，還有哪些東西已經知道、但需要再強調。然後就是自由討論時間。我們會依序討論各種不同系統，每個人都積極參與發言，藉此解析有哪些地方出錯，或是哪些問題處理得不好。每個站在控制面板前參與演練的人，都有機會評論他們對演練過程的觀察，所以只要有人犯錯，會被好幾十人舉發並列出所有的負面後果。這不是公審：我們的目標是集思廣益。因此，我們回應任何錯誤的方式絕不是「沒什麼大不了的，別太自責了」，而是「我們仔細討論一下」——重點在於，犯錯就像找出一個線頭似的，我們必須用力扯一扯，看看是否會扯壞整件衣服。

不過有時候，我們還是會聽到一些針對個人的批評，即使有建設性，聽起來還是很刺耳。在我的最後一次太空任務前，我的美國太空人隊友湯姆．馬許本跟我在水池裡待了六小時，在一群資深訓練人員與太空人的面前練習太空漫步，接受所謂「太空梭外任務」的評估。湯姆與我都執行過太空梭外任務，而我認為我們在水池裡的表現很好。檢討會議中，我解釋為什麼要用某種方式把身體拴住，才能穩定地進行修護工作，沒想到一位教官卻對大家說：「克里斯講話時，口氣總是這麼清楚、權威——但是千萬別相信他完全沒錯。沒錯，他當過太空漫步的教官與評分人員，簡直是太空漫步大師，但是他上次太空漫步已經是二〇〇一年的事了。在那之後有許多改變。我不希望年輕的訓練人員壓抑內心的小小疑慮，別因為資深人員的權威性說法，不敢提出問題。」

剛開始，我覺得這席話有點污辱人，因為他想表達的訊息是：「太空漫步大師」的說法**聽起來**好像這個人知道自己在做什麼，但實際上他可能一點頭緒也沒有。但是我先把那種感覺擺一旁，捫心自問：「為什麼教官會說這種話？」我必須立刻承認他說得有道理。我看起來不像個沒信心的傢伙，而我當過教官，我的語氣聽起來可能非常有信心。這並不意味著我自以為無所不知；而且我總認為別人應該瞭解這番道理，隨時可以打斷我，質疑我的判斷。但是，也許是我說話的樣子讓他們難以質疑我。我決定測驗一下他的說法對不對：我不再等待別人的意見回饋，而是主動要求他們提出來，看看結果如何。某次演練過後，我問我的訓練人員與隊友：「嚴格來講，我的表現有哪些缺點？下次我能改變哪些地方？」毫無意外，他們很少對我說：「什麼都不用改變，克里斯——你的表現完美極了！」所以那一次檢討會議發揮了該有的功效：它讓我警覺到一個微妙卻很重要的問題，而我能即時因應、面對，終究提升了所有組員順利完成任務的機率。

所有太空總署的人員不只應該以正面的態度回應批評，還必須更進一步，注意自己的失策與失算。要能幹的人公開討論自己哪裡搞砸了，並非容易之事，這會讓他們顯得很愚蠢或無能。管理階層必須營造出一種氛圍，讓大家願意承認錯誤，而同事間也有一起揭露彼此缺點的共識。

身為戰鬥機飛行員，我對這種公開認錯的文化已經很習慣。每週一早上，我們都會聚在一起召開飛安會報，各自談談前一週發生哪些可能害死自己的事。有時，飛行員承認犯了一些根本不該犯的小錯與疏失，此時大家就不會繼續批評了（如果是故意耍白癡，像是開飛機穿越橋下，或是愛現以超音速飛越朋友家的屋頂，把附近人家的窗戶震破，那又是另一回事了。戰鬥機飛行員可能因此被開除）。後來我發現，如果其他飛行員願意承認犯了愚蠢的錯誤，並談談接下來發生了什麼事，這有可能救我一命。我也比較容易保留自己的評語，不那麼嚴格。

在太空總署，我們可以明顯看出其組織文化不只聚焦在成就上，教育也是重點，因此更容易把個人的錯誤當成學習的時刻，而非丟工作的失職行徑。我記得有位太空人一樣具有試飛員的背景，他在一次會議中站起來，走來走去，把他的T-38教練機在路易西安那州滑出跑道尾端的意外比畫給我們看（T-38是我們用來練習、維持飛行技術的一種飛機）。對一名飛行員來講，這實在是難堪到極點，只有菜鳥才會犯此錯誤。飛機的損傷並不嚴重，那傢伙大可以避而不談，或是把意外詮釋成一則有圓滿結局的故事。但是在他口中，故事的教誨卻成了：我們該小心行事，因為柏油的材質，那一條跑道比大多數跑道還要濕滑——裡面攙有貝殼粉末，只要下雨就會嚴重打滑。對所有人來說，這實在是非常有用的訊息。儘管沒人因為那位太空人滑出跑道，覺得他很了不起，也沒有人因為他願意幫助同袍避免同樣的意外而看不起他。

一再擴充的《飛行任務準則》

經過四小時的演練，通常我們會開一小時的檢討會議，但那根本算不了什麼。每完成一次太空任務，我們都會開一整天的檢討會議，而且是每天開，持續一個多月，每天的議題都不同，包括通訊系統、生物研究、太空裝，太空任務的每個面向都能拿來詳盡地討論，與會者包括各相關領域的負責人員。我們聚在詹森太空中心太空人辦公室的大會議室，那是個沒有窗戶、極其寬敞的房間，與那一天議題相關的所有資深專家，和剛返航的太空人一同坐在橢圓形大型會議桌旁，而較資淺的專家則是一排排靠牆而坐。對太空人來講，那簡直是批判大會：專家對我們丟出各種問題，我們則盡可能提供最完整的答案，答得越詳細越好。例如，在關於食物的檢討會議中，有人問：「好吃嗎？你們喜歡吃什麼？為什麼？東西夠吃嗎？你們丟了什麼？食物的包裝怎樣？你們能想出什麼改善方式嗎？」（我們的回答之詳細，足以解釋國際太空站的大部分食物為什麼那麼好吃。）

當我們討論的是某起意外事件（譬如我最後一次出太空任務時，國際太空站的外部就發生過氨氣外洩事件，因此我們執行了一次不在計畫中的太空梭外任務），會議就會進行好幾天。稍後我會解釋那次太空漫步非比尋常的幾個理由，而且因為新鮮，那次會議變得漫長而深入。會議室坐滿了人，大家都想解構並還原那起意外，找出未來的改善之道。

跟其他任何檢討會議一樣，每個人都想搞清楚**我們**是否能有更好的表現——他們會把我們的錯誤放大，廣為宣傳，如此一來，其他太空人才不會重蹈覆轍。檢討會議的主要目的之一，就在於挖掘出各種可能的教訓，然後化為所謂《飛行任務準則》（*Flight Rules*）的一部分，讓太空總署的每位成員受益。

所謂《飛行任務準則》就是一本又一本太空總署手冊的總和，裡面記錄我們辛苦習得的知識，把各種狀況的解決步驟與理由清楚條列。基本上，那些準則可說是巨細靡遺、能應用在各種具體狀況的標準作業程序。如果我在國際太空站遇到了冷卻系統問題，《飛行任務準則》可以按部就班地為我解釋如何修復系統，同時也會說明每個步驟的理由。

從一九六○年代初期開始，太空總署就持續將太空人的疏失、重大災難與各種問題的解決之道記錄下來，最先進行的是水星號飛船（Mercury）的幾支地勤團隊，他們把各種「學到的教訓」寫成一本手冊，累積至今，手冊裡列出數以千計的狀況，包括引擎出問題到艙門的把手壞掉，還有電腦故障等等，以及其解決之道。雖說我們的飛行程序都以這些準則為根據，實際上最常使用《飛行任務準則》的還是任務控制中心，幫助太空中的太空人解決問題。

既然我們是一個極度重視準備工作的機構，為什麼還是常在太空中碰到問題？這實在很有趣。儘管在地球上一再練習，我們還是常有失算或忽略明顯事物的時候，需要訂立新規定來解決問題。二〇〇三年，在我擔任太空總署機械長任內，國際太空站的一隊組員操作加拿大機械臂二號時，差點撞上太空梭的脆弱部位。在稍後的檢討會議中，大家都看得出一件事：儘管控制中心發覺千鈞一髮的擦撞事件，卻沒辦法直接而簡單地通知組員。通訊的傳達管道實在太迂迴了：太空中的影像與資料會傳送到休士頓某個隱祕的房間裡，一位專家判讀出問題後，由他警示任務控制中心的機械飛行任務控制人員，這名人員再警告飛行任務主任與指令艙宇航通訊員，接著他們必須瞭解狀況，然後對太空人下達指令——就在訊息轉來轉去的過程中，機械臂差點把唯一能將太空人安全送抵地球的交通工具撞爛。

在簡報會議中，我們也發現，儘管太空人擅長使用太空梭的簡單機械臂（酬載艙裡的照明比較清楚，能撞到的東西也較少），受訓期間卻很少練習在國際太空站那種照明較差的複雜建物上，使用較精細的機械臂。所以事後當大家平靜下來，才會決定改變訓練方式，而且最好想出能在問題發現後立刻應變的明快方式。聽起來很有道理，對不對？但是過去不曾有人想到這一點。而且我們必須考量的因素包括：無線電通訊內容可能模糊不清且斷斷續續、有些組員的母語並非英語、控制機械臂的實際狀況，還有問題的迫切與否。結果我們想出的辦法是使用最簡單的方式：由組員用無線電呼叫來應變，也就是不管是誰看到加拿大機械臂二號差點撞上別的東西，就喊三次「全都停下」（all stop）。聽到這聲指令，不管在地球上或外太空，都大聲複述。接著，組員就會用一個按鈕把機械臂的動作停下。這被訂為一條新的飛行任務規定，受訓時所有的太空人與任務控制中心人員才能熟記「全都停下」的指令，不論是在演練活動中或外太空進行機械操作任務，都會大聲簡述這道指令。而加拿大機械臂二號也不曾意外撞上太空站或太空梭。

此時我們大概看得很清楚了：在外太空，即便做一個簡單的決定，都困難無比。《飛行任務準則》的好處是讓我們必須做困難抉擇時，有個遵循的依據。例如，一九九七年我擔任STS-83號太空任務的指令艙宇航通訊員，太空梭在升空不久後，燃料電池似乎出現問題。燃料電池是某種能夠產生電力的電池，而太空梭上三顆燃料電池之一看起來超過允許的電壓範圍。位於任務控制中心的我們認為可能是感應器的問題，而非燃料電池本身，所以傾向不予理會。但是根據《飛行任務準則》的規定，必須把燃料電池關掉——假使只有兩顆燃料電池可用，另一條規定就生效了：任務必須終止。

如果決定權操之於我們，STS-83號太空任務可能會繼續進行，假使沒出其他問題，單靠兩顆電池，太空梭也能正常飛行。在實際進行任務時，人們總想賭一賭。然而，《飛行任務準則》的規定明確無比：太空梭必須返回地球。身為指令艙宇航通訊員，我的職責必須告知指揮官：「聽著，我知道你們才剛剛升空，但是你們必須返航。現在就回來。」組員都很難過，畢竟他們為了這次任務受訓那麼久，才離開三天就得把大多數工作目標拋諸腦後，返回地球。我敢說，他們脫離軌道時一定在咒罵《飛行任務準則》——後來也許會罵得更凶，因為即使繼續待在外太空，那顆燃料電池也可能完全不會有事（這個故事最後以喜劇收場：三個月後，同一隊組員又搭太空梭升空，這可說是史無前例。他們的任務也順利完成）。

我們能拓展人類能力的極限，同時確保太空人安全無虞，原因之一，就是《飛行任務準則》能阻止我們想要冒險的念頭，而那種念頭最強烈時，往往就是太空任務有如箭在弦上、不得不發的時候。聯盟號宇宙飛船的發射不受任何天候條件限制，但太空梭就沒那麼耐操了，必須在嚴格的條件下才能發射：風不能太大，氣溫不能太低，雲量不能太多——為了確保發射安全而清楚規定的最低限度天候狀況。這些規定是在沒有任何迫切性與壓力的狀況下構思出來的，有足夠的時間決定該採取什麼作為，分析後果為何。大概有三分之一的發射活動會因此一規定而取消。發射太空梭時，每當我們出現「的確，現在的天氣比我們想要的還冷一點，但……無論如何還是試試看吧」的念頭，不可違反的嚴格規定可說是天條。

在卡納維爾角的控制中心參與許多太空梭的發射作業之後，當我在一九九五年十一月真正搭上亞特蘭提斯號太空梭、準備好我的第一次太空任務時，完全能預料因為天候因素延遲發射的可能性。沒錯，STS-74 號任務在預定發射時間來臨的五分鐘前取消了。那一天的佛羅里達州可說是風和日麗，但是選定的海外緊急降落地點的天候很糟。我們在升空後又終止任務的機率可說微乎其微，但是規定非常清楚：我們必須保有應變措施。此一轉折讓太空梭上的每個人都感到不悅，但是大家並無怨言。都受訓那麼多年了，多等一天又怎樣？養成「小題大作」的習慣有個好處：你會變得非常、非常有耐性（而我們隔天就出發了）。

對外人來講，太空總署在細節與規則上的執著，看來也許瑣碎得荒謬。但是每當有太空人殉職，意外的成因幾乎總是本不被看重而遭忽略的細節。例如，原本太空人在太空梭發射與重新進入大氣層時，是不用穿壓力服的——有人建議過，但沒被採納。既然太空梭如此安全，又有多重備援措施，為何還要那麼麻煩呢？這有點過頭了，再加上壓力服很占空間，會增加火箭的載重，而且太過笨重，組員根本難以活動。俄羅斯之所以開始要求太空人於發射與登陸時穿上壓力服，是因為聯盟號宇宙飛船曾於一九七一年重回大氣層時因通風閥鬆掉失壓，船上的三名太空人都殉職了，而且很可能是幾秒鐘內發生的事。太空梭的太空人則是一直等到挑戰者號於一九八六年爆炸後，才開始穿壓力服。挑戰者號與哥倫比亞號兩起事故，都是因為看來微不足道的細節（前者是O形環斷裂，後者則是泡沫塑料脫落）而引發可怕的災難。

不管就整個組織或個人而言，即便是追求遠大目標，我們還是很有耐性，而且在這種時刻更該如此小題大作。我們都經歷了各種嚴格的磨練，才學會一個道理：事情再小，都很重要。

第一次太空漫步

二○○一年，就在我執行第一次太空漫步任務的前一晚，儘管很平靜，但我很清楚自己就要完成畢生的夢想了。STS-100號任務是我參與的第二次太空任務，卻是第一次有機會在外太空負擔如此重責大任——我的代號是EV1，也就是帶領太空漫步的太空人。經過多年的學習與訓練，我覺得自己準備好了。即便如此，我還是想讓自己更篤定，又花了好幾小時擦拭太空裝的頭罩，以免呼吸時起霧，再把太空漫步時所需的每樣裝備拿出來檢查一遍，盡可能事先組裝好，用魔鬼氈小心地黏在太空梭的牆上，然後把我的工作項目確認了第二、第三遍，腦海裡還不斷回想在休士頓的水池裡學到的作業程序。

為了把加拿大機械臂二號裝在剛營運不久的國際太空站，我與史考特・帕拉辛斯基（Scott Parazynski）接受了一年半的訓練。二○○一年五月的國際太空站與現在的規模相較，簡直是小巫見大巫；第一批國際太空站的組件才剛於三年前運送到外太空，二○○○年第一批太空人住進站裡。我們幾個組員甚至還沒進去過。幾天前，我們才把奮進號太空梭停靠在站上，但還不能打開艙門，因為我們要藉由太空梭的氣閘艙執行太空漫步任務——基本上，氣閘艙是一個連接太空梭與太空站的減壓艙。

那天晚上，我覺得自己就像個期待聖誕節清晨到來的孩子，想立刻睡著，好讓隔天早上早一點到來。然而，眼前的景象看來比較像是萬聖節：在太空梭上，我們睡在拴在牆上與天花板的睡袋，像一個個奇怪可怕的人蛹，掛在那裡靜止不動。我在夜裡醒來，打開歐米茄太空人超霸錶（Speedmaster）的綠色夜燈。還有幾個小時。其他人都睡得很沉。我也繼續睡，直到中層艙面的小小擴音機傳出靜電聲響，接著是一陣要把我叫醒的樂曲從休士頓傳過來：是海倫幫我挑選的歌曲〈西北航道〉（Northwest Passage），由我最愛的民謠歌手之一史丹・羅傑斯（Stan Rogers）演唱。我小心地從睡袋中滑出來，找到麥克風，對家人與任務控制中心的每個人說聲謝謝，便開始太空漫步的準備工作。

執行太空梭外任務時，太空人必須遵守好幾個連續的重要步驟，只要搞錯其中一個，就出不了太空梭。在我跟史考特離開氣閘艙、飄進太空之前，還要忙上好幾個小時，而太空總署把這段時間切割成一段一段，要我們每五分鐘做一件事，就連吃早餐的時間與早餐內容也有規定：我們吃的是動力餅乾（PowerBar），喝的則是沖泡葡萄柚汁。我刮鬍子、洗臉，上廁所——如果忍得住，我希望身上的紙尿布只是備而不用。我穿上液冷式內衣（liquid cooling garment）：這看來就像很有特色的全身式內衣，衣服裡面有一根根可以讓水流動其中的透明塑膠管，好讓我們控制溫度。衣服穿起來感覺硬邦邦，就像一套廉價的萬聖節服裝，不過要到外頭，再怎麼硬也得穿：當你做太空漫步，陽光照射在太空裝上，服裝質料會變得非常熱，因此在衣服內裝空調系統是個好主意。

將近四個小時後，史考特和我終於飄了出去。全身包在太空裝裡，我們小心翼翼地將氣閘艙慢慢減壓，一再檢查太空裝上的LED顯示器，確認太空裝的功能正常，能讓我們在真空的太空中存活。如果出去後才發現有破洞，我們的肺部會破裂，耳膜會爆掉，唾液、汗水與淚水全會沸騰起來，在瞬間罹患潛水夫病。好消息是，在十到十五秒內我們就會失去意識，最後因為腦部缺氧而死去。

不過，在氣閘艙裡跳來跳去時，我並未想到此等慘狀。這是那一天的平靜時刻，有點像搭乘國內班機向窗外看，內布拉斯加州的景色浮現眼前。接下來我們又會忙碌起來，但此刻我們置身邊界地帶，身上仍靠著一條救命索和太空梭相連：那是一條跟蟒蛇一樣粗的軟管，具備冷卻、供氧、通訊與電力等功能。

當氣閘艙終於完成減壓程序，我抓住艙門把手轉動它——這並非易事，當你穿上太空裝，做任何事都不簡單。我一邊轉把手，一邊用平靜的口吻跟休士頓通話，但是當把手喀噠一聲轉到定位、開始感覺艙門在移動，我心想：「喔，門開了。」先前的某次任務中，太空人就曾遇到把手卡住的問題，艙門完全鎖死，他們必須放棄計畫，回到太空梭裡。艙門本身就像人孔蓋，把它移開後，必須暫時插在頭頂一個像腳踏車車架的設備上。我仍然無法看到外面，因為艙門開口被一層白色絕緣布蓋住了，但突然間氣閘艙變得比較亮，朦朧的陽光灑了進來。我一把那片白布收起來，眼前出現太空梭的酬載艙，視線裡只見一片狹長的宇宙。當然，我只是想到太空梭外面，但是光要解開那條救命索就是大工程了：你必須小心行事，因為接頭的部分很脆弱，必須把它包起來，穩穩掛在牆上，如果有必要衝回氣閘艙求生，就可以派上用場。

該出去了。喔，接下來就是先前我說過的難題：穿著方形裝備，要怎麼走出圓形艙門？

我的姿勢不會太優雅。但此刻我最關切的是怎樣避免飄進太空，所以我們按照過去的訓練，我用太空飛行纜索把自己綁在史考特身上，他則是連接在氣閘艙上，而我手裡另一條纜索連接著太空梭側邊的欄杆。我把面罩上的金色護目鏡拉下來保護雙眼，小心翼翼、輕手輕腳地把我方塊狀的笨重身體慢慢扭出氣閘艙。我人還在宛如太空梭肚腹的酬載艙裡，但此時太空裝已經成為我的個人太空船，我能否存活全靠它了。離開酬載艙之後，我能否繼續存活，端視一件事有沒有做好：我的太空飛行纜索是否能連結在橫跨太空梭機身的那條纜線上。我把自己鎖在纜線上，跟大家說我已經固定好了。此刻，史考特可以脫開與氣閘艙的連結，過來找我了。在等待他的時候，我檢查一下身後，確定自己沒有不小心啟動備用氧氣筒，這時我注意到宇宙的景色。那廣袤無垠的畫面令人震驚，顏色也是。這種強烈對比令我目瞪口呆：我置身於小盒子一般的太空裝裡，而如今——這怎麼可能呢？

我的嘴裡只發出一個聲音：哇嗚。只不過兩個音拖得很長：哇……嗚。我的腦袋千頭萬緒，試著瞭解並表達眼前所見的一切，想出可類比此一獨特體驗的東西。我想那種感覺就像當你忙著擦拭一片玻璃時，回頭一看，才發現自己置身於帝國大廈的邊緣，眼前下方與周遭一片栩栩如生的，是向四處綿延的曼哈頓地區。在理智層次，我知道自己正要進入太空探險，但觸目所及仍讓我震驚不已。穿上太空裝之後，你不會有味覺、嗅覺與觸覺，你能聽見的只剩下自己的呼吸聲，以及來自耳機別人的聲音。你就像置身一個自給自足、與外界隔絕的泡泡裡，然後你停下手邊工作，抬頭一看，好像突然被宇宙粗魯地甩了一巴掌。那視覺上的震撼力實在太強，因為你失去其他官能，對眼前如此雄渾的美景，根本沒有心理準備。

另一個類比是：想像一下你待在家中客廳，正在專心讀書，然後不經意地抬起頭，發現一隻老虎跟你面對面。沒有任何預警，沒有聲音與味道，突然牠那凶狠的樣貌就出現在你眼前。此刻，我眼前的景色就給我一種相似的感受，超現實而如夢似幻——與此相較，剛剛我在擺弄飛行纜索的模樣簡直無聊透了。當然，先前我已經從太空梭的窗戶看過地球了，但是到了這一刻，我才知道那不算是真正看過。緊抓著纜索，跟著時速一萬七千五百英里的太空梭一起環繞地球，我才真正**見識到**地球之美有多驚人，還有它那數也數不清的各種紋理與顏色。在我的另一邊，太空宛如一片黑色絲絨，布滿繁星。太空無邊無界，令人震撼，我沉醉在那一片美景裡，片刻即是永恆——不過，史考特已經離開氣閘艙，朝我飄過來。我們該上工了。

大概在五個小時後，裝上機械臂的工作進行得很順利，只是有點慢，此時我突然感覺頭盔裡有許多水珠飄浮著。太空漫步是很累人的一件事，多年來我們一直試著在太空裝裡擺放水果軟糖捲之類的食物，如此一來至少還有東西吃。我們還沒想到要怎樣安置食物比較恰當，因為總會弄得一塌糊塗，既沒撈到好處，又很礙事，所以通常只會擺一個水袋。只要咬一下吸管就能打開水袋的小開口，把水吸出來——總之，理論上是這樣。從我們開始太空漫步，我的水袋就很難用，如今顯然在漏水。這下可好了。

我試著不去理會那些飄浮在眼前的水珠，但突然間，左眼開始感到一陣刺痛。非常痛。感覺像是有一大顆沙礫跑進我的眼睛裡，而我本能地伸手揉眼睛，結果我的手打在頭盔的面罩上。我低聲提醒自己：「白癡喔！你現在穿著太空裝！」我不知道那是什麼東西，只能試著持續眨眼，左右搖頭，把它弄掉，但眼睛刺痛依舊，只要一張開，幾乎立刻有痛感。

在接受太空漫步訓練時，我們面對過許多意外狀況，但是從沒遇過半盲的狀態。所以該怎麼辦呢？好吧，就來評估看看：我正用一支手持的大型電動起子幫加拿大機械臂二號鎖螺栓。我的腳卡在一個可以把腳固定住的踏板上，飛行纜索牢牢地連接著國際太空站；我沒有立即的危險。我的其他感官都很正常，而且還有一隻眼睛看得見。我決定繼續工作，不打算跟別人說這件事，繼續鎖下一根螺栓，把它栓好。然而，此刻我的左眼不只是刺痛，而是已經淚水盈眶。

淚水需要重力才能流下來。在地球上，不管眼睛裡有什麼異物，淚腺都能分泌淚水把它沖出來，流到臉頰上或從鼻子流出。但是在無重力的狀態下，淚水不會往下流，只會留在原地。如果你持續流淚，淚水只會累積為越來越大顆的鹹味水球，變成在眼球周邊晃來晃去的泡泡。

現在我要解釋一下我的臉部構造。我的曾祖父母從英格蘭北部與蘇格蘭南部移民到加拿大，約克郡人與蘇格蘭人向來以強悍與堅忍的個性聞名，鼻子的形狀卻不怎麼出色。我沒有生就一副足以自豪的挺拔鷹鉤鼻，鼻梁較低，因此左眼越積越多的淚珠很容易就翻過鼻梁，像水壩崩潰似的侵略右眼。

於是，我的右眼也閉了起來，因為左眼的異物並未隨淚水流出，導致右眼也淚水盈眶。我試著用力把眼睛打開，但是沒什麼用，我只看見一片因為淚水而模糊的影像，接著眼瞼就因為本能反應閉了起來。才不過幾分鐘，我就從一個左、右眼視力都一・〇的人變成瞎子，還在太空中拿著一支電動起子。

「休士頓，這裡是 EV1。我有一個問題。」我曾多次擔任太空任務的指令艙宇航通訊員，我能輕易想像當地面上的人聽見這句話時有什麼反應。首先，大家當然會為我個人感到擔心，接著，幾秒過後，控制中心的每個人都打起精神，用各種理論解釋我的狀況，大聲說出這對任務有何影響，試著找出解決方式。

對於史考特與我而言，不要大驚小怪似乎是最好的應變方式：我看不到，但是他沒問題，仍在太空站的另一部分接線。要他停下工作過來找我，實在沒意義，因為他不能為我做什麼。當然，如果我的問題真的沒辦法解決，他必須帶我安全地回到氣閘艙內部，但我們倆的共識是還不到回去的時刻。我也不想回去。我必須把工作完成，我的國家就指望我了。在設計、建造了加拿大機械臂二號，並且把它裝上太空站，加國就算通過了測驗，展現驚人的機械實力。對於加國人民來講，這次太空梭外的任務也是大事，因為我是第一個做太空漫步的加拿大人。換言之，這實在不是讓眼睛出問題的好時機。

所幸這次飛行任務的主任是與我熟識的菲爾．恩格勞夫（Phil Engelauf）。過去多次我擔任指令艙宇航通訊員的太空梭飛行任務期間，曾與他共事，因此他願意給我很多方便，而不是命令我立刻回太空梭去。他要我稍安勿躁，讓大家集思廣益，看我是否有危險。我知道整個控制中心都動了起來，因為每次指令艙宇航通訊員和我講話時，我都可以聽見背景的吵鬧聲：**怎麼會發生這種事？情況會惡化嗎？我們能做些什麼？**機械臂只裝設到一半，可不是一件小事——沒錯，組員的安全是第一優先考量，但是我們也不能任由那麼重要的設備懸在太空站的側邊。

幾分鐘過後，控制中心專心找出感染的原因。因為這件事發生在太空中，他們設想的最糟情況是：也許問題與太空裝的淨化系統有關，因為它靠氫氧化鋰去除二氧化碳。氫氧化鋰是一種具腐蝕性的物質，可能對肺部造成很大傷害；如果氫氧化鋰漏了出來，最先出現的徵兆之一就是眼睛不適。所以也許我體驗的是暴露在氫氧化鋰的早期徵兆，那麼我只剩下兩、三分鐘可活了。如今已是詹森太空中心主任的指令艙宇航通訊員愛倫·歐秋雅（Ellen Ochoa），平靜地要我打開淨化氣閥（purge valve），基本上就是在太空裝上開一個洞，如此一來，得以把可能受到污染、但我一直在呼吸的空氣全部放掉，或是至少讓灌進太空裝裡的新鮮氧氣將之稀釋。

這與我的求生本能不符，但是我能接受。我打開淨化氣閥，所幸這是我練習過很多次的動作，所以我能把手舉到左耳旁邊，在完全看不見的狀況下順利打開，開始把空氣放進太空裡。此刻我完全看不見，只聽到氧氣持續流入宇宙時發出的嘶嘶聲響。那一刻讓人覺得奇怪又平靜。太空漫步基本上是一種視覺經驗，其他感官不太會受到刺激。舉目所及就只有地球上的繽紛色彩，太空梭上亮晶晶的反射光，還有那讓你知道自己身在何處的無垠黑暗空間。少了視覺，我的身體感覺不到什麼奇異體驗，比較像在家裡的床上蓋著棉被，做著關於國際太空站的夢，而不是像這樣卡在它旁邊，生命受到威脅。

我的指令艙宇航通訊員正在聆聽醫生與生醫工程師的意見，還有在任務控制中心工作的每個人，但是她說話的口氣就好像在跟我聊天一樣輕鬆：「所以說，克里斯，我們正在檢視所有的資料，包括你太空裝裡的氧含量。你現在感覺怎樣？」奇怪的是，我並不擔心自己。因為史考特跟我一起在外面。他是個內科醫生、民航機駕駛，也愛爬山，我從沒見過工作效率比他強的人：他的腦筋與身體從來沒有停歇的時刻。此外，我還在呼吸，許多優秀的人正在幫我解決問題，而我可以確定自己最少還有六十秒可活。我沒有咳嗽，所以我相信太空裝沒有氫氧化鋰外洩的問題。我必須讓控制中心的人善盡其職責，所以把氧氣放掉，只是預防萬一，但是我已經決定不能讓這種情況持續太久。太空裝內可用的氧氣量很多，足以使用八小時甚或十小時，同時還有備用的氧氣筒，即使把氧氣放掉，我還可以活很久。但是我必須繼續工作，而且我也不知道我們要在外面待多久，才能把機械臂裝好。

事實上，我開始焦慮起來：因為我們在浪費時間。我到外太空來就是要做這件事，此刻卻毫無貢獻。所以我開始思考各種可能恢復視力的方式：搖搖頭，讓眼睛與頭盔裡的東西摩擦，盡力眨眼。我知道醫師一定會跟菲爾說：「我們一定要立刻把他弄進太空梭，搞清楚是怎麼回事。」所以我說：「你們知道嗎？我的肺部一點刺痛感也沒有，我想我的視線已經稍稍恢復了。」這麼說也沒錯。我的眼睛還是很痛，但已經不像剛剛那樣完全看不見了。

我問可否停止淨化氧氣，菲爾同意了。同時，我持續眨眼，二十分鐘後我已經恢復一點點視力。當然，我的眼睛還會刺痛，視線模模糊糊，但是再過兩、三分鐘，我的視力足以繼續工作了。我跟控制中心說，我已經準備好再度上工。所幸，我得到的答覆是：「好吧，是你在那裡，你對狀況最瞭解。」在此同時，控制中心要求太空梭裡的組員把醫療設備準備好，等我回去後，就可以把我的眼淚與眼睛周遭乾掉的東西採樣，試著找出問題根源。

最後，任務控制中心讓我們完成原先預計六個半小時的太空漫步任務。絕大多數太空漫步的完成時間都在七個小時內，但是因為史考特與我都向中心回報自己的狀況良好，獲准待了將近八小時，設法完成工作。

快結束時，我低頭看地球在下方運轉的樣子。我終究克服了障礙，我們倆也搞定所有工作，順利完成原先預計的任務，這實在是個了不起的時刻。但因為這是太空漫步，不管是踏出的第一步或最後一步，都馬虎不得，我一直到氣閘艙恢復壓力、回到太空梭內，才鬆懈下來。此刻我覺得筋疲力盡，軟趴趴地飄浮前進，冷得直發抖。我的身體已經沒有任何能量。但是當我看到太空梭上的醫官向我飄過來，手裡拿著他用現有材料製作的三英尺長棉花棒，說他要用那根東西幫我的眼睛採樣，我不禁笑了出來，顯然我還有力氣。

後來，我們在討論哪裡出錯時，大家懷疑是太空裝的水袋惹的禍——也許從中漏出的水珠跟我的汗水還是頭髮或太空裝裡的其他東西混在一起。我們跟任務控制中心一起討論各種可能性，此時指令艙宇航通訊員問我：「克里斯，你有記得使用防霧劑嗎？」我當然記得。出任務的前一晚，我把太空裝的頭罩擦過，免得像滑雪面罩一樣起霧。「嗯，我們認為你沒擦乾淨，上面或許還殘留著防霧劑。」顯然，那種溶劑是一種洗碗精，只要跟幾滴水珠結合，我的眼睛就像跑進肥皂水一樣。我對這項訊息的直接回應是：「真的嗎？我們還在用**洗碗精**？不能改用不流淚配方的嬰兒洗髮精嗎？」

但我的第二個反應是：「下一次，我會更仔細一點。」這次太空漫步任務事關造價數以百萬計的裝備，對國際太空站的建設也重要無比，卻差點被一小滴清潔劑給毀了。

兩天後執行下一次太空漫步任務之前，我更用力地擦拭頭罩，很意外地，它居然沒被我擦破。最後，太空總署把我們擦拭頭罩的清潔劑改成毒性沒那麼強的。但是在此同時，多虧我的疏忽被大肆宣傳，所有的太空人才知道應該把護罩內部用力擦乾淨。每當偶爾有一、兩個人在太空漫步時暫時失去視力，控制中心便知道問題出在哪裡：「還記得哈德菲爾嗎？是防霧溶劑的關係。」

這就是為什麼即便只是小事一樁，也該大作文章。在我這一行，每一件事都是小事。

5 為什麼必須幫助你的組員

從菁英變成小癟三

沒有人是意外當上太空人的。新進太空人的平均年齡是三十四歲，多年來，大家都是為了同樣的夢想做出各種選擇。如今，被選為太空人的機率比以往更低了。上一次加拿大於二〇〇九年徵選太空人時，五千三百五十一名應徵者中只有兩人脫穎而出。那一年，美國太空總署收到三千五百六十四份應徵資料，但只提供九個職缺。徵選過程嚴格無比，甚至讓人有被侵犯的感覺。博士學位是個籌碼，但如果你有鼻息肉，那就別想了。闖進最後一關的應徵者必須接受心理測驗、大腸鏡檢查及無數次面試與筆試。若有誰願意接受這一切考驗，顯然是韌性十足。

我寄出應徵資料時，就知道自己是哪種人。我沒有十足的把握被選上——差遠了，過程中我緊張得要死；但我深信自己是個傑出的戰鬥機飛行員與試飛員。如果我被加拿大太空總署選為四名新太空人中的一名，無疑是對我的能力的最大肯定；不久後，他們通知我打包行囊，因為我即將與馬克．嘉諾（Marc Garneau）一起前往休士頓，接受一九九二年班的太空人訓練，我覺得既自豪又興奮。當時是太空梭的全盛時期，就現今的標準看來，我們那一班相當大，共有二十四人。我們像爬山攻頂似的，成為詹森太空中心太空人辦公室的一員，大家都不太講話，恍恍惚惚：那可是全世界門檻最高的一間辦公室，但我們都進去了。我們是crème de la crème——菁英中的菁英。

之後我們又摔了下來。

就這樣，我們成了無名小卒。我們甚至不具太空人的頭銜，而是被稱為ASCAN（astronaut candidate，沒錯，發音聽起來就像ass-can，屁蛋），意思是「候選太空人」。一群菜鳥。就算不被人霸凌，自尊心也夠受傷了。只要看看辦公室裡那些我們多年來崇拜的人就夠受了。我的位子在約翰．楊恩（John Young）的隔壁：他是最早登上雙子星號太空船（Gemini）的太空人之一，也是僅有的十二名登月太空人中的一個，後來又成為史上第一趟太空梭飛行任務的指揮官。我不認為自己最後能辦到，我自覺像個小癟三。

在詹森太空中心的第一天，我從事業的顛峰掉下來，成為食物鏈底層的一分子，跟我一起待在那裡的，都是一些企圖心強烈的人，他們也曾攻頂成功，而且抱著盡快返回高峰的決心。但那裡不是一個缺少同伴情誼的地方。還是有的。每個班級都有其特色與外號：人數特別多的班級，學員稱為「沙丁魚」，而我們一九九二年那班則稱為「公豬」（理由之一是當時有一齣由布偶演出的短劇叫〈太空中的豬〉，另一個理由是我們開課不久就決定認養一隻休士頓動物園的大肚豬）。我們的確有同舟共濟的精神，但那也是競爭激烈的環境，人人都在私底下較勁。每個人做的每件事都會被別人拿來打分數跟比較——沒錯，**每一件事**，而且大家心知肚明，我們能不能獲派太空任務，全取決於表現的好壞。所以，我們會接受各式各樣的要求。任何請求或機會，我從來沒拒絕過，而且跟其他人一樣，我總是表現出一副輕鬆過關的樣子。

在此同時，我的家人也遷居休士頓，這意味著他們必須搬家，孩子們要轉學，海倫要重新覓職。對家人來講，因為要做許多調整與改變，第一年總是最難熬的。有些候選太空人的婚姻因此觸礁，一方面是配偶承受極大壓力，但我想更重要的原因在於，我們必須適應一個講求論資排輩的新地方，而許多太空人為此掙扎不已。他們心裡似乎是這樣想的：**我的夢想成真了，我卻覺得自己像個小癟三——只是我的能力還是很強啊，所以問題一定是出在……我的婚姻！**我非常幸運，我的家人總是把許多改變當成一個個的冒險。不過，因為出身軍人家庭，休士頓的新環境一開始還是令人有點不知所措。那裡的環境看來像是部隊，卻又不是。在空軍基地，飛行中隊飛行員的家人總是住在附近，經常一起活動。在太空總署，大家都太忙了。我們早已習慣那種大家庭的感覺，所以一開始有點孤單。

另外，就某方面來說，每天上班也讓我不習慣。在我還是候選太空人的那一年，要學的東西越來越多，也沒有什麼表現機會。第一年過後，我開始負責酬載艙的檢驗工作，為了確定所有科學實驗在太空任務期間安全可行，我們有數不清的會議要開。在此同時，我跟同期同學一樣在接受一般訓練，內容包括地質學、氣象學、天體軌道機械學、機器人學等。在太空人辦公室多待了一、兩年的人，也還沒參加太空任務，但是進度領先許多。

然後，我們班終於有人獲派太空任務。那是很棒的時刻：「哇嗚！我們班有人辦到了。」彷彿每個人最後都能辦到一樣，整班獲得了肯定。接著，又有另一人被指派，但不是我。我告訴自己：「好吧，他們挑了一個科學家，他們要找的人不是飛行員。」之後，我在午夜夢迴之際浮現這樣的念頭：「我是加拿大人，可能是因為這樣才沒獲選。」後來又有第三個、第四個人出線，我開始想：「是我有什麼問題嗎？我表現傑出，為什麼還沒被指派呢？」

在這種時候，心態最重要。我清楚記得當時我說了一段話鼓舞自己：「別傻了。」我提醒自己，我不是坐在那裡整天沒事幹。我每天都學好多東西，多到腦袋都快塞爆了。

如果你總是覺得自己很有成就，當你被超越時，很難不懊惱。有趣的是，會有這種痛苦遭遇的，通常是最有天分的太空人。就像有些人可以隨便挑一家高爾夫俱樂部，第一次上場就有非凡表現，有些太空人就是比其他人有天分。他們手腳敏捷，第一次坐上飛機駕駛座就飛得比教官好。或者，他們是那種學科超強、人際溝通技巧嚇嚇叫的人。不管結合了哪些天分，他們就是能夠鶴立雞群。來到詹森太空中心之前，一切是如此容易：他們得過飛行比賽的獎項，所有考試都是第一名，能講出最精采的人生故事——每件事都做得輕鬆寫意。

常言道，少年得志大不幸。基本上這意味著你欠缺準備，當你發現自己有一天**必須**準備時，就辦不到了。你不知道該怎麼做。

在接受太空人訓練期間，即便你是全世界最有天分的人，總有一天會進入一個無法輕鬆過關的領域。需要熟悉的資訊與技巧太複雜又太多，你無法在匆忙間搞清楚。有些人來到這個轉捩點，發現自己無法繼續靠天分混飯吃——必須坐下來好好學習。其他人呢，似乎想不通這一點，就像落後烏龜的兔子，發現自己落入一輩子都沒預想過的境地：成了後段班。他們不知道怎樣擺脫這種不自在的感覺。通常他們不能認清自己的弱點，當結果不如意時，也不願接受自己該負的責任。當你在一個危險的環境中幹活，必須操作非常專業的設備，還有許多必須在短期內達成的目標，你絕對不會想跟這類人共事。他們本來是人群中的巨星，最後卻淪落成在危急時刻無法讓人依靠的傢伙。

強弱互補：讓短跑選手參加接力馬拉松

在太空人的團隊裡，大家的才能與技巧各自不同，種類多到一般人根本無法想像——不過，現在的情況跟以往大不相同，過去一年內上太空的人數可能高達五十人，每次組員都比較多，個人不用精通每一種技巧。在太空梭上，我們只需要兩名傑出的機械操作員。如今，聯盟號宇宙飛船只有三名組員，其中至少有一名是俄國太空人，如果你不擅長機器人學，也沒有從事太空漫步任務的資格，很可能無法獲得指派的機會。

當任務時間只有兩週，團隊的組成很像球隊，重點在於「混搭」。管理階層希望組員裡有資深太空人與菜鳥，也會在軍事與學術背景者之間求取平衡，有些人個性比較衝，其他人比較隨和友善。當然，政治因素也扮演一定的角色：有時會考慮輪到誰出任務，有時會考量國籍。加拿大人通常不會優先考慮，但是在安裝加拿大機械臂二號的時候，照理講應該有某個加拿大人出線才對。有些機組員從頭到尾都沒有養成團隊精神，但那也不大重要。如果只是離開地球兩、三週，就算對任何人有意見，忍一忍也就過去了。總之毋須把那當成生命中的美好時光，把工作做好就是了。

相較之下，在國際太空站，人員的同質性就比較重要了，因為那裡需要好幾個擅長相同技術的人：如果太空站的三個太空人裡面，只有一人受過醫療訓練，此時又因為受傷無法動彈、亟需別人的照護，那問題就嚴重了。訓練過程通常也各自進行。有兩年的時間，每個太空人大都獨自與一位教官訓練、學習，在飛行任務進行的半年前，等大家都學會必要的技術後，才開始培養團隊默契。

有時候，團隊默契的養成並不容易，因為組員不是我們自己挑的。我們有點像是被趕鴨子上架的夫妻，唯一的差異是沒有房事——而「蜜月期」則是與外界隔離的那半年，大大小小每件事都必須互相依賴：我們彼此陪伴，危急時必須解救對方，也有責任合理地分攤工作。

這就是為什麼每當太空人見面，開口的第一句話總是：「你要跟誰一起飛？」沒有人想跟渾球出任務。但是，遲早你都必須停止幻想自己是跟阿姆斯壯一起搭檔，轉而接受你的組員，想辦法與他們在強、弱項上互補，因為你不能要求換掉組員，還必須與他們合作，完成任務。

但也有幸運之神降臨的時候。我最後一趟任務的組員湯姆．馬許本與羅曼．羅曼年科都是擁有超強技術、工作態度嚴謹無比的人。不管是在地球上或外太空，他們倆總是個性隨和、討人喜歡。我不用勉強自己接受和他們一起出任務的事實。想到自己那麼幸運，我連做夢都會笑出來。

出任務的時間越長，組員的個性就越重要。如果三個太空人在地球上就處不來，經過幾個月不能沖澡也不能喝蘇格蘭威士忌的太空生活後，就更不可能互相容忍了。第一批長駐和平號太空站的美國太空人，有一些出現憂鬱的情緒反應，覺得自己被孤立，常被其他組員與任務控制中心激怒。在太空中，就連想到外頭好好發洩一下也不行，因此太空任務有可能受到性格衝突的負面影響，甚至被搞砸。根據某些曾經長駐外太空的俄羅斯太空人的經驗，爆發衝突的事件屢見不鮮，這方面他們有很多精采的故事可說。我聽過有人大打出手，好幾天拒絕與對方（包括任務控制中心）說話的傳言。如今太空總署在徵選太空人時，總會尋覓能與別人好好合作的人。

不過，有一件事不曾改變：每個太空人都很好強，無一例外。也許我先前就提過了。所以說，要怎麼讓一群好強的人一起密切配合，甚至找機會幫助彼此表現？

這有點像是把一群短跑選手聚在一起，要他們立刻參加一場持續不斷的接力賽。他們還是要盡力衝刺，只不過現在必須支持隊友，讓他們跑得更快。他們得學會如何順利交棒，讓下一個人有更高的成功機會。

對某些太空人而言，此一轉變順利無比，甚至會覺得，在幾十年的單打獨鬥過後，終於可以鬆一口氣。其他人則非常不習慣，必須重新調整心態。

我自己是介於上述兩者之間。雖然有時我也很懊惱，但我是那種很少讓孩子有機會贏過我的父親——他們必須與我公平競爭，努力掙得勝利。我這輩子沒什麼遺憾，但讓我覺得最後悔的一件事是，我兒子凱爾十歲時，他非常驕傲地為我示範他能夠在水底下游好幾圈，都不用換氣，結果我也跳進泳池，硬是游得比他遠一點。當時我沒有深思熟慮，這件事顯示好強的心態具有巨大的破壞力。我不只是在兒子面前炫耀，也承擔了雙重風險，可能毀掉他的自信，還有我們倆的關係。

弔詭的是，一直等到我跟許多極度好強的人合作了幾年之後，才發現成就其實是一種團隊運動。為了培養並加強探險能力（尤其是在艱困條件下進行高效能團隊作業、同時保持士氣的能力），太空人必須接受水底與陸地的求生訓練。多年來，我參加過美、加兩國軍方舉辦的這類活動，也到猶他州和懷俄明州參與越野探險活動，兩地的主辦單位都是美國戶外領導學校（National Outdoor Leadership School, NOLS）。各種求生訓練的細節不盡相同，但是要旨永遠只有一個：在遠離熟悉環境的情況下，設法求取個人與團隊的好表現。

就太空任務的某些面向來說，求生訓練可說是相當真實的演練活動。跟在外太空一樣，求生訓練也是把一小群人丟進一個具高度挑戰性的環境裡，大家除了有明確的目標要達成，能仰賴的只有彼此。例如，美國戶外領導學校讓我們分組受訓，每一組的領導人由成員輪流擔任，目標是在十到十四天內安全地穿越荒野。那是一種很艱困的團體經驗：大家在野地裡睡覺，進行越野競賽，用繩索從懸崖上垂降，還有一起找水喝等等，而且每個人身上都要背一個大背包。

我還記得在猶他州受訓期間，我們登上一片特別令人卻步的山脊，往下眺望我們即將前往紮營過夜的山谷，頓時大家心底一沉。根本沒有路可供下切。每個人都疲倦虛弱，如果能選擇退訓，搭乘直升機到最近的希爾頓飯店的話，我想大多數人會立刻退出。但是，在仔細研究我們的處境後，綽號「博士」的史考特·霍洛維茲（Scott "Doc" Horowitz）跟我認為，也許可從某個坡面以曲折的路線垂降而下。話說回來，一旦搞錯方向，整組人可能在黑夜來臨、氣溫陡降時卡在那裡；與此刻在山頂相較，待在陡峭的岩石斜坡上可說危險多了。所以，史考特與我並未說服大家接受我們找到的路線，而是自願先去探勘。我們證明此舉可行之後，再爬回山脊上示範如何安全地垂降。這件事的教誨是：只有身先士卒才能成為優秀的領導人，而不是硬逼別人接受你的作法。即便是在低風險的情況下，霸凌、爭吵、搶奪主導權，只會導致士氣不振、減損生產力。事實上，有幾支太空總署的團隊就因為欠缺凝聚力，無法完成求生訓練，無疑引起了詹森太空中心管理階層的注意，影響其飛行任務。

我們透過求生訓練學到的另一件事是：當你置身在一片荒蕪之中，風險管理便顯得分外重要。探勘下切路線時我非常小心，因為我知道如果我的腳踝骨折，既不會成為英雄，也不會成為為大家犧牲的烈士，而是破壞任務的人。如果你為團體著想，自然就能認清有多大風險。如果你只考慮到自己，就無法看見大局。不管是在猶他州的山上，或是在國際太空站外面做太空漫步，一旦受傷（或是把全隊僅有的一把榔頭弄丟，抑或在進行高難度工作時馬馬虎虎），就會為整個團隊帶來大麻煩。

我從所有求生訓練中體會到，不管是在地球上或外太空，只要你是團隊的一分子，就該自問：「我該怎樣幫助團隊達成目標？」不是只有超級英雄才能做到這件事。當我在魁北克省中部與五名太空人一起接受求生訓練時，我發現更重要的是同理心及幽默感。當時我們位於洛朗山（the Laurentians）的邊緣，那是一個崇山峻嶺密布的地方，就連天候最好的時候，爬山也是一大挑戰，更何況那是下雪的二月天。大雪不斷降下，幾乎一天就能累積一英尺的雪量，而穿著雪靴的我們必須用兩週的時間在雪堆裡開出一條路，讓運載食物與補給品的雪橇通行。說到雪橇，你的腦海可能浮現雪橇從山頭疾馳而下的畫面，但那不是我們體驗到的。那一輛雪橇重達三百英磅，我們必須又推又拉，才會移動。一開始我們幾個人輪流，使盡吃奶的力氣拖著這玩意，而且大都是上坡路段。接著，我們每走十五步就覺得筋疲力盡，累到幾乎吐血，稍事休息後，跟在後面推的人交換位置。我是唯一的加拿大人，照理我應該比其他人更能適應這種寒冬中的戶外活動……但實際上並非如此。我不是在荒野中長大，也不曾在雪堆裡睡覺。

這是培養領導力的最佳情境，易於讓大家接受領導，對我們的體力與智力也是一大考驗。事實上，現在回想起來，那是一次壯闊而令人愉悅的受訓經驗：在大雪紛飛的野外，我們必須拉著沉重的雪橇前進，舉步維艱。只是當時我可不覺得有趣。

這就是探險活動與一般活動相異之處。你可以選擇沉湎在悲慘的情緒中，也可以集中注意力，想想怎樣才算對團體貢獻最大——訣竅在於，一味覺得自己好悲慘，根本無濟於事。

根據我的經驗，如果能想辦法讓氣氛輕鬆一點，絕對有益而無害，特別是在氣溫零下十度的時候。奇怪的是，我們的補給品裡面有一顆鳳梨，有人想到在上面刻一張臉，取名為威爾森——這個主意來自於湯姆．漢克斯（Tom Hanks）主演的電影《浩劫重生》（*Cast Away*），他在空難後被困在熱帶荒島上，唯一的伴侶就是一顆他取名為威爾森的排球。威爾森成為我們敬愛的組員，我們用湯姆．漢克斯對待那顆排球的方式對待它，直到它出現怪味才幫它辦了一場葬禮。但是威爾森生前已經發揮作用，提振大夥的士氣。

那一趟魁北克之旅讓我體會到一件事，後來不論遇到什麼困境，總會拿來娛樂大家：我建議大家輪流把自己求婚（或被求婚）的故事說出來，結果每個人都樂於分享自己的經驗。我也很愛聽別人的故事，因為其餘太空人訂婚的年紀都比我當年還大，求婚方式也比我高明多了。我是在情人節那天跟海倫求婚的。當年我才二十一歲，還在念軍校，我把戒指擺在口袋裡，帶她去吃燭光晚餐，計畫在餐廳裡求婚。但是到了那裡，感覺就是不對，我等到當晚在安大略省金斯頓市（Kingston）的假日飯店下榻後，才在床邊求婚。我很緊張，她也哭了，兩個人都不記得自己到底說了什麼，不過海倫記得，如果我求婚時能再詩情畫意一點就好了。跟求生訓練中的其他太空人分享那個故事，讓他們對我的人生有更多瞭解；透過他們求婚時的完美場景，例如陽光普照的沙灘、預先想好的甜蜜誓詞，我也更瞭解他們。輪流說故事能持續提振士氣，讓人暫時忘卻拖著雪橇的苦差事。

那次經驗是我這輩子遭遇的第二大體力考驗。最大的考驗發生在我十四歲時，那是夏末的某一天，我跟家人一起到田裡採收玉米。我們才剛剛坐下來吃晚餐，我爸就走進來了：他剛剛用一根長長的溫度計插進筒狀穀倉，測量乾玉米粒的溫度，藉此確保溫度並未上升，以免發酵。結果玉米粒的溫度果然上升了，如果不趕快採取行動，就無法保住農場一整年的營收。所以我們全都離開餐桌，衝往穀倉，拿鏟子不斷地把玉米粒從六呎深的穀倉底部往上剷，藉著通風降溫。為了搶救玉米，我們全家人忙了一整晚，沒法子停下。

當然也沒人有怨言。我爸是個嚴格的工頭，原則上他認為孩子不應該抱怨，但是他不喜歡有人抱怨的另一個原因是，他覺得那種情緒會傳染，破壞團隊精神。任由大家一起抱怨某件事有多不公平、困難或荒謬，的確可以提升凝聚力——這就是為什麼一旦怨言出現就會沒完沒了，因為那會強化一種「全世界都在與我們作對」的感覺。不過，這種相互取暖的凝聚力接著就會變質，成為乖戾的怨氣，讓艱難的處境更難忍受，無助於達成目標。抱怨是探險活動的大敵，因為探險的重點就在於提振團隊精神，達成共同目標。

當一個團隊有具體的目標時，很容易做到這一點，就像我們進行的太空梭飛行任務，不管是修復望遠鏡，或是在國際太空站裝設新設備。當目標很具體且有時間限制時，人們大都能專注地完成工作。然而，在國際太空站長駐，目標就沒那麼明確了：我們做的只是實驗與維護太空站的運作。有很多類似工友做的雜務，像做家事一樣，永遠沒有做完的時候。此外，因為待得太久，一些小小的怨言與怒氣難免逐漸累積，變得很不得了似的。當我擔任三十五號太空任務的指揮官時，每次我注意到對話中有人開始抱怨，總會設法阻止。然而，我不能用自己的意志強壓組員。只有當他們也體認到太空探險的價值，我們才可能成為一個無怨無悔的團體。

他們每個人也很注重提升團隊精神。例如湯姆是專業的醫學博士，與人相處總是像對待病人那般溫柔、樂於助人。每當他察覺有人需要幫忙，會放下手邊工作，從旁協助，讓人覺得他寧可如此。他讓我們覺得，伸出援手，真正獲得好處的是他。而開朗的羅曼很容易開懷大笑。他深深瞭解樂在其中的重要性，只要大家精神不振，他會拿起口琴或太空站上的吉他，演奏大家熟知的歌曲來提升士氣。

國際太空站有個袋子裝滿各種假日用道具：一棵小小的聖誕樹和燈飾、塑膠做的復活節彩蛋、新年派對用的噪音製造器，還有各種派對專用帽等。那些東西都是多年累積而來的，足以瞭解過去每位太空人風趣嬉鬧的一面，但我提到那個袋子，是因為羅曼總會從袋子裡挖寶。每次與親友視訊聊天、錄製問候祝福影片或是晚餐聚會，他總是穿上一件很誇張的橘色外套，戴上有假鼻子與鬍子的玩具眼鏡——只要看起來荒謬無比，能讓我們大笑就行。他還會不斷秀出剛學會的英文口頭禪，用極其可笑的方式說出來。某次我們在弄一個很難操作、需要微微抖動的設備時，他突然用帶有濃濃俄國腔的英文命令我們：「搖一搖媽媽生給你們的屁股！」然後大聲笑出來。

再難搞，還是你的組員

我也跟難搞的人共事過。我在擔任指令艙頭號宇航通訊員的時候，跟一個特別討人厭的太空人合作過好幾次；我們必須密切配合，特別是他擔任指揮官時。指令艙宇航通訊員是組員最信任的地面人員，而能夠幫助組員確保一切順利進行，讓我樂在其中——只有和這傢伙共事時例外。嚴格來講，他的專業技術很棒，但也很自大，喜歡挑釁，常常罵我、貶低我，用很明確的口吻說我是蠢蛋。我開始害怕與他互動，每當他在任務控制中心的其他人面前斥責我時，我總想回嘴，用正當的方式證明我有理，並尋求他人的支持，讓他們相信我沒做錯——是他把我惹毛了，於公於私我都不喜歡他。

後來我才發現：哇嗚，他真的很厲害。這是他與人競爭的方式：試著嚇唬、貶低別人。他的目標是對別人造成負面影響，而且總能奏效。他成功地讓我懷疑自己的能力。

想通這一點後，我不再因為他的辱罵而有情緒反應，開始尋思如何讓情勢對我有利。我立刻發現自己不該把那傢伙的行為當成是針對我。協助太空任務進行的人數以百計，他認為有很多人故意整他，我只是其中一個；有位祕書幾乎每天都被他弄哭。即便我不尊敬他的為人，我還是比他資淺，不管他是否尊重我，我必須尊重其角色。於是我決定不再理會他的批評，而且也做到了，甚至讓自己跳脫出來，清楚瞭解他是太空梭這種複雜交通工具的傑出操作人員，縱然有些根本問題，但技術超群。與他合作的祕訣在於，看清哪些是他的問題、不是我的，而問題根源似乎都來自於他沒有安全感。在他眼裡，同事只是他必須毀滅的競爭對手，就像蟲子一樣該被捻死。

有一次，我駕駛太空總署的專機北上華盛頓，中途停下來加油時，碰到一位不認識的軍方人士，他注意到我的飛機，問我：「嘿，你認識XXX嗎？那傢伙真是個渾球！」我很震驚：與我初次見面應該有很多話可以說，他居然迫不及待地說出對那位太空人的批評。我只回了一句：「哇嗚，你真的認識他耶。」

那件事讓我印象深刻。如果我有同事遇到一個陌生人對他說：「嘿，你認識克里斯．哈德菲爾嗎？我跟他見過一次面。那傢伙真是個渾球！」我會非常震驚，如果有個熟識的同事也真心同意那句話，我會更震驚。

那位太空人離職時，我很高興，但是現在回想起來，我也從他身上學到很多。例如，如果你必須重重地批評他人，出言不遜並非上策；你應該一語中的，把問題指出來，不要做人身攻擊。千萬別揶揄同事，就算是無心的一句話也不行，你應該盡力避免，不管那句話有多好笑都不可以。你越是資深，你輕率的評語就會帶來越大的衝擊。不要對共事的人發脾氣。感覺怒氣升起時，請你從一數到十。

上述是針對一般狀況的良方，特別適用於太空任務。如果我在外太空遇上大麻煩，例如緊急的醫療狀況或嚴重的儀器故障，我的組員會是我求生的唯一寄望。就各方面看來，他們是這個世界上唯一能幫助我的人。這一點，我每天都謹記在心，不只是在太空中，在地球上也一樣。

不要疏遠或惹惱組員

如果組員是這世界上唯一能幫助你的幾個人，我想他們也是你最不該疏遠或惹惱的幾個人。我在農場上與兄弟、妹妹一起長大，在狹小的生活圈裡，凡事都該三思而後行，這一點我有不少親身體驗。但顯然有件事我還沒體驗過，結果在最後一趟太空任務中被我碰上了。

我在國際太空站待了三週，發現指甲需要修剪。我不曾在太空中待那麼久，沒碰過這種問題，而我知道在無重力的狀態下，要處理指甲屑是很麻煩的。所以我想到一個很棒的主意：我可以在進氣過濾器上面剪指甲。我的想法是指甲屑會立刻被吸進風口。真的管用！我甚至把這即興發揮之舉錄成影片，讓地球上的人瞭解，在無重力狀態下，我們都用哪些有趣的方式來做這種小事。不過，我的思慮並不周全。那個週末，負責清理進氣過濾器的人是三十四號太空任務的指揮官凱文．福特，當他把螺絲退掉，打算用吸塵器清潔過濾器濾網時，我的指甲屑全都飛到他臉上，散得到處都是。他盡力用吸塵器把指甲屑吸起來，但心情不可能太愉快。事後他來找我，客氣地說，如果我下次剪指甲能立刻用吸塵器把指甲屑吸起來，他會很感激。我覺得好丟臉，但最多也只能道歉，特別留心下一次當我為自己的小聰明沾沾自喜時，也該注意是否會產生不好的後果。

與我們要完成的大事相較，那只是個雞毛蒜皮的小錯。但如果我持續犯一些小錯，就會讓太空站的所有人不爽，最後破壞團隊效率。如果你被當成總是思慮不周或只想到自己的傢伙，會直接影響溝通的成效，也會減損整體的成就。如果你的作為稍具探險精神，其他人與你合作的狀況也會好一點。

幫助別人達陣，就是幫助自己

多年來，我學會的一個道理是：如果能幫助別人成功，不只會讓他們更樂於與我共事，也會提升我自己的生存與成功機率。每位太空人越是瞭解該怎麼做事，不但他們做得更好，對我也有好處。

我最後一次上太空參與三十四／三十五號任務時，羅曼是聯盟號宇宙飛船的指揮官，我是坐在左邊的太空人，也就是副駕駛，而湯姆坐右邊。聯盟號原有的設計是讓兩人駕駛，右邊座位上的太空人只須管好自己，沒有其他既定的職責，所以未接受細節上的訓練。在那個座位上，想做什麼都沒關係，但是湯姆很想多瞭解聯盟號宇宙飛船，而對我來講，那似乎是個雙贏的局面。就個人的層面而言，他也許會注意到羅曼跟我都忽略的某件事，因而救了大家；對太空總署來說，他的經驗深度越強，在太空任務結束後的檢討會上，他就越有價值。結束工作後，我多花了一些工夫和精神訓練他，為他詳細講解操作程序，不管是就他的太空人身分，或是身為我們的組員而言，那都是很棒的投資。甚至在演練時，假使我們出錯了，湯姆都可以把問題手冊翻到我們需要的那一頁，指出羅曼必須進行的步驟，或者計算出備用引擎應該燃燒多久。假使我只說：「聽好了，湯姆，你請自便吧，我們會把你載到太空站，並載你回地球，沒問題。」那麼我們這個團隊就不會那麼強了。

對團隊的每個分子而言，如果組員擁有職責以外的能力，會是額外的保險措施。我很幸運，湯姆、羅曼與我都有共識，願意幫我把事情做好。受訓時，當我未能通過聯盟號的停泊考試，羅曼會拉長了臉，陪我一起難過，安慰我說，他跟其他俄羅斯太空人都有考試沒過的時候，並提出改善表現的技術與手法，等到我重考過關，也會為我雀躍不已。他願意如此付出，不只是因為他是個好人，也因為我的技術層次越高，**他自己**就越能安心。他想要一個在危急時刻能有所貢獻的組員。

光是收起你的競爭心態還不夠。你必須試著主動幫助他人達成目標。有些人覺得這種作法無異於拿石頭砸自己的腳——為什麼要造就別人的競爭優勢呢？我的看法並非如此。就算我幫人達成好的表現，也不會讓我顯得比較遜咖。事實上，那通常還會改善我自己的績效，尤其是在壓力來臨的時刻。

我曾經在黑海的某處進行三人一組的水上求生訓練，當時我們模擬聯盟號宇宙飛船返回地球後在水面迫降的情況。演練的情境是我們掉進海裡，必須用正確的方式才能在半小時內離開太空艙，鑽進救生筏。跟我一起演練的是身材非常高大、目前還在搭乘聯盟號執行任務的資深太空人安德烈·庫柏斯（André Kuipers），還有年約二十八、九歲，剛完成初階訓練、短小精壯的俄國太空人馬克斯·波納馬里歐夫（Max Ponamaryov）。當時是夏天，我們都穿著壓力服，太空艙裡很熱——熱到我們每個人都必須吞下一顆小小的訊息發送器，好讓體溫受到監控，以策安全。我們三個汗如雨下，只想趕快離開那小小的太空艙。但是首先我們必須脫掉即使在寬敞空間裡也很難脫的壓力服，改穿水上救生裝（看起來像較笨重的雪車裝），然後把所有防水裝備戴上去。換言之，在我們離開太空艙之前，必須把自己弄得更不舒服。

不過，若是老想著身體上的不舒服，只會讓情況變得更糟。於是我們決定把注意力擺在如何互相幫助上，讓馬克斯初次擔任指揮官就有好表現。安德烈是醫學博士，他持續提醒我們多喝水，才不會脫水，但馬克斯這個菜鳥為了證明自己很厲害，自然有點壓力，一開始不願接受建議。所以安德烈跟我開始猛灌水，這讓馬克斯覺得喝水其實也沒什麼。同樣地，馬克斯堅持跟安德烈換位子，因為他是我們三個裡面最高大的，卻被指派去坐左邊那個最狹小的座位，而且要他把壓力服脫下來也最困難。就在那熱氣讓我們無法忍受時，我開始假裝發抖，然後說：「喔，好冷！」這可笑的舉動不但讓我們鬆一口氣，而且不知為何，身體也覺得舒服了一點，所以我們三個紛紛發抖，換得片刻的舒適，甚至幾乎相信自己並未汗流浹背。安德烈的水上救生裝不合身，但我們幫他盡力擠進去，然後用正確的方式離開太空艙。最後，這次演練讓馬克斯嶄露頭角，成為傑出的指揮官。

如果我們抱持各自為政的心態，或是讓較資深的安德烈跟我擔任指揮官，我想我們還是有可能在同樣的時間內完成演練，但可能性或許不高。我認為由於我們專注於幫助馬克斯，讓他有好表現，我們兩人才能夠克服身體的不適，提升自我表現。另一個參與演練的小組就因為沒辦法換衣服，必須等別人前去援救，隔天又接受了額外的訓練。與其說那次演練的重點在於水上求生術，不如說是團隊精神。

幫助同事維護其利益能幫你展現競爭力：這聽起來與常識不符，但即便在所有人都很厲害的環境裡，也自有其道理。而且，如果你知道同事一旦成功對你也有好處，就比較能接受這件事。在危急的時刻，你也會希望他們幫助你生存、達成目標。他們也許是這世上唯一能幫助你的人。

6 當你發現頭盔裡出現一隻蜜蜂

掌握救命步驟

獨自走過治安不好的地區很危險，獨自駕駛軍機穿越敵國領空也等同於將自己置於險境。這就是為什麼我們必須學會編隊飛行：如果兩側有隊友，就能彼此照應。

然而，飛得太近，也有可能害死對方。近距離編隊飛行是一種需要非常專心的任務：除了緊跟著隊長、按照指令精確地移動之外，你必須把其他所有事情拋諸腦後。過去在接受噴射機基本訓練時，自從有了第一次編隊飛行的經驗後，我就深知此事有多重要。當時編隊飛行的有四架教練機，位置像指尖一樣，有前有後；我是其中第三架，左右各有一架飛機，突然我發現有東西在視野內移動。事實上，那東西就在我的頭盔裡，大概是蟲子之類的，因為與我的眼睛太近，所以看不出是什麼。

喔。是蜜蜂。一隻大蜜蜂，與我的眼球大概相距兩、三英寸。

之前我也聽過有人在座艙罩蓋起來後才發現裡頭有蟲子，但是頭盔裡出現蟲子倒是前所未聞。而那隻蜜蜂正懶洋洋地慢慢爬行，可能是因為高空空氣稀薄，讓牠渾身無力。迷迷糊糊的牠搞不好防衛性更強，隨時都會螫我，但我也沒轍。因為我戴著頭盔，不能對牠吹氣——更何況我也不想驚動牠。重點在於，我必須持續平穩地飛行。我被困在隊伍中間，不可能自己飛走而不驚動隊友。如果我脫隊，就會危及左右兩側的隊友，因為我們幾架飛機都飛得很近。

本能告訴自己應該把蜜蜂趕走，但我知道那麼做的風險太高，於是拚命忍住。我不能說自己有辦法忘記牠的存在——只能直直地盯著牠，不得閉上眼睛。但我還是設法維持編隊飛行，直到有機會用無線電請求隊長允許我脫隊，飛遠一點再打開頭盔，把蜜蜂弄掉。

駕駛噴射機是這世界上最需要專注力的一件事。這就是太空總署要求太空人駕駛 T-38 教練機的原因之一：那迫使我們學會專注以及決定事情的優先順序，在某些方面與駕駛太空船很像。儘管太空船模擬器讓我們按部就班地學會操作程序，演練時最糟糕的狀況也不過是考試成績太爛。但 T-38 是一種老舊但速度快、油料少、反應沒那麼靈活的教練機，你必須在快速移動的情況下，操作複雜的飛行系統，只要一犯錯就會讓你付出代價；而且氣候與風向隨時在變。你被迫持續判斷並抉擇，像是在油料偏低、暴風即將來臨或者飛機出問題時，到底該返航還是飛下去。我們被訓練成要毫不猶豫地做出生死交關的決定，但這種決策技巧會隨著時間而生疏，因此藉由駕駛 T-38 教練機來維持最佳狀態。

即便飛行任務平靜無事，都必須保持專注力，隨時面對突發狀況。戰鬥機飛行員與試飛員常常以四百節的速度在距離地面一百五十英尺高的空中飛行，他們必須專注於眼前的一切事物。如果做不到，就會害死自己。比較難拿捏的不是該注意什麼，而是不該理會什麼。而所謂「不理會」，我的意思是完全忽略，不管是跟上司爭執或是財務問題，全都擺到一邊。如果那件事在接下來的三十秒內不是一件大事，就不該把它當回事。在接下來的一英里里程內不會發生的事，就必須學會不去在乎它。重要的問題只有一個：接下來可能害死我的是什麼？不管會害死你的是什麼，都必須聚焦在那上面，這就是你的存活之道。

當然，運氣也與此有關。我曾經駕著一架 CF-18 大黃蜂戰鬥機進行一對一的對戰練習，結果在將操縱桿往後拉時不小心拔掉飛行裝上的管子。CF-18 戰機的擋風玻璃後方有一具抬頭顯示器（Heads-up display, HUD），看起來像一片螢光的綠色投影，這讓飛行員無須環顧四周就能透過顯示器掌握各項重要資訊。有一台攝影機專門拍攝抬頭顯示器，而我們事後總會透過錄影帶看看發生了什麼事，藉此進行簡報。正因如此，我才知道飛行裝的管子被我的手肘碰掉之後，我曾有十六秒的時間失去意識：在戰機盡力抵抗地心引力時，我頭部所有的血液突然流了出去，因而昏厥。醒來時，我心想：「哇，真好睡。感覺真棒。嗯，聽起來好像有人用無線電在跟我講話；也許是我在做夢。真怪——那傢伙的聲音聽起來有點像丹尼斯。等一下。那就是丹尼斯啊。怎麼了？我在飛機上嗎？」這些念頭一直在我的腦海轉來轉去，直到我打開眼睛，發現自己真的在飛機上，而正在練習開槍打我的另一名飛行員丹尼斯，則是納悶我的飛機為何亂飛一通。

那十六秒鐘足以害死我自己跟他了。失去意識卻沒有死掉，只能說我命大。至於恢復意識後能安然無恙，則是因為我對情勢保持警覺，也就是說，我能趕快搞清楚狀況，找出接下來可能害死我的是什麼。我壓根就沒浪費時間思考自己為何昏了過去。在危急時刻，「為什麼」並不重要。我必須接受自己的現狀，找出當下最急迫的事——也就是盡快把飛機開回地面。之後我會有很多時間去瞭解自己昏過去的原因（我們也的確找出了原因：結果，為了避免飛行裝的管子不小心被拔掉，CF-18 戰機也改裝了）。

如果把焦點擺錯，只想著頭盔裡為何會有蜜蜂、飛行裝的管子掉了要怪誰，你很可能就會錯失稍縱即逝的良機，無法扳回劣勢。當戰鬥機出現真正危急的狀況，例如起飛時引擎故障或者駕駛艙失火，你通常只有一、兩秒鐘可做出攸關生死的決定。你沒有時間參考注意事項清單。你必須掌握可讓你逃過一劫的步驟，也就是所謂的 boldface（粗體字）——在訓練手冊裡，都是用粗體大寫字母印刷。

boldface 是飛行員的用語，此一神奇語彙描述的是那些在危急存亡時刻可以救你一命的步驟。我們常說，boldface 字字血淚，意思是那些步驟都是在事故調查後才訂定，強調的都是墜機事件中飛行員本該採取卻沒採取的步驟。

演練失控狀態

一九八六年我在貝哥特維空軍基地服役，我跟摯友崔斯坦·德·康寧克（Tristan de Koninck）一起做了一件最能增進男性情誼的事：我們結伴到基地診所結紮。在海倫懷了我們第三個小孩克莉絲汀之後，如果想要維持和睦的夫妻關係，那是沒得商量的條件；至於崔斯坦已經有了兩個小女孩，跟我的兩個男孩年紀相仿，而他老婆也相信，如果孩子少一點，對他們的婚姻會比較好。

在診所時，我先去接受手術，而且故意叫大聲一點，因為我知道康寧克在候診室聽得到所有聲音，希望能嚇嚇他。結果沒用，因為開戰鬥機之前，他可是當了兩年的雪鳥特技小組飛行員，是個意志剛強的傢伙。我們兩人踏著蹣跚的腳步離開，痛是很痛，還是開懷笑著。

大概在一個月後，我被派駐到百慕達去，崔斯坦則是駕著 CF-18 大黃蜂戰鬥機到加拿大愛德華王子島（Prince Edward Island）參加航空展。隔天他要飛回貝哥特維空軍基地時天氣多雲，雲層厚達三百英尺。一開始他持續低飛，然後拉高到雲裡。一分鐘後，他的飛機以七百英里的時速直接墜落。飛機解體，他們只找到了康寧克一部分的膝蓋殘骸。事故原因成謎。崔斯坦是一名傑出的飛行員，比我更擅長編隊飛行。

我為了葬禮飛回貝哥特維空軍基地，用他的吉他彈唱我們曾經合奏的〈這一把老吉他〉（This Old Guitar）。那是我這輩子最難過的時刻之一。我總是唱到一半就想哭，至少練唱了數百次，才把歌唱完。

事後我也參與了事故調查，但我們一直未能查出崔斯坦的飛機為何墜落。他並未用無線電透露任何訊息，飛機遙測裝置與雷達紀錄也未顯示任何確切結果。當時 CF-18 戰機的顯示器有一些小小的問題，無法正確顯示哪一邊是上方，也許這就是事故主因。在急遽加速時，人體內部也會有許多反應，體內平衡系統有可能傳達錯誤的訊息。當你急速往雲層裡拉升，只能靠儀器跟你說該怎麼做，如果儀器錯了，或者你因為暈眩變得虛弱，就有可能往下方呼嘯而去卻不自知。或者也有可能是一個全然不同的起因。我們永遠無法得知了。我唯一能確定的是，崔斯坦很清楚那些用粗體字寫的救命步驟，即便如此也不足以救他。

熟知那些救命步驟只會提高存活機率，不一定能救命。如果一輛闖紅燈的聯結車撞過來，就算你是全世界最厲害的車手，開著全世界最安全的車，也無濟於事。理智上這些道理我都知道，但是失去摯友，而且深知他的駕駛技術至少跟我一樣好，我才算真正體悟其中的重點何在。就算你凡事都做了最壞的打算，小題大作，把同事當成世上唯一能幫你的人，也熟知那些救命步驟、清楚何時該採用，這一切終究可能救不了你。當危急存亡的時刻真正來臨時，你還能抱持其他希望嗎？你對當下情況掌握得越清楚，越能保持警覺，就越能避免不好的結果，為自己的生存持續努力到最後一刻。

崔斯坦是我第一個殉職的飛行員朋友；然而，後來我幾乎每年都會失去一位飛行員朋友。我們都知道那是戰鬥機飛行員的職業風險，但真正出了事，沒人能無動於衷。每次有人殉職，我們先是震驚不已，接著內心便一陣哀痛。不過，我從來不覺得是飛機害死我的朋友，真正奪命的是那些異常狀況。所以說，我受到的衝擊不會讓我不敢再飛，而是加強了我的決心：我想知道有什麼方法能讓我和其他飛行員解決艱難的問題。

到帕塔克森特河海軍航空站當試飛員的那幾年，我始終在嘗試以有系統的方式思考哪些因素會害死飛行員，藉此想出其他防患未然的救命步驟，讓他們飛得更安全。目標是讓剛剛完成基本噴射機訓練的一般海軍飛行員知道如何解決問題，即便他們救不了飛機，至少可以跳機救自己。

我們故意讓 F-18 戰機失控，找出讓它們恢復正常的方式。那是一種讓身體很難過的經驗，有點像是搭乘遊樂園裡的雲霄飛車：一開始往上爬升沒什麼感覺，當飛機開始往下墜，你會覺得驚惶失措的情緒持續高漲，好像有一股難以預測的外力在拉扯。就在急速往下掉落、機身的翻滾令你想吐時，你又必須掌握許多東西，像是飛機高度與引擎狀態——引擎有可能因為氣壓持續改變而堵塞。在此同時，你還必須試著將此一經驗量化：翻轉速率有多高？你必須緊握操縱桿到什麼程度？

因為當過演練失控狀況的試飛員，我才得以持續強化自己的專注力，即便情況再混亂，我也能把焦點擺在關鍵事物上。我學會絕對不要放棄解決問題，也不要假設一切終將安然無恙。不過，我從沒想過這些道理真正派上用場的地方竟在地面上。

如果我沒學會加強專注力，持續解決問題，就不會有第三次太空任務。最後，我還是勉強逃過一劫了。

差一點上不了太空

一九九〇年八月底，當我還是帕塔克森特河海軍航空站的試飛員時，我回到史泰格島跟家人度假。回家不久後，我爸媽辦了一個盛大派對，大家圍著烤肉架彈吉他，喝威士忌，大啖玉米與熱狗。那一晚我因為腹痛而醒來。我只要一貪嘴，常常必須付出代價，但那一次不一樣。我疼痛不已，天亮後就到薩尼亞綜合醫院看病。我接受了嗎啡注射，開始出現雲霄飛車與蜘蛛等幻覺，我爸覺得我得了癌症，快掛了，醫生們則開始討論是否要幫我開刀，確定病因。

海倫在驚愕之餘，找了住在史泰格島的查理．孟克（Charlie Monk）來幫忙，他是我們的一個內科醫師朋友。她向他解釋，如果我不按照原定時程，在幾週內健健康康地回到帕塔克森特河海軍航空站，我的飛行許可有可能被撤銷。醫生核發的飛行許可是軍機飛行員能否延續職業生涯的關鍵，一旦被撤證，你就沒救了。腹部手術是特別大的問題：當你開著戰鬥機往上飛，座艙內的壓力很可能會把縫合的傷口扯開。查理跟我的主治醫生解釋這一點，但是等到三天後，我的病情仍沒起色，他們也還沒找出病因，只能雙手一攤，斷言幫我開刀是唯一的選擇。

打開腹腔後，他們的確找到了病根：我十一歲接受盲腸手術後，一道疤痕組織跟腸子結合，像一道繫繩似的慢慢把腸子拉緊封死。外科醫生把那一道組織剪斷並縫合，在我的肚子上留下一道長達八英寸的鋸齒狀驚人疤痕。但我覺得自己的狀況不錯。兩週後就開始騎馬，等我回到馬里蘭州，美國海軍的醫生為我做了體檢，也准許我繼續飛行。出院一週後，我就開始駕駛 F-18 戰機了。

在當時看起來，那實在是個有點驚險的決定。但是事後證明，那一次的緊急手術是我人生的幸運轉折。假使我不先把腸子遭擠壓的問題處理掉，很可能到了一九九二年應徵太空人工作時才被發現，使得我無法通過美國太空總署的體檢。一個連我都不知道的問題可能就這樣斷送我成為太空人的機會。常常有人因為更小的健康問題失去太空人的資格。

接下來二十年，我最嚴重的健康問題就是感冒。我兩次通過太空梭任務前的體檢，沒有任何問題，到了二〇〇一年，我又通過全世界最嚴格的體檢，才得以到國際太空站工作。然後，二〇〇九年秋末，三十五號太空任務的組員徵選完畢，我被指派為指揮官。那個職務始終是我成年後的目標，努力幾十年終於達成；獲派指揮官一職讓我感到自豪，同時也瞭解到自己應該謙虛以對。我想要讓自己的表現與獲得的榮譽相稱，證明美國太空總署對我的信任與加拿大太空總署對我的投資都沒有錯——我是第一個成為國際太空站指揮官的加拿大人，也是第二個非美籍或俄籍的指揮官。

有一組人受訓負責料理太空站的一切事物：從飲水機到日製太空艙裡的每個系統，但是專業程度各不相同。如果你被認證為「使用者」，那只意味著你掌握了基本知識，能把各種機器打開、關掉；「操作者」可以獨力操作座艙或系統，瞭解運作方式，但不知如何修復；至於「專家」則是無所不能：他們懂得如何操作，知道運作原理，也會修復。想要成為所有太空艙與系統的專家，必須花更多時間到處奔波，比別人多付出幾百小時接受訓練，而且到了國際太空站，學到的那些知識大都不會真正派上用場。那也沒關係。我決定試著成為各種太空艙與系統的專家，項目越多越好。那是我對太空計畫有實際貢獻的最後機會，因為除此之外，我再也沒機會離開地球了。

到了二〇一一年十月，我幾乎成為國際太空站所有系統、實驗與太空艙的專家。我受了兩年的嚴格訓練，晚上與週末多半在工作，有百分之七十的時間都待在俄羅斯或是前往其他地方的半路上。我很高興能回到休士頓與海倫相聚幾週，只是肚子有點不舒服。她的流感才剛好，我猜我也感染了，為了保險起見，決定去一趟太空總署的診所。診所的醫生認為問題應該不是出在流感。他懷疑我的問題是腸阻塞，於是把我轉診到大醫院。經過核磁共振檢查也確認了。

這不是個好消息，但阻塞的東西有時會自己散掉。我也希望如此；那一次經驗也證明住院可能住出問題，而且好死不死就讓我碰到了：他們不小心害我脫水，三天後病況比入院時更嚴重，院方派給我的外科醫生宣布他將於隔天為我動手術。他想再做一次一九九〇年薩尼亞綜合醫院幫我做的事：把腹部切開，看看問題何在。然而，腹腔鏡手術在過去二十年來變得較為常見，只需在肚子上做一個小切口，就可以將腹腔內視鏡伸進去，把影像傳到監視器上。因為腹腔鏡手術侵入性最低，與傳統手術相較，併發症的風險較低，痊癒時間也縮短了。

基於剛經歷的那一切，我實在不敢奢望在那間醫院動手術會有什麼好結果。此外，我也知道如果動傳統的腹腔手術，我就不能參加二〇一二年的太空任務了。我將過不了體檢那一關。但如果我動的是腹腔鏡手術，而且術後發現只是小問題，或許還有機會。我們有二十四小時可做決定，而此刻我真的覺得自己病懨懨了。海倫掛了一通電話，沒多久我就轉到另一家醫院，接受優質照護。他們立刻幫我安排腹腔鏡手術，由治療過美國老布希總統夫人芭芭拉．布希（Barbara Bush）的派崔克．瑞爾登（Patrick Reardon）醫生主刀。

他在我的腹部開了兩個小洞，使用只有三毫米寬、可以像蛇一樣彎曲的器具，很快幫我找出問題：一九九〇年動手術的部位形成一．六英寸大小的沾黏組織，基本上就是一個球狀的沾黏疤痕組織。大部分的腹部手術都會造成沾黏問題，而腸沾黏是腸阻塞最常見的成因之一，會導致腸子扭曲夾擰，進而封閉起來。這正是問題的確切成因：沾黏很可能是由流感病毒引發，導致腸子與腹腔壁黏在一起。瑞爾登醫生把沾黏組織去掉之後，腸子恢復原狀。他仔細檢查我的腹腔，把傷口縫合，告訴我應該不會再出問題了。

不過，我知道不盡然如此。此刻必須解決另一個新問題：讓太空總署的高層相信我的健康狀況足以參與太空任務。從好的一面看來，我的痼疾痊癒，還獲得北美最厲害的外科醫生背書。然而，如果我的病況在太空中復發，任務會因而中止，我們必須提早返航。另一組人馬必須比原定計畫更早出發，替換我們。這代價實在太過龐大。

在我有辦法讓任何人相信我適合出任務之前，我必須先說服自己。我當然想再度回到太空，但如果我可能因為病況嚴重而撤出國際太空站，就有責任主動退出那一次的任務。我必須找出問題復發的機率到底有多高，於是海倫和我開始做研究，遍訪群醫。在此同時，我覺得身體完全沒問題，也獲准回去受訓——只是還沒獲准參加太空任務。因為茲事體大，國際太空站每個出資的國家都必須簽字同意，這有一定的難度。

接下來兩個月，為了向美、加、歐盟、日、俄等國代表組成的多邊太空醫療委員會（Multilateral Space Medicine Board, MSMB）提出建議，一個由外科醫生、軍醫與太空任務醫療問題權威組成的專家小組，針對我的情況進行討論。他們必須憑藉統計數據決定我復發的風險到底高不高，所以聘了一位醫生檢視各種研究報告，評估術後再度出現阻塞的可能性。結果，大部分研究報告都在腹腔鏡手術普及前發表，把我這種小手術與大手術案例（像是車禍後造成嚴重內傷的手術或腫瘤切除手術）混在一起。根據這些研究，未來出現問題的風險實在高得不像話：百分之七十五。

我不是醫學專家，但常識告訴我，那些資料與我的狀況沒什麼關係。我的身體只有小毛病，而且已經用最新、最不具侵入性的技術解決了。多邊太空醫療委員會從瑞爾登醫生那裡獲得的說法是，我的腸子在前往國際太空站之後再度阻塞的機率，只有千分之一。換言之，組員因為我被迫撤出國際太空站的機率微乎其微，因為任何一個太空人出現牙膿腫而撤出的機率反而高多了。

即便風險那麼低，我覺得還是有必要把這件事放進太空任務的整個脈絡中考量：到外太空原本就有風險，類似太空漫步之類的活動則會讓風險更高。就此看來，我的痼疾復發的風險顯得無足輕重。我直接向多邊太空醫療委員會的兩位加國代表反映此一意見，盡可能提供腹腔鏡手術的相關資訊，好讓他們為會議而做好準備。當委員會於二〇一一年十一月召開時，他們一致通過決議：儘管他們想要審閱瑞爾登醫生的某些研究，還是批准我參加太空任務。

真驚險。這件事有了圓滿的結果。不過，還不算真正結束。兩個月後，我得知有幾位太空總署的醫生認為我不是真的沒事，而且早就找上加國太空總署的醫生，要求更多證據——但是跟大多數忙於看診的醫生一樣，瑞爾登醫生沒有時間發表研究結果。他並未透過正式出版的醫學期刊把結果刊登出來，只有大量治療經驗累積而來的專業意見。因此，在我不知情的狀況下，太空總署又諮詢了四位腹腔鏡手術專家的意見，考慮是否應該讓我接受診斷性手術（也就是他們一直以來所說的「很快地看看腹腔裡的情況」），藉此確定我是否真的恢復。

不管是我，或者是那些必須直接為我在國際太空站的健康狀況負責的太空總署外科醫師，都不知道這個狀況。這種鬼鬼祟祟的專制作風讓我很困擾。他們把屬於世界各國的太空梭交給我指揮，但是在判斷我的身體狀況時卻好像把我當成一隻白老鼠，根本不諮詢我的意見。在這之前我就領悟到一個道理：任何一個醫療專家都不可能專精於所有的醫療問題與治療方式。到目前為止，我們自己挖掘出來的資訊很重要，另一個關鍵則是：我們有機會透過太空任務的整體風險來檢視我個人的醫療風險。如果那些專家真的無所不知，而且我所有的發言都不值得參考，把我完全排除在外才有道理。

令我同感困擾的還有他們的思考方式。就像一群理髮師可能會建議你改變髮型，一群外科醫生也可能建議你做手術。當時的狀況就是這樣——儘管四位外科醫生裡面有三位認為復發機率很低，甚至是零。

所以一月，他們又要求我做一次手術。我一開始的立場是：「我會接受手術，但除非你們百分之百堅持。」但這很快就變成堅定的拒絕。之前海倫跟我曾發瘋似地研究過了，而我們瞭解得越多，就越覺得所謂「很快地看看腹腔裡的情況」很愚蠢。結果，有兩份報告的研究對象就是我這種病例：在傳統的手術方式造成腸阻塞後，又以腹腔鏡手術解決了問題。復發機率呢？機率是零。若要我證明自己在國際太空站發病的風險極低，這就是我能提出的最佳佐證，更何況我的身體在其他方面向來很健康。此外，就像任何外科手術一樣，他們建議的手術將造成新的風險。例如，我可能會對全身麻醉產生不良反應、感染，也可能在手術時出錯——只要發生上述任何一種狀況，我就得跟太空任務說再見了。我覺得沒必要接受無意義的手術，而且此舉會創下令人困擾的先例。有百分之二十的太空人做過盲腸手術，也可能發生沾黏問題，他們該怎麼辦？也必須讓人「很快地看一下」，接受診斷性手術嗎？

另一個需要考慮的因素是，如果我不參與任務，整個太空計畫也會有風險。我負責遞補另一位指揮官宋妮塔．威廉斯（Sunita Williams），按照計畫，她七月就要上太空。還有誰能遞補她呢？因為時間如此緊迫，答案是沒有人。宋妮塔跟我一樣，都取得了聯盟號七〇〇這種新型太空船的左側駕駛座認證，它採用的系統是數位化而非類比式，因此飛行控制的顯示與控制方法都不一樣。如果我被除名，加拿大沒有人可以替代我，因為其他加拿大太空人不曾取得舊

莎士比亞變動的世界

莎士比亞誕生四百五十週年，大英博物館館長重現莎翁的世界
那時的流行，拉開了全球化的序幕

威廉．莎士比亞的一生，正值人類史上一個關鍵時期。由於發現新世界，舊歐洲的視野驟然大開，長久以來深信不疑的東西崩毀，生活充滿令人振奮的不確定性。法蘭西斯．德雷克環繞地球，乃是當時天大的新聞，第一本全現代的地圖集也出版了。那時的倫敦，國際性比此前任何時候都要高：英格蘭人為了做生意會移民至摩洛哥、會進口購物之都威尼斯製造的奢侈品。在這種時代氛圍下，倫敦人上劇場看莎士比亞戲時，心裡懷著什麼觀念和認定？觀眾在劇場內吃什麼零嘴？那時年輕男子上街最時尚的配件是什麼？從詹姆斯一世到新劇場都以翻版古羅馬風格來打造形象、人們走在倫敦大橋往環球劇場的途中，會經過一排插在樁上的叛國者首級是常見的事……。

世界正在變動中，英格蘭走向了全世界，所有重大衝突和創新予人的感受、觀看世界的新方式，畢具於莎士比亞的劇作裡。本書揭露二十件物品背後的驚人故事，全球化、宗教改革、瘟疫、巫術等諸多主題，共同構成莎士比亞時代的獨特風貌。

然而，莎士比亞不只屬於他那一代倫敦人，「第一對開本」使莎士比亞得以走出劇場，進入全世界。他在對每個年代講話，始終與我們同處一個時代：偽裝成印度教聖書的《莎士比亞全集》傳到曼德拉手上，成了南非反種族隔離運動的見證；抑或是恆久擄獲觀眾情感、波折重重的愛情電影……，以上處處均可見到莎士比亞的影子在晃蕩。莎士比亞的話語撫慰、激勵、啓迪我們，向我們發出疑問，讓我們看到在不斷變動的世界裡不肯蟄伏的人性。

作者 尼爾．麥葛瑞格（Neil MacGregor）

一九四六年生於蘇格蘭的格拉斯哥，在牛津大學研修德文與法文，後於法國巴黎高等學院（Ecole Normale Superieure）攻讀哲學，並於愛丁堡大學讀法律，一九七二年取得蘇格蘭律師執照。一九八七年起擔任倫敦國家畫廊館長，自二〇〇二年八月任大英博物館館長迄今。二〇一〇年出版的暢銷著作《看得到的世界史》（*A History of the World in 100 Objects*），被翻譯成十餘種語文。

定價440元

黑天鵝語錄

我們是如何應對未知，又該如何應對？
世上最炙手可熱的思想家，道出了最精準的預言

本書為現代經典《黑天鵝效應》作者塔雷伯的警語錄。透過這些如珠妙語和思想結晶，他以最令人拍案驚奇的方式呈現出自己的中心思想。

原文書名《普洛克拉斯提之床》（*The Bed of Procrustes*）取自希臘神話：普洛克拉斯提是一位國王，為了讓床符合客人的身長，把太高的人雙腿截短，把太矮的人身體拉長。故事聽來不可思議，在塔雷伯看來，卻正是某些現代文明發展的縮影——改變人類行為以適應科技、將經濟危機怪罪於現實與經濟模型不符、發明疾病以利銷售更多藥物、將聰明定義為在校考試成績好，甚至要大家相信受僱於人並不是當奴隸。如同黑天鵝事件會發生在歷史、經濟、科技等層面，「普洛克拉斯提之床」也會發生在諸多領域，作者從教育、美學、科技，一路談到工作、愛情和健身房。有時嘲諷，有時光是說出他所見的事實，就寓意無窮。

嬉笑怒罵兼而離經叛道，這些警語有助你看清現實，擺脫錯誤的觀念與印象。塔雷伯以他一針見血的機鋒和大智慧，將勇氣、優雅、博學這些經典價值觀與現代的迂蠢、庸俗、虛假等弊病對照在我們眼前，爬梳了人類的種種幻覺。塔雷伯的警句就像一根針，「碰！」的一聲戳破我們對某些現代文明發展的幻想。「機智的迷人之處，在於它昭顯出一種不帶冬烘味的智慧。」而且，「有道理的東西其實不見得有道理」，啊！這是塔雷伯說的。

作者 納西姆．尼可拉斯．塔雷伯（Nassim Nicholas Taleb）

定價220元

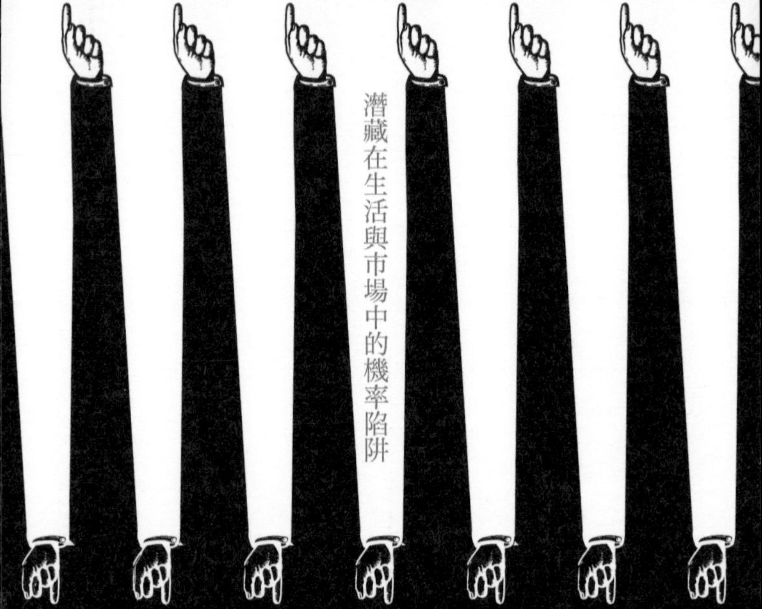

潛藏在生活與市場中的機率陷阱

隨機騙局

Fooled *by* RANDOMNESS

《財星》Fortune雜誌
選為「有史以來最聰明的書」
Smartest Books of All Time

《金融時報》年度最佳商業書

from

《黑天鵝效應》《反脆弱》作者 Nassim Nicholas Taleb 著
羅耀宗 譯

款聯盟號的認證，更別說是新款了。美國太空總署也一樣：遞補我的是一位沒上過太空的太空人。他是很厲害，但也不可能在七月前取得認證。誠如詹森太空中心太空人辦公室主任所說的，為了把一個已取得認證的太空人換掉，有五組太空人會受到影響，對整個太空計畫的安全性也會造成很大的風險。如果我在太空中罹患重病的可能性那麼高，那我想他們也別無選擇，只能承擔此一風險。但可能性並不高，甚至低到可被忽略。

接下來幾個月，我持續接受訓練，準備我不一定會指揮的太空任務，而我的生活簡直像卡夫卡小說的情節一樣荒謬。我必須試著聚焦在受訓與盡可能學習上頭，同時隔離掉身邊一切的雜音。我陷入一個官僚體系的泥淖中，在那裡面，邏輯與數據都不算數；真正重要的是機構內部的權謀與不公開的意見。就連那些沒做過腹腔鏡手術的醫生也來插手；醫療風險的重要性被過度強調，反倒是太空計畫本身的風險根本無關似的。海倫與我，還有太空總署負責飛行任務的外科醫生花很多時間與精神挖掘各種研究，與專家晤談，寫電子郵件給管理階層，用複雜的圖表比較醫療數據與不同的風險因素——總之就是要找出其他說服管理階層的方式，讓他們相信我可以安全地參加太空任務。

在此同時，多邊太空醫療委員會做出決定：我們找出的一切證據讓委員會的各國代表相信我能安然無恙地飛行，但美國代表有意見，他們希望有更多證據。

這可不是什麼好消息。我們已經提出了我們以及幫忙的專家認為有力的證據，如果那沒有用，什麼有用呢？這就像在說服迷信的人，科學全無用武之地。以從梯子下方走過為例好了：

就算提出所有研究報告，證明這件事安全無虞，迷信的人還是不會打梯子下方經過。

加拿大太空總署一直要我放鬆心情，別擔心；他們非常肯定這件事最後會如我們所願。這完全符合我們的民族性：加拿大人以客氣出名。加拿大人進門時總會為後面的人頂著門，也常說謝謝，但我們也會拿這種事開自己玩笑。怎麼樣才能把三十個喝醉的加拿大人弄出水池？跟他們說「請你們出來」就行了。在一般的狀況下，我跟海倫會是率先從池子裡走出來的加拿大人，但是我們遭遇的並非一般狀況；我們覺得加拿大太空總署的加拿大風格有點太過強烈，他們深信道理終將戰勝一切。我們則是認為，持續蒐集數據資料具有關鍵性，不管對我個人，還是為了保護加拿大的利益，都很重要。這一趟太空任務已經投入數以百萬計的經費，任務進行期間也有許多加國的實驗要在外太空進行。由加拿大人來指揮一艘屬於各國的太空船，不但能讓愛國的加拿大人感到驕傲，也能平息各種質疑聲浪——加拿大太空總署的經費跟美國太空總署一樣，總是面臨被刪減的威脅。不過，如果我們不想想辦法解決問題，我就上不了外太空，因為任何一個美國太空總署的資深醫療主管都能把我擋下來。

結果，到了最後一刻，距離太空總署於三月做出最後決定只剩幾天，多邊太空醫療委員會的某位代表主動提出了解決方案：只要透過超音波檢查，便能看出我的腹腔裡是否仍有沾黏的情況。我真是呆掉了。過去幾個月來，我一直詢問是否有比手術更不具侵入性的方法，獲得的答案始終是：「沒有，手術是唯一的選擇。」如今，委員會的每個代表好像都認為超音波是可行的，只要找某位特別厲害的放射科醫師來做即可，但他此時正在休假，我有一週的時間仔細研究一番，結果發現，被超音波判定為陽性的案例中有百分之二十五都不準。換言之，超音波檢查或許能斷定我有無沾黏，只是出錯的機率達四分之一。而且，即便我真有沾黏問題，又有誰能斷定情況嚴重與否？除了我跟海倫以外，似乎沒人關心這件事。

等到做超音波檢查的那天來臨，在開車去醫院的四十五分鐘路程裡，我們倆已經認命了。我們持續努力到最後，該是面對現實的時刻了：我們必須商討的是，如果超音波診斷結果對我不利，我們該怎麼辦？我們討論過很多不同的選項：改變我原來的計畫，在休士頓住下去，或者退休，尋覓一份航太顧問的工作。

那一趟路程中，我們取得最重要的共識是：即使失敗，我們也不該因為這次經驗畫地自限。我的餘生不會將自己當成一個被刷掉的太空站指揮官，一個沒辦法第三度上外太空的可憐蟲。我們看過很多被任務刷掉的太空人悲慘的下場，而我們認為，用一種譬喻的方式來說，接下來會害死我們的並非超音波檢查，而是失去目標的人生。所幸，我們知道自己必須做哪些保命步驟：聚焦在人生旅程上，不要在乎是否抵達目的地。持續放眼未來，毋須為過去哀嘆。

抵達醫院時，我們的心情挺好的。我們知道接下來不論發生什麼事，我們都挺得住。那位專家把顯影用的黏液抹在我的肚子上，然後用各種不同的超音波棒檢查同一部位。一開始，檢查並不順利，那個醫生說：「喔，這實在是我不想看到的狀況。」他必須觀察我肚子裡的動靜，也就是所謂的「內臟滑動」（visceral slide）。他把監視螢幕轉到我眼前，讓我也看得到。海倫握著我的手，背對螢幕，緊張但很認命。一分鐘過去了。就連我自己也必須承認肚子裡面一點動靜也沒有。

我沒過關。但與其說我感到失望，不如說我很好奇：難道我真的錯得那麼離譜？難道我真的有什麼問題？所以，我的雙眼緊盯螢幕，開始把呼吸放淺，讓腹部肌肉一收一放，試著用意志讓內臟滑動。我當然想要上外太空，但我也想確定自己沒事。

想不到經過多年的研習與訓練，一切卻取決於我的一小段腸子是否接受我的命令。然後，它奇蹟似地動了起來。醫生露出微笑，打開錄影機，把那一刻錄下來。另一位醫生也走了進來，確認無誤，接著我感覺到診間裡的所有人都鬆了一口氣。

回到車上，海倫與我打電話給幾個深知我們受了哪些苦的人。我們覺得自己好像是史詩中擊敗巨人族的大衛，而我從成年後就為那一場戰事做足了準備，卻不自知。那可以說是難度最高的一次「失控」測試：在往下墜落的過程中，我們必須用專業手法解決一個嚴重且複雜的問題，同時把焦點擺在任務的真正目標上：不管能否上外太空，我都該確認我的組員已經準備好。但是我沒有時間慶祝勝利，我還有工作要做呢。

畢竟，我就要上外太空了。

IPart II

LIFTOFF

第二部 在無重力國度執行任務

7 你的美夢別成為家人的惡夢

滴水不漏的白領監獄

很多人都以為，在太空人的生活中，壓力最大的就屬升空出發前的那幾天。事實上，剛好相反：從專業的角度來講，出發前的那個星期反而是我們心情最平靜的時候。為了升空的那一刻，我們已經準備了好幾年，還做了一輩子關於太空任務的白日夢。另一個原因是，我們必須接受出發前的檢疫程序。太空人稱之為「白領監獄」——這可是一半玩笑，一半認真；因為有人會隨侍在側照顧我們，不能離開大樓，大部分訪客必須透過玻璃與我們對話。這當然是我們甘願的，有人拿東西給我們吃，貼心看護，無微不至地服侍著我們，不知內情的外人永遠猜不出這是出於醫療理由的措施，重點在於避免我們在地球上感染，到了外太空生病，以致減低工作效率。

在外太空，連感冒也是大事。在無重力的狀態下，我們的鼻竇不通，免疫系統的防護力也比較不好，所以會感覺病情較重，也病得較久——在封閉的空間裡，其他組員幾乎一定會被感染。一九六八年的阿波羅七號任務執行期間就出現這樣的狀況。那次十一天的任務進行到一半時，指揮官華利．舒拉（Wally Schirra）染上重感冒，到最後他跟另外兩名組員都病得很嚴重，不得不拒絕戴著頭盔登陸。他們擔心重返地球後壓力增加，可能導致耳膜破掉，所以想要像一般人在飛機上會做的平衡壓力措施：把鼻子捏住，同時擤鼻子——如果戴著那大如魚缸的頭盔，就辦不到了。組員當時與任務控制中心簡直是惡言相向，鬧得眾所皆知，他們三人後來也沒再飛過。然而，舒拉晚年還是幫他當年在太空中服用的鼻塞藥「鼻福」（Actifed）拍廣告。

一九六〇年代常見的狀況是，太空人出發時看來都非常健康，等到任務開始一、兩天後，就出現被病毒感染的症狀。結果阿波羅十二號的組員也一樣要依賴「鼻福」；阿波羅八號的三名組員則是染上比感冒還要討人厭的腸胃炎。一直要等到一九七〇年代，太空總署才決定在升空前就隔離組員。阿波羅十三號是促成此一政策的決定性因素：出發前三天，一名組員因為和麻疹病患接觸過必須被換掉（結果他並未染病）。任務期間有一支氧氣筒爆炸，讓火箭的一座太空艙嚴重受損；在處理這起威脅性命的危機的同時，還有一名組員尿道感染。此後，太空人在出發前就必須接受強制檢疫了。

當年我們還在用太空梭出任務時，出發前總有六、七天必須接受檢疫，理由在於病毒潛伏期大概就是那麼長。我們位於甘迺迪太空中心（KSC）的隔離用房舍非常簡樸，小小的房間裡只有一個梳妝台與硬床，就像軍營裡的宿舍，但是氣氛非常輕鬆。當然，對組員而言，升空是重要的時刻；然而太空梭定期載七名太空人離開地球，所以甘迺迪太空中心人員已經把發射任務當成家常便飯。等到太空梭於二〇一一年除役，他們已經執行過一百三十五次發射任務了，大多數的任務晚間新聞都沒有報導。

如今，聯盟號宇宙飛船成為唯一載人前往國際太空站的交通工具，它的發射地點並非陽光普照的佛羅里達州南部，而是鄰近沙漠的哈薩克大草原，檢疫經驗完全不同。如今，每年執行太空任務的只有十幾名太空人，而且我們待在太空的時間不是只有一、兩週，而是好幾個月——時間長到足以讓人有家的感覺，也長到地球上可能發生任何事。我們知道，當我們待在外太空，我們深愛的人在地球上也許會遭遇不幸，但我們幫不上忙，也無法提早返航，這讓那幾天的檢疫經驗增添一點嚴肅而發人深省的色彩。

另一個差別在於，俄國人在面對許多事情時總是嚴肅而直來直往，但他們深信此刻是太空人停工休息的時刻。我們在哈薩克的貝科奴市（Baikonur）待的時間，比在卡納維爾角還要長（整整十二天），但感覺得到俄國太空人可不認為那已經夠久。在我執行最後一次太空任務前，檢疫期都**還沒開始**，我的組員羅曼跟他家人就被送到俄國某間健康度假中心住了五天，開始他的停工時間（任務結束後也一樣，俄國太空人可以休息好幾個月，在美國，太空人返航幾週後就回到辦公室，不過當然沒有人會要求我們必須立刻承擔正常的職責）。

如今，與其說檢疫是為了查出太空人是否受到感染，不如說是要讓他們沉澱身心：被迫停工能確保他們放下手邊的一切，思考接下來要做什麼，當作進入新生活之前的過渡期。對太空人的身心而言，這一段檢疫期可說是到外太空長住以前的中途之家。

從容不迫，更能專注

二〇一二年十二月，我們離開俄羅斯的星城，前往哈薩克，搭飛機時像一般旅行那樣倉促成行，接下來……感到平靜無比。湯姆、羅曼和我結束了準備工作的黑暗期，升空的景象已經如在眼前，清晰可見：前往哈薩克的飛機上瀰漫著充滿計畫、希望與夢想的氛圍。然而，就在我們降落時，我轉頭看窗外，發現那景色並不吸引人。黑色的錫爾河（Syr Darya）穿越一片棕色的無垠地景，地面上散落著一間間樓頂裝有碟形衛星天線的公寓大樓，低矮而實用。沒有山丘，樹木也很稀少。看來在這種地方即使有火箭墜毀，也不會引發任何人的不便，甚至不會有人注意到。

貝科奴是個太空城：居民的生計主要跟太空任務有關，可說是它存在的理由，但是這座城市看起來一點也不酷，毫無未來科技感可言。城裡也沒有生氣勃勃的景象，因為在這氣候極端、忽冷忽熱的地方，不容許街道上有多采多姿的生活形態。那裡的夏天往往暑氣逼人，等到我們十二月抵達時，天氣卻冷到只消在蔚藍的天空下待上幾分鐘，睫毛就開始凝霜。在貝科奴的郊區，可以看到駱駝從圍欄的漏洞鑽進鑽出、四處遊蕩，野狗因為冬天的腳步接近而嚎叫。感覺起來像座鬼城，瀰漫濃濃的歷史味與蘇聯風情，還有實事求是的必勝信念。人類史上第一個離開地球的太空人尤里．加加林曾在這裡種下一棵樹，儘管周遭荒原一片，如今還是茂盛地矗立著。

我第一天抵達時，感覺一切還是那麼如夢似幻，一方面貝科奴市本身就有點奇怪，既脫俗又平凡，另一方面是這次我差點就去不成。住進那間名字聽來如此親切的太空人旅館（Cosmonaut Hotel）之後，我才有了現實感：沒錯，這是真的。貝科奴的一些觀光景點比不上卡納維爾角，但好處是組員的活動空間很大，我的住處有好幾個房間，還有一個超大按摩浴缸。整體的感覺很容易讓人聯想到房間很大的大學宿舍，飄散著學院風。美、俄兩國的太空人都住在大樓的同一邊，另一邊則是工作人員與教官的住處；裡面有乒乓桌與撞球桌，一間設備完善的健身房，還有一間食堂。到處一塵不染（實際上應該說是消毒過：為了避免細菌滋生，每天都有人用漂白水擦拭地板與牆面），食物也很棒（廚房工作人員非常講究衛生，我們絕無機會食物中毒）。

早餐吃的是燕麥粥、優格、tvorog（俄式乾酪）、紅色魚子醬歐姆蛋、蜂蜜柿子、加了核果的燉水果，還有咖啡、茶及菊苣汁可以喝。午、晚餐的內容經常更動，主要內容包括家常湯品、烤魚、肉餅、pelmeni（俄式餃子）或 manti（一種用肉蒸煮的土耳其麵糰）、新鮮蔬菜，以及應我們要求製作的各種甜點。如果我們想吃布朗尼蛋糕，他們總是樂於現做，攙進核果，淋上巧克力醬。

抵達貝科奴的隔天一大早，我們終於看見我們的聯盟號宇宙飛船——即將載我們到外太空的那一艘。夏天時，我們按照傳統跟建造飛船的科學家代表一起開了慶功宴，交流感情，席間還象徵性地喝了一小口飛船的燃料：儘管加了水，嘗起來還是像煤油一樣難喝。與星城的宇宙飛船模擬器相較，真正的聯盟號仍有細部差異；幾乎每次出任務之後，飛船的設計都會稍稍更動。那是一次稱作primerka（試開）的活動，我們在飛船裡大概待了一小時，身穿俄國的鷹式壓力服（Sokhol pressure suit），找出各種控制鈕的確切位置，搞清楚每個動作需要花多少時間。我們很滿意：飛船既堅固又給人熟悉感。

接下來幾天，我們必須接受完全的檢疫，內心卻很平靜。我們只做一些不怎麼費力的事，像是把我們想帶到外太空的個人物品打包。那不用花多少時間，因為聯盟號的容量小到飛行時會受到飛船內物體重量與平衡的影響，能用來裝個人物品的袋子，只有旅行用梳妝袋的大小。我擺了一枚要送給海倫的新的結婚戒指、一些紀念性珠寶、要送給我女兒克莉絲汀的手錶（我在前兩次太空任務時也各帶了一支手錶，分別送給大兒子與小兒子）、一張要送給我爸媽的全家福照片，還有幾枚刻有第三十五號太空任務專用徽章的吉他彈片——這些都是我準備在任務結束後送給他們的「飛行禮物」，全被我塞進袋子裡。

檢疫期間我們也會運動，不過會比較小心——特別是在某位俄國主管在室內打羽球、造成阿基里斯腱斷裂之後。我知道，如果這種事發生在我身上，就不用去國際太空站了，只能飛回休士頓。此刻，我的缺席不會對太空總署造成太大困擾，因為能替代我的太空人也住在太空人旅館；直到飛船發射的幾個小時前，候補組員所做的每一件事都跟正選組員一樣。兩組人員甚至搭乘兩架不同的飛機前往貝科奴，藉此確保即使發生空難，任務還是能持續進行。凡此種種，皆是為了以備不時之需。

幹我們這一行的，從來不會停止受訓，但是在出發的前幾天，一切活動的步調都慢了下來。我們已被認定有能力駕駛飛船：因為我們完成了「最後資格考」，十一月時也依照傳統，在尤里．加加林使用過的辦公室簽了升空登記簿。所以我們只在貝科奴上一些複習課程，例如，溫習一下最近幾次任務出了哪些錯，並用一台移動式模擬器練習怎麼把聯盟號停在國際太空站上。總體來講，我們的工作量很少，其中包括一些媒體專訪（與記者保持安全距離，以免細菌感染）。我們在無數張的組員合照上簽名，數量似乎足以發給所有的俄國國民。

當候補組員參觀當地的博物館時（他們必須小心翼翼，把別人全當成移動中的病菌傳染源），我們過著與世隔絕的生活，只能讀書，藉機多多上網（在國際太空站，網路的速度就像撥接網路時代那麼慢）。到了晚上我們會聚在一起，跟教官與工作人員一起去banya，也就是俄國三溫暖。事後，我們通常會彈吉他，啜飲單一麥芽威士忌，我們這群來自世界各地的朋友因為共同的任務而結合。

為了讓情緒、理智與身體都能專注於任務上，我們被免除每天的瑣事，與那些會刺激我們的人、事、物隔絕。一開始，我覺得有點無所適從：經過多年的學習與預演之後，突然間我們沒有多少正事可做，沒有困難的挑戰必須面對。但是過沒多久，我開始習於這種單純的生活。因為不用做日常瑣事，例如煮飯給自己吃和洗衣服（不管太空人在家裡是否需要做那些事，至少在星城與在這裡的時候不用），我也就放鬆心情，有機會專心思考。湯姆、羅曼與我即將離開好幾個月，到外太空探險。我們能為自己做的就是接受這個事實，嚴肅面對我們的目標，達到一種快樂而確定的心理狀態：沒錯，我們已經準備好了。

隨著檢疫的日子一天天過去，我越來越有自信，越來越專注。如果當初只是有人跟我說：「嘿，禮拜三早上到貝科奴報到，你中午要上太空嘍！」我很懷疑自己是否有辦法做好充分的心理準備。可能到了前一天，我還是跟出遠門一樣忙東忙西，打包行李、繳帳單、拿送洗衣物。即便你能力很強，當你朝某個期限或目的地全速前進時，一抵達通常都快喘死了，腦袋裡卻還想著待辦事項清單，根本無法完全聚焦在眼前的任務上。你還是有可能達到令人印象深刻的成就，只是表現很可能不如從容不迫的時候。總之我覺得，如果能帶著充分準備的平靜心情進入壓力很大的環境，有另一個好處：更能活在當下，更專注而投入，也更樂在其中，不會到了事後回顧才開始懷念。

別讓自己的美夢變成家人的惡夢

當然，在許多人的幫忙下，我們才能如此專心致志：當你自己辦不到，就必須有其他人代勞。面對重大挑戰時，如果無視於這一點，也不採取相應措施，那一定會遭遇本應避開的擾人事端與衝突。你身邊的人絕對會用明確的方式讓你知道，與其說你是專心致志地付出，不如說

一九六四年的我。真沒想到這童年的訓練居然讓我習慣在聯盟號飛船的狹小空間裡執行太空任務。（照片來源未註明者皆為作者）

一九七五年夏天，我還是個自豪的加拿大航空青年團團員，身上穿著人生第一套飛行裝，正要去接受滑翔機駕訓。

一九七五年春天，獲頒滑翔機駕訓獎學金，我的飛行員生涯就此跨出了第一步。

一九八一年十二月二十三日，海倫與我在安大略省滑鐵盧市成婚，我們倆快樂無比。當時我還是軍校學生，所以身穿鮮紅色的軍禮服。

一九八八年十二月，我在加州愛德華空軍基地試飛員學校多年的嚴格訓練課程（但也充滿樂趣）結束了。那一天對我們家來說是一件大事：我們把旅行車塞滿行李，前往馬里蘭州的帕塔克森特河海軍航空站。

全家福合照：由左至右依序為海倫、我、伊凡、凱爾與克莉絲汀，時間是二〇〇五年聖誕節當天，地點在詹森太空中心附近的住家。

於帕塔克森特河海軍航空站駕駛美國海軍的F/A-18戰鬥機，機翼翼尖配備一種當時正在開發的氫氣引擎，在後面追我的則是太空總署德萊登飛行研究中心所屬的兩人座飛機。

二○○四年在魁北克省的瓦爾卡提耶爾（Valcartier）與加拿大陸軍一起參加冬季野外求生訓練，我跟一些美國太空人分在同一組，拖著補給物品穿越雪地。

一九九六年，STS-77號太空梭任務進行期間，我在德州休士頓任務控制中心擔任指令艙宇航通訊員，打的領帶是孩子們親手繪製、送給我的父親節禮物。（照片來源：NASA）

二○一一年在德州休士頓的中性浮力實驗室接受一整天的水底訓練。我檢查一下手套，準備好演練太空漫步。（照片來源：NASA）

二○○一年四月，加拿大史上第一次太空漫步任務（也是我的第一次太空漫步！），背景裡的太空與地球美景聖潔無比，化剎那為永恆。（照片來源：NASA）

二〇一二年十一月，依循傳統，在俄羅斯的星城，我與羅曼、湯姆及後備組員在尤里・加加林使用過的辦公室，簽署升空登記簿。（照片來源：NASA）

在國際太空站上的穹頂艙裡，往下可以眺望地球全景。在這裡彈吉他實在太棒了。（照片來源：NASA）

合照地點是國際太空站，戴著太陽眼鏡的三十四號太空任務組員看來很酷。有人說：「好吧，來拍一張嚴肅的照片。」我們就照做了。（照片來源：NASA）

著裝，準備太空飛行！在國際太空站生活了五個月之後，我又穿上鷹式壓力服，準備乘聯盟號宇宙飛船返回地球。（照片來源：NASA）

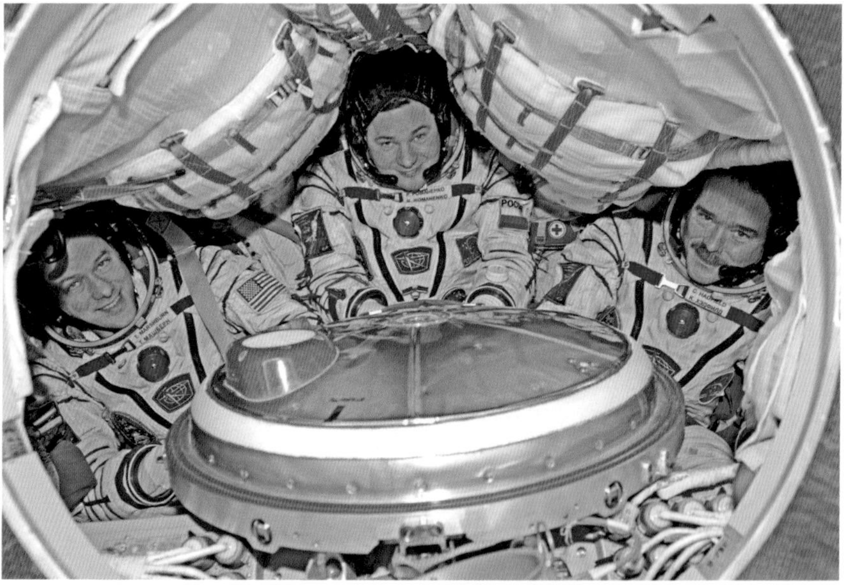

湯姆、羅曼與我坐在聯盟號宇宙飛船裡。這種太空船體積很小，但非常堅固，足以帶著我們安全穿越溫度熱到冒火的大氣層，返回地球。（照片來源：NASA）

國際太空站。（照片來源：NASA）

二〇一三年五月十三日，湯姆、羅曼與我搭乘聯盟號宇宙飛船，離開國際太空站。（照片來源：NASA）

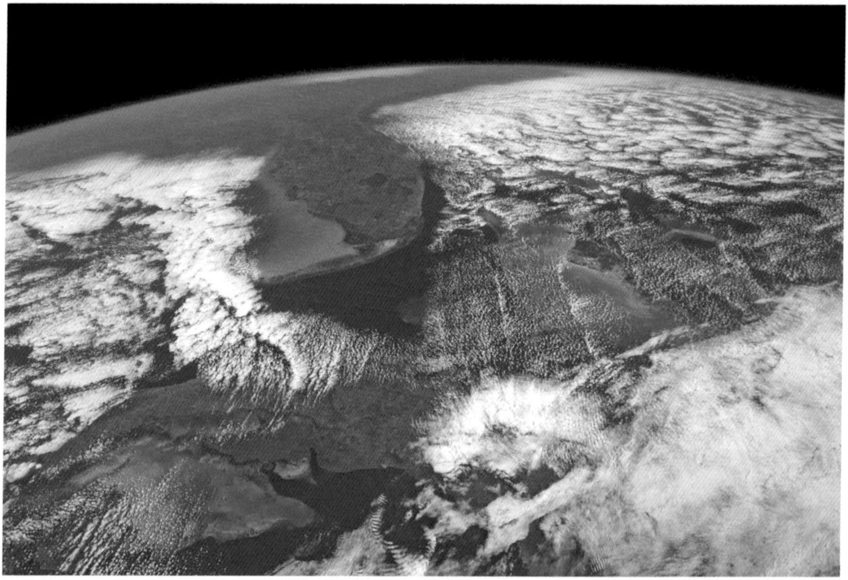

在國際太空站看到的景致美不勝收，地球的光影與紋理不斷變化，總是有新發現。在穹頂艙裡，只需往窗外一看，我們熟悉的地球會以前所未見的面貌呈現在眼前，美得令人屏息。看著相機鏡頭，按下快門，如此簡單的動作卻蘊含我對地球的全新理解和敬意。（照片來源：NASA／克里斯・哈德菲爾）

你是個豬頭的自私鬼。

我們家搬到休士頓的頭幾年，我幫美、加兩國的太空總署做了很多義務工作，常常不在家。不久之後我發現，每次我回到家，家人不再把我當英雄一般歡迎。孩子們不會雀躍地衝到門口迎接我，有時候甚至有點生我的氣，特別是當我要他們有禮貌、守規矩、注意自己的態度時。海倫覺得很有趣，為我解開這個謎團。她用最委婉的方式解釋，因為我常常不在家，他們必須學著過沒有我的日子，她跟孩子們都已找出自己做事的方式，當我要他們改變時，自然沒人會感激我。換言之，當時我已經變成家裡的訪客，如果想重拾父親角色，必須多花一點時間。接著她問：我是不是有點太過執著於那些額外的工作？那些事真能讓我更接近自己的專業目標嗎？或者我只是習於接受職場上的請求，卻拒家人於千里之外？

我還在貝哥特維空軍基地時，我們就有過類似的對話：當年我家三個小孩都不到五歲，而我花了不少時間參加並非部隊要求的軍事演練活動。海倫直截了當地問我：「你想的是家庭，還是工作？我樂於讓你兩全其美，我也願意負擔百分之九十的責任，直到我找到有薪工作，但是我沒辦法做到百分之九十九。」她完全支持我做義工，但她也用最強烈的方式鼓勵我，要我評估每份義務工作能否促進專業成長，還是只是我想做而已。後來我試著考慮優先順序，也更認真考量我的決定對她還有親子關係有何影響。

到了休士頓，我必須重新調整生活步調。太空人的生活實際上有百分之七十的時間都不在家，而且對自己的行程沒有多少決定權——每當時間上有餘裕，必須藉由一些抉擇讓家人知道我們有多麼感激、有多麼想見他們。

然而，在檢疫期間，我們不必要求自己平衡工作與私生活，家庭責任可以被拋諸腦後，家庭生活的時間也被壓縮到極限。這就是重點所在。升空的三天前，我跟湯姆．馬許本的家人跟著一個美、加兩國太空總署組成的代表團一起來到貝科奴，家人的旅館就在我們的住處附近。妻兒獲准探視我們，但是必須在指定的時段前來，時間短促，還要經過醫生檢查（儘管如此，上頭還是勸我們別跟妻兒靠太近）。經過長時間交涉，我才把我哥戴夫弄進住處，待了三十分鐘，一起彈吉他，還錄了一首歌──為了安全起見，我倆坐在房間的不同角落。湯姆當時十歲大的女兒葛莉絲（Grace），甚至沒有機會與父親同室共處。就宛如修院生活的檢疫環境而言，十二歲以下的孩童很可能帶著病菌，也太愛喧鬧，只能隔著隔音玻璃與太空人用電話溝通。

儘管檢疫的目的是為了保護太空人，對我們的家人來說，不能說沒有害處。例如，他們必須大老遠來到哈薩克，只有住吉爾吉斯（Kyrgyzstan）的人才會覺得那裡很近。此外，他們不只必須配合我們的行程，還必須參加一些對他們來講不怎麼有娛樂性、但讓我們覺得「有趣」的傳統儀式。舉例來說，在升空前一、兩天，組員總是會欣賞《沙漠白日》（*White Sun of the Desert*），那是一部主角有如《阿拉伯的勞倫斯》的俄國電影，一旁的親屬可能會覺得電影太做作且無聊。

對於即將前往太空的我們而言，升空前幾天的這類傳統儀式卻有一種安撫作用，讓我們知道每天該做什麼事。對已有額外負擔的家人來說，那些儀式比較像是更多的責任。我們不只把所有的家庭責任拋諸腦後，還要讓配偶負責招待前來道別的親友。等到前往發射台的時候，我們的內心平靜，專注在任務上，配偶卻往往壓力沉重。就像我的同事麥克・佛薩姆（Mike Fossum）所說的：「我們就面對現實吧——我們的美夢變成了他們的惡夢。」

太空梭未除役前，他們的壓力更大。在我一九九五年執行第一次太空任務前夕，海倫跟我邀請所有認識的人及他們自己的親友前來欣賞火箭升空，結果賓客超過七百人。**嘿，到佛羅里達去度假，有太空總署核發的貴賓證，還可以欣賞火箭升空？當然要去**。大概在我升空的一週前，一大群親友興匆匆地來到佛州可可海灘（Cocoa Beach）。就連地名都讓人想度假，他們玩得很盡興，打高爾夫、到迪士尼樂園遊玩、在海灘上與城裡狂歡，而我這個太空人作為他們的親友卻被關起來。當然，我們都希望大家盡興，但身為主人，我能做的只有確保自己別死掉。海倫則安排一個派對，不斷張羅他們的三餐和其他活動，同時不斷接受媒體訪問（「沒錯，我覺得很驕傲！」）。那一天的狀況就是人來人往，大家無不歡欣鼓舞，樂於交際，而且盡可能與我們家的人接觸。她可以說是跑斷了腿。

二〇一二年十二月當我們從貝科奴升空時，狀況就有點不同了。我總共只能邀請十五人，其中包括與我最親的家人，而且就在聖誕節前不久，到俄羅斯的費用非常昂貴。我跟湯姆的摯友與家人，再加上美、加兩國太空總署的代表團，同時擠爆莫斯科的某家旅館。海倫與湯姆的妻子安（Ann）幫忙安排徒步參觀，負責推薦餐廳，為了知道該穿什麼、怎麼去地鐵站，還有前往機場的巴士何時離開，大家向她們問了無數個問題。海倫說她好像在辦海外婚禮，只差沒有新郎在身邊。

幾天後，他們轉移陣地，搭乘一架太空總署包下的老舊飛機前往哈薩克，度假的氣氛更濃了。儘管他們要克服時差以及連加拿大人都受不了的嚴寒氣溫，還有語言問題，顯然貝科奴那些「熱門景點」的狂野夜生活非常具有療癒效果。每天，海倫都會帶孩子從旅館過來，在指定的時段與我相聚一、兩個小時，他們說的故事越來越精采，那些通情達理且工作認真的親友，到了晚上就變成狂飲伏特加的派對玩咖，把別人的胸罩拿來當帽子戴。

每個人都玩得很盡興，海倫也不例外，但是她的壓力在於，不但要張羅那一週聚會的相關事宜，還要煩惱會不會出什麼事，導致升空時間延後。不過，就連我們重新檢視我的遺囑時，她都沒有擔心過我。她知道我一定會小題大作，不管升空前後都是如此。同時她也是個務實派：知道太空探險有風險，有些太空人可能會死掉，操心也改變不了這個事實。升空前，有些配偶因為太緊張會想吐，海倫則是離升空時間越近越興奮，不只是我的美夢就要成真，而且我辦到了，讓她既驕傲又喜悅，也鬆了一口氣，準備回歸正常生活，進行她自己的探險活動。

保持謙卑，積極感謝

所幸，很久以前太空總署就有些聰明人發現，對配偶來說，太空人升空那一天很難熬，所以他們想出「家庭隨扈」這種制度：由出任務的太空人自己挑選兩名沒在受訓的太空人，觀禮時，其中一人照顧他的近親，另一人負責陪伴其餘的家族成員及朋友。基本上，家庭隨扈做的就是代行配偶的責任，他的陪伴會延續到升空後，直到生活回歸常軌而太空任務仍在進行時。我當過幾次家庭隨扈，所做的事包括趕回飯店幫某人拿忘掉的貴賓證、把派對上喝醉的某個叔叔載回家、遞送三明治、在遊覽車上數人頭、處理飯店房間太熱或太冷的問題——基本上就是把自己當雜役，但我一點也不以為苦，因為我知道如果有一天我又要參加太空任務，別人也會幫我家人做這類事情。二〇一二年幫我處理那些事的是傑若米·韓森（Jeremy Hansen），他是數度獲頒勳章的戰鬥機飛行員和加拿大太空人。聖誕節前，他陪我的家人搭了好幾天巴士，進出各家博物館，幫他們提行李並換錢，在凌晨四點叫他們起床搭回程班機——從頭到尾都興高采烈。

當我們挑選家庭隨扈時，考慮的不只是哪個太空人在我們家長輩大聲批判時政時還能微笑點頭，最重要的是，我們必須想像一下：如果太空任務期間有我們摯愛的人去世了，我們希望由誰陪伴自己的配偶？如果火箭爆炸了，死掉的是我們自己，那家庭隨扈的任期就可能長達幾個月、甚或幾年了。二〇〇一年參加第二次任務時，我挑選瑞克·哈斯本德擔任家庭隨扈，他幫了我們家很多忙。到了下一次他出任務時，加拿大太空人史蒂夫·麥克林（Steve MacLean）成為他的家庭隨扈之一，他們必須陪他太太度過最艱難的時刻：瑞克指揮的是哥倫比亞號，那艘在重新進入大氣層時解體的太空梭。答應擔任家庭隨扈時，我們都知道自己可能不只要協辦混亂的升空派對而已，也可能要幫忙處理後事，甚至很久以後，還要為遺孤設立教育信託基金，在事故調查進行時幫家人發言。所幸我沒有過那種經驗，但是在答應當家庭隨扈時，我就知道自己可能碰到那種狀況。責任重大無比。

那是我們該承擔的責任，不只是基於利他主義，從自利的角度出發也是。不管是幫某位賓客去星巴克買咖啡，或者確認某人的祖父吃到他喜歡的無麩質麵包，都是讓我們保持謙卑的有效方法。此外，當上家庭隨扈後，迫使我瞭解太空人的家人怎麼看待這個世界。過去，我自己的家人就偶爾會提醒我，當太空人的配偶或小孩不總是簡單的事。克莉絲汀是這麼說的：「如果你老爸是太空人，在你成長的階段，別人對你最感興趣的並不是你本人；這一點你完全無能為力。當別人看著你，眼裡只看到你爸是太空人，其他都不重要。」我的孩子用不同的方式面對此一挑戰，也都挺過來了；如今他們三個都是人生歷練豐富、有成就的大人，也對很多事情有興趣。我選擇的工作讓他們的人生在某些方面比較難過；當了家庭隨扈後我才發現，他們的許多困難其實是情勢使然，並非只有我的家人才那樣。幫助同事的家人度過升空時的難關，讓我更加瞭解所有太空人的家人都被迫改變與犧牲——不只在他們的爸媽或配偶參加太空任務時，未來的許多年也是如此。

二〇〇七年以後，我一年大概有六個月要待在星城，同時也在美國、日本、德國、加拿大與哈薩克等地受訓。我一年大概只有十五週的時間在家，我錯過許多家人的生日與假日。我的行程也無可避免地讓許多近親很難過。我不能改變什麼，但還是試著預見可能的負面效應，想出解決之道。在我還沒進入檢疫階段之前，我必須早早瞭解身邊的人為我付出了哪些代價，試著補償他們，讓他們覺得參與了我的成就。

第二次太空任務檢疫期間，剛好碰到我兒子伊凡的十六歲生日。對青少年來講，那是人生大事，過了那一天，他就能考駕照，也漸漸有人把他當成大人。但是他的生日被我要出任務這件大事給蓋了過去，任誰都看得出伊凡很不爽。我因為檢疫隔離沒被他的颱風掃到，但是海倫成了受災戶。不過她有探視我的特權，也毫不猶豫讓我知道。

坦白講，之前我沒仔細想過這個尷尬的時間點會帶來什麼後果，而且都快要升空了，我唯一的選擇就是，儘管無法出去，我還是要試著讓他的十六歲生日特別不一樣。所以，在接受許多電話專訪時我都說，為了幫伊凡慶生，我們即將點燃世界上最大的一根生日蠟燭——太空梭的火箭引擎。這個說法上了新聞，他跟所有認識他的人都聽到了。接著，就在我們登上奮進號太空梭的時候，我高舉一個手寫的牌子，上面寫著：「伊凡，生日快樂！」感謝媒體注意到我的動作，把這件事當成很棒的家庭故事來報導。伊凡這才高興起來，至少沒像先前那麼不快樂了。

我也學乖了。出最後一次任務前，我手裡拿著行事曆，坐下來計畫：**好吧，情人節的時候我已經不在家了，現在最好先寫好卡片、送個禮物，如果做好計畫，如實執行，等到那一天，一切就會順利進行**。如果想讓那些為了我的成就而犧牲的人知道我沒忽略他們，最簡單的方式就是事先做好計畫。如果錯過在當下向最親近的人表達感激的機會，不管事後用什麼花稍的方式感謝他們，就是不會有效果。

我非常清楚我的家人並未把默默受苦當作一種美德，所以我早就明白一個道理：如果想要舒緩工作與私生活失衡的問題，最好搞清楚哪些重要的工作會讓我在什麼時間無法抽身，試著提早補償家人。例如，孩子們小時候，我每年都會帶他們去度十天假，像是歐洲或大峽谷，還到佛羅里達州的礁島群潛水，藉此和他們培養感情，讓海倫喘息一下。通常她只是待在家裡，照常工作，但她仍然說那些「難能可貴」的喘息機會是她人生最美妙的時刻。每當我到外國宣傳，針對太空計畫發表演說，向媒體解釋我們在做什麼、其重要性何在的時候，我們都會好好規畫，讓至少一個孩子跟著去觀光，我照樣做我的工作，到晚上再一起吃飯。大部分的宣傳行程都很緊湊，專訪與演講行程排得滿滿的，一天六、七個活動並不罕見，而且在回程的飛機上還要工作。我們這樣安排過幾次，結果對我們的家庭也有好處，因為大家都能瞭解，當我出門在外，我並不是把他們丟在家裡，獨自出去快活。如果你願意，類似的宣傳之旅也可以變得很有趣，就我個人的經驗而言，少了海倫或孩子（或是他們一起）在身邊，我就辦不到了。不幸的是，沒多久他們也變油條了：在答應跟我去之前，總會要求先看看行程、有哪些活動。

我的重點在於：如果你想要求別人犧牲自己來成就你的目標，偶爾說聲謝謝是不夠的，也不是藉著帶他們去度假這類有趣、很炫的事就能幫你傳達訊息。你還必須盡力為配偶創造條件，偶爾讓他們專心做自己的事。這不是件容易的事，但若能仔細規畫還是有可能——不管你的企圖心多強、工作多難。有些太空人最後與其他太空人結婚，共組家庭，因為他們可以充分利用太空任務之間的空檔，找到互相配合之道。

如果你跟我一樣總有人在背後全力相挺，你可能會把一切視為理所當然，或者變得自私自利，把自己的需求擺在前面。我一直試著避免這樣，方法是我一定會在行程裡找出彈性時間，由海倫決定要用哪些時間來做哪些事，不管我是否需要參加。我也一定會讓他們覺得我會積極找時間與他們相聚。例如，每到週日晨間，不管還有什麼事在進行，我一定會跟海倫去遛狗，然後一起喝咖啡，一起玩《紐約時報》的字謎遊戲。你一定要把家庭時間擺在前面，如同工作時你也會把某些會議擺在前面，這能向那些你覺得很重要的人傳達訊息：他們真的很重要。

而這麼做也不會讓我不快樂。

暫時道別

有些歷史悠久的傳統，讓我們感覺自己是太空人社群的一分子。在接受檢疫的最後幾個小時有很多傳統儀式，其中有一些可不怎麼光彩。升空前一晚，我們會幫自己灌腸，過一段適當的時間後，再灌一次。儘管這在太空探險之旅中不是什麼太棒的經驗，總好過隔天把尿布給弄髒。接下來，醫生會在我身體各個部位採樣（耳後、舌頭與鼠蹊部），確認我沒感染，然後用酒精搽遍我的全身，以免再被感染。

十二月十九日那天，我穿著藍色飛行裝去吃我二〇一二年在地球上的最後一頓早餐。與其說那是一頓飯，不如說是一個儀式。湯姆、羅曼和我只能喝東西，吃一點流質食物。諷刺的是，我們都很清楚幾小時後也許就會吐出來了（升空後反胃噁心很常見），而且一直要等到兩天後抵達國際太空站，才有真正的廁所可用。不久後，我們到一個小房間裡和配偶道別，來送行的還有相關太空機構（包括美、加兩國的太空總署和俄羅斯聯邦航太總署）各自派來的資深代表。每個人都說幾句話，我們三個太空人還用薑汁汽水（而不是香檳）乾一杯，然後每個人都坐下來靜默片刻。俄國人出遠門之前都會這樣，不管是去執行太空任務，或到鄉間別墅訪友，總之就是為了強調那個時刻深具意義。

我們幾乎準備好要離開那棟住了兩週的大樓。我們把名字簽在隔離房的門板上，在其他許多人名的後面，以示道別，然後沿著走廊前往出口。在那裡等待我們的，是一位穿黑色長袍的俄國東正教神父，他的助手拿著一桶水。我們站在神父面前，候補組員站在我們身後，神父用一個很像馬尾的東西蘸水，把水灑在我們身上。他為我們降福，但也把我們弄得一身濕。

然後，我們開門走向巴士，它將載我們去穿太空裝，上聯盟號，航向人生的下一個篇章。我們邀請來觀禮的賓客排列成隊，搖旗歡呼，一邊跺腳，一邊大聲說再見。那是個陽光普照的日子，氣溫卻是嚴寒的攝氏零下二十五度左右。頭髮濕掉的我們實在不該一直待在室外，所以只在巴士外面站了一會兒，揮揮手，就走上去，再繼續揮手。透過窗戶，我看著我的妻兒，記住他們的樣子，希望他們見到我眼裡洋溢的感激與愛，此時暖氣熱到有點悶的巴士，慢慢開出太空人旅館的大門。

我們要上路了。

8 沒什麼事情比你手頭的工作更重要

在巴士輪胎上尿尿的傳統

貝科奴的冬天從來都不溫和，但是二〇一一年的冬天特別酷寒。聯盟號在那一年十二月升空前，四處已經是大雪紛飛，儘管太空人穿著由一層層橡膠與金屬構成的太空裝，還是覺得寒風刺骨。等到他們走到聯盟號，每個人的身體早就因為寒冷而麻掉。於是我們在二〇一二年十二月升空時，俄國人決定採取一些預防措施。俄國為我們打造了枕頭似的多件式白色雪衣，像盔甲一樣套在其他服裝上。湯姆、羅曼跟我看見雪衣時有點懷疑：穿尿布已經夠糟了，現在還要我們把大型羽絨被披在身上？

我們在前往發射台的路上，會先到著太空裝的地方去，那是一個看來像工廠的單調大樓，技師已經先幫我們穿上鷹式壓力服了。這種壓力服的俄文是 sokhol，意思就是「獵鷹」，但是這種獵鷹只能在太空船裡飛。就像我們橘色的太空梭服裝，鷹式壓力服的功能只是在升空與登陸時保護我們，不能做太空漫步。技師把我們包進雪衣之前，必須先用壓力檢測，確定太空裝沒有漏洞，即使聯盟號在太空中失壓，也能保全我們的性命，此時技師幫我們穿上雪衣。而雪衣就算沒有其他功能，至少有搞笑的效果。當我們終於從大樓的邊門搖搖晃晃地走出去時，看起來簡直像米其林寶寶一樣臃腫，屁股超大。更絕的是，我們三人手上還抱著一個像大型鋁製便當盒的東西，裡面裝的其實是我們的通風機。

感覺起來，我們跟過去幾年一樣，還在進行太空任務的演練。但巴士就在眼前，等著載我們去發射台。而且站在那一條圍繩後面的，是我們的親友，以及來自美、加與俄羅斯三國的太空計畫官員，等著看我們一眼——我們三個已經著裝完畢，是貨真價實、隨時可上太空的太空人。藍天萬里無雲，陽光燦爛，但是寒風刺骨。我聽到有人叫我的名字，轉身看見人群裡許多熟悉的臉孔，然後就登上巴士，揮手道別。這一次真的要跟大家說再見了。我們會有一陣子無法看到這些人，甚至有可能永遠看不到。一個無法迴避的事實是，我們即將做的事情比搭飛機危險多了。我能肯定那一天我沒有失去性命之虞，但即使那是大家對我的最後一瞥，我也希望自己看來不會太過嚴肅或輕率。巴士一邊移動，我一邊揮手，希望我看起來符合自己的感覺：高高興興地上路，有信心做好分內的事，對任何結果都有萬全準備。

我深知自己看起來很暖和。車子開了十五分鐘左右，車窗開始起霧，車內的熱度幾乎讓人難以忍受。當司機把車停在空蕩蕩的路邊時，羅曼、湯姆和我都樂於下車呼吸新鮮空氣。我們還有一個任務：仿效尤里·加加林，在巴士右後方的輪胎上尿尿。大部分人這麼做都是為了遵循傳統，但如果你即將被關進一艘太空船，好幾個小時無法離開座位，一般人不都會先去撒泡尿嗎？然而，我們有一個先前組員不曾遇過的問題：要怎樣脫掉身上那一套毛茸茸的雪衣？結果，巴士上的技師必須幫忙解開他們不到一小時前才費力綁好的扣帶，讓我們用充滿男子氣概的方式撒尿，同時不毀掉身上的雪衣。有些女太空人則拿一小瓶自己的尿液灑在輪胎上，還是覺得不好意思，但我很懷疑。

事後，候補組員從他們的巴士走過來（即使升空迫在眉睫，他們還是要跟我們分別行動），向我們道別。大家都抱在一起。他們欣然看到我們離開：等我們離開地球，就表示下次輪到他們當正選組員了——還有六個月。

回到巴士後，我們距離發射台只剩幾分鐘之遙，技師們高興地忙著幫我們把雪衣繫起來，扣上扣子，拉好拉鍊，檢查我們的鷹式壓力服，展現超高效率；因為剛剛脫衣服尿尿，先前做的壓力檢測都已經無效了。等到巴士停在發射台前，我們的衣服又已經穿好，接下來就是參加道別儀式，在場的包括俄羅斯太空產業的最高階人士。等待我們的技師與官員可能高達五十人，其中有俄羅斯聯邦航太總署署長，以及打造聯盟號的能量火箭太空公司（Energia）的老闆。

領頭下車的當然是羅曼，因為那是他的國家，他也是聯盟號的指揮官、眾人的目光焦點，這對湯姆與我來講也很適切。我們的目標之一就是讓羅曼在任務中出鋒頭，展現下次上太空肯定能勝任國際太空站指揮官的架式。所以我們的態度是：「不用注意我們，我們都支持羅曼。」我們跟著他穿越柏油路面，走向俄羅斯聯邦航太總署署長瓦拉迪米爾．亞歷山卓維奇．波波夫金（Vladimir Aleksandrovich Popovkin），並停下來正式行禮。接下來，有幸護送我們到陡峭的階梯、登上太空船的，是六位最高階的政要，他們每人抓住我們一側的手臂。他們兩人一組，先猜銅板，贏的一組有此榮幸挽著羅曼的手臂，而攙扶我跟湯姆的其他人就沒那麼風光了。我們當然不需要別人攙扶，但這個動作象徵他們的支持，跟俄國人其餘的象徵性儀式一樣，讓人有一種莊嚴隆重的感覺。

這是我們第一次看到聯盟號垂直聳立、準備升空的樣子。俄國人認為還沒升空就讓太空人看到自己的太空船會觸霉頭。所以兩天前去參加展示會的，只有我們的親友與候補組員：在那場公開儀式中，他們用一台沒什麼科技感的不起眼火車，慢吞吞地把聯盟號從組裝太空船的大樓運過來，在低溫中觀禮的群眾對著靜悄悄的火車歡呼。後來克莉絲汀跟我說，我家的賓客是很喜歡那一場黎明前的華麗展示會，但也想趕快回到有暖氣的巴士上。溫度隨著太陽出來而上升，變得讓人腦袋空空，他們看著平躺在火車上的火箭被類似大型建築吊臂的機器吊起來，架在發射台上，動作極有效率。這是他們近距離欣賞聯盟號的好機會；到了我們升空那天，他們只能從約一英里以外的觀眾席觀看——這是為了預防意外的安全措施，但距離不是很遠，火箭升空時仍能感受到腳底的震動。

當我被護送到樓梯口，我注意到我們的火箭結著一層厚厚的冰，就像一座需要除霜的舊式冰櫃。所幸沒什麼好擔心的，有幾艘聯盟號的服役時間已經超過四十五年。這是世界上最牢靠、最耐用的火箭式太空船，任何天候狀況都能發射，安全無虞。

我是第一個登上階梯的。爬上去時，能量火箭太空公司的老闆很快地踢了一下我的屁股：他沒有惡意，那是俄國人說「祝你好運」的方式，象徵著要我趕快出發，而我身上穿著厚重的衣服，一點也不以為忤。走到一半時，我跟湯姆和羅曼都停了下來，轉過身，最後一次揮手。那是值得拍照留念的一刻：我們三個傢伙即將展開一趟驚人的探險之旅！而我們極有默契，決定對自己好一點，趕快轉身離去。我們還得趕路呢。

最危險的十分鐘

儘管太空任務持續的時間很長，如果真的發生什麼慘劇，有百分之五十都在升空後的十分鐘內。那段時間的每一秒都是太空飛行最危險的時刻。交互影響的複雜系統實在太多了，只要一個變數發生就會產生巨大的漣漪效應，這就是為什麼我們為了發射過程接受長時間的嚴格訓練：我們必須瞭解骨牌會怎麼倒下，不管什麼狀況，都準備好正確的應變方式。通常我們只有幾秒鐘可以反應。即便只是在受訓，還是倍感壓力。沒有人願意在演練過程中掛掉，那很沒面子。

出錯的徵兆有時並不明顯。例如，控制太空梭的是同時執行同一個軟體的四部電腦。在地球上，筆電偶爾會有當機或軟體的問題，到了外太空，電腦出錯的機率更是大幅增加，只因升空時環境干擾因素太多，包括機身震動、加速、改變電流，以及忽冷忽熱的環境。這就是四部電腦必須連線的理由之一，如此一來，它們可以持續比較各自進行的工作。如果有一台出錯，其他三台可以駁回它的指令，把它關掉。但就算只是一個小小的計時錯誤（timing error，因元件不能同步而對時間產生的錯誤），其中兩台電腦也有可能與另外兩台各自為政，自己暴走，因此太空梭會接收到兩種不同指令，形成勢均力敵、無法決定誰對誰錯的局面。我們稱之為「兩兩分離」的問題，而觀察此一問題的主要方式，就是在手忙腳亂之餘，監看頭頂控制面板上某些燈號的模式。這是一件絕對不能忽略的工作。升空時，太空梭如果有兩個互相衝突的指令，其反應是突然翻轉，太空梭有可能飛到一半就解體，因為無法承受空氣動力流動的急速改變，與繼之而來的結構性改變。為了避免慘劇發生，我們必須立刻發現「兩兩分離」的問題，在幾秒內反應。指揮官與駕駛必須同時關閉四台電腦，啟動備用電腦，儘管它沒那麼先進，但在危急時刻卻能把太空梭帶回地球。

太空梭升空時，如果遇到緊急狀況，我們必須用手動方式關閉引擎，因此必須不斷預先評估關閉它的方式與時機。我們不能在加速時突然把它關掉：想像一下，你以八十英里的時速馳騁在高速公路上，這時突然關掉引擎，對車子很傷，對你也不好。如果是時速八千英里的太空梭呢？它裝有許多三十秒就能把一座游泳池抽乾的超大渦輪幫浦，當燃料被幫浦送進引擎時，你卻把它關掉，風險不是更大嗎？太空梭引擎如果沒用適當、漸進的方式關掉，就會報銷。因此升空時，我們必須花很多時間預想一個假設性問題：如果出問題，我們要如何重新啟動引擎？事實上，過去只有兩次太空任務發生過組員必須把太空梭引擎關掉的狀況。但是因為他們受過非常周延的訓練，能快速而冷靜地把所有相關問題想過一遍，引擎關閉事件才不致引發軒然大波，任務也照計畫進行，因此到目前為止，外界完全不可能聽過那兩件事。

聯盟號的操作方式容易多了，而且自動化：假使出了嚴重問題，太空人的存活機率比太空梭高出許多，因為同樣具有返回艙（re-entry capsule）功能的駕駛艙會自動分離，彈射到安全地點。一九八三年就發生過這種事：最後倒數時出了問題，駕駛艙在飛船爆炸前兩秒自動分離彈射，所有組員都活了下來。一九七五年則是推進器在飛船升空後嚴重故障，駕駛艙自動彈開，與火箭分離，掉回地球後，它的降落傘也適時打開。但那一艘聯盟號則是在偏遠的山區墜落，立刻從積雪的山坡開始往下滑，要不是降落傘被植被勾住，就會從懸崖邊掉下去。組員都活了下來，得以說出事發經過。降落傘失效的事故只發生過一次：就是一九六七年聯盟號的處女航。飛船只載了瓦拉迪米爾．柯馬洛夫（Vladimir Komarov）這位俄國太空人，結果他在該次試飛任務中殉職，成為人類太空探險史上第一個在飛行過程中罹難的人。所幸在那之後，所有的飛船與降落傘變得非常可靠。

我們三名組員深信，即使引擎故障，我們都可以逃過一劫。即使像聯盟號這種自動化太空船，引擎問題也是可大可小。對於聯盟號而言，升空兩分鐘以內可說是最危險的，因為飛船已經離地，速度卻不夠快，可能直接墜落。如果聯盟號的機身以水平方式墜地，在大氣層裡會不斷顛簸，就像石頭掠過池子的水面一樣，停下來之前慢慢減速。但如果是垂直墜地，就會像石頭從高處掉進池子裡。飛船會立刻撃中空氣凝重的大氣層，產生的減速力道最高可達二十四

G，儘管不會把人弄死，對太空人與飛船來講都是嚴酷的考驗。聯盟號指揮官有四秒鐘可以做出生死交關的決定：按下手動控制把手的按鈕後，有可能讓某些自動裝置失效，返回艙也會因而改變下墜方向，把減速力道減少八G或十G。儘管十四G或十六G的下墜力量仍然很大，但與二十四G已經相去甚遠。所以羅曼在演練時會練習這個步驟，而且我們每次都會討論這件事，以防萬一。

事實上，我們會把每個動作練到熟悉無比，也會深思接下來會害死我們（或者害我們殘廢）的所有事物，因此在前往發射台的途中，我們會覺得準備好面對一切的可能。我們有無數的機會聚焦在自己的弱點上，進而試著改善，同樣也可以不斷研發並練習新的技巧。在那漫長而艱難的訓練過程中，我們的身心培養出足夠的強度，以便面對升空時的龐大身心壓力。身為太空人，我們能夠在短時間內利用不完整的資訊，在嚴酷的環境中分析並解決複雜問題，但這並非我們與生俱來的能力。不過，升空前我們已經透過長期培養獲得那種能力了。

長期的準備工作不會讓我們身心俱疲。不管是我，或者任何參與艱巨任務的人都一樣，開始時會覺得既害怕又興奮。第一次升空時，我一方面必須壓抑興奮的情緒，同時跟所有菜鳥一樣，滿懷想要證明自己的渴望。第二次升空就不一樣了：我感覺自己的目標明確無比，深知我應該把加拿大機械臂二號裝好，那對國際太空站的未來發展極其重要。到了第三次，也就是我最後一次升空時，我知道我面對的是一項熟悉的艱難任務，對我自己與其他組員，還有聯盟號飛船，我都充滿信心。奇怪的是，回首前塵，我幾乎感到既平靜又悲傷。我決心好好度過這一趟太空之旅的每分每秒，將所有細節銘刻在記憶裡。這是我該做的。我再也沒有另一次機會了。

不得馬虎的升空準備

聯盟號宇宙飛船實在好小，相較之下，太空梭就像一個巨大洞穴。道奇牌廂型車的空間是一百六十三立方英尺，而理論上，聯盟號裡讓人活動的空間有兩百六十五立方英尺。事實上，那活動空間有一大部分都擺著許多升空時會綁好固定住的貨物與設備。總之，對於必須一起待在裡面好幾天的三個大人來說，空間實在不大。但是在升空時，我們能活動的空間更小，因為只能待在返回艙，也是聯盟號唯一能重返地球的部分。另外兩個在返航時丟棄的船艙，是擺放各種儀器與引擎的服務艙，還有到了外太空能為我們提供更多活動空間的軌道艙（orbital module）。

湯姆、羅曼與我走到階梯最上面，一位技師幫我們擠進一座小電梯，往上呼嘯而去時會發出咚咚聲響，然後進入側邊有洞的狹小亭子，讓人想起愛斯基摩人的雪屋。我們脫掉白色雪衣，然後一個接一個用狗爬式從那個洞鑽進軌道艙。我是坐在左邊的駕駛，所以第一個進去，因為我的座位在最裡面。升空後，軌道艙變成我們的起居室，但是任誰看到裡面堆滿了雜七雜八的設備與生活用品，都會大吃一驚，就像有人要踏上遍及全國的漫長旅程，各種用品把旅行車給塞滿了。我蹲低身子，進入返回艙（那是我們在升空和著陸時都必須待的地方），看到我的注意事項清單擺在一堆三呎高的東西上面，但此刻我必須小心翼翼。鷹式壓力服前面有一顆大大的控制閥，我可不希望它把艙門刮壞了。

為了減少著陸時的衝擊力道，座椅是按照我的身材打造出來的，負責把我們綁在座椅上的技師沙夏（Sasha）爬進來，幫我把安全帶綁緊。也許你認為，為了配合飛船的狹小空間，技師一定長得矮小精瘦，沙夏卻是個壯碩的傢伙，身材不輸夜店保鑣。他把我綁好之後，我想到要他把那幾張清單拿給我。他說他會，卻直接回到剛剛我們脫雪衣的房間，沒有拿給我。

我必須開始檢查各種系統是否正常，但是……我需要那些清單。我大聲叫人，但是沒人回應，因為他們都在忙著幫湯姆。這下好了。我必須憑記憶啟動聯盟號。不行，那是個餿主意。湯姆在位子上坐定後，沙夏下來把他綁好，我提醒他我需要那些數據檔案。沙夏說：「喔，上頭有個傢伙說你不需要。」**哪個傢伙**？不管那個傢伙是誰，那檔案又不是他的。那是我的檔案。但是我動不了。等到羅曼進來時，返回艙已經太過擁擠，沙夏無法進來幫他，就由湯姆跟我代勞，接著羅曼開始四處找他的清單。到了這個地步，終於有人把清單交給我們。我猜他們是想等真正值得信任的人坐好吧，也就是指揮官，而不是我這個普通的太空人。

結果，我根本白操心了。我們有很多時間可以依照清單檢查各個系統，確認一切正常無誤。因為已經演練太多次，這個程序感覺很熟悉：不管是座椅、檢驗程序還是那些清單，都一模一樣。就連耳機傳來的聲音也相同：講話的人是我們的教官尤里·瓦希爾葉維奇·切卡辛（Yuri Vasilyevich Cherkashin）。看起來、感覺起來都跟我們練習時一樣——直到羅曼轉動那大大的控制桿與小小的鎖頭，從返回艙把艙門關起來，而沙夏也從外面關起艙門，對我們說了一句：Schastlivovo puti，意思是一路順風。

但是可沒那麼快，還要再等一等。在我們升空之前，還有很多事要做，最重要的就是壓力檢測。我們必須確定聯盟號已經處於密閉狀態。確實如此。接著還得檢查我們的壓力服是否密封，假使聯盟號發生減壓意外，它就化身成我們的個人太空船，為我們爭取一點返回地球的時間。少了壓力服，我們會缺氧而死，時間很快，但不會死得很舒服。首先我們把頭盔關好鎖起來，互相提醒我們必須聽到 dva zaschelkami，也就是「喀喀兩聲」的意思，然後把控制閥轉緊，直到壓力服膨脹得像氣球一樣。那種感覺不太舒服，因為耳朵會聽到一些聲響，但是二十五秒過後，我們確定一旦發生緊急狀況，可以仰賴身上的太空裝。我們按照計畫等了三分鐘，地面控制中心也滿意了，才把頭盔打開，把供氧的開關關掉。座艙內已有很多氧氣，太多氧氣只會增加失火的風險。

我小心翼翼地試過各個顯示器（大概有五十個，負責顯示的資料從速度／高度、飛船的氧氣系統，還有軌道目標的數據簡述都有），確認它們與演練時的狀況一樣。沒有問題。歸我們控制的都正常。飛船的狀況良好。注意事項都查驗過一遍了，壓力服也沒問題，坐上聯盟號大概有兩個小時了，一直維持膝蓋幾乎頂到胸口的姿勢。最後一次壓力檢測時，我膝蓋後方感到有點痛，隱約感覺到下半部肋骨幾年前斷掉的舊傷（在帕塔克森特河上滑水出了一點意外）。除此之外，一切感覺很好，很正常。就是有點餓，羅曼與湯姆也是。畢竟晚餐時間快到了，而這一整天我們幾乎沒吃什麼。還要再等幾小時。

外面的人員將火箭塔架從火箭旁邊移開，那是一座有階梯、電梯的活動式架子，還有一個亭子可以鑽進飛船。大概再過四十分鐘就要升空了。先前尤里就要我們選一些等待時可以聽的歌曲，也幫我們挑了一些。他對我們很瞭解。音樂開始播放後，我們笑了起來，跟彼此解釋歌曲有何特殊意義。湯姆挑選的是古典吉他樂曲，他是個很棒的吉他手，也打算在太空站上練習。我挑的是我哥哥戴夫創作的〈一陣煙火〉（Big Smoke），那是一首把家庭、歷史、音樂與我的現狀串聯在一起的歌曲，歌名暗示我們即將留下一陣煙火，升空而去。羅曼是我們三個裡面最年輕的，他挑了一些輕快的搖滾樂，讓我們就算被緊緊綁在椅子上、難以動彈，還是想隨之起舞。我還選了〈如果你知道我在想什麼〉（If You Could Read My Mind），是高登．賴夫特（Gordon Lightfoot）的作品裡我最愛的一首，激昂而令人深思，總能讓我感到平靜。還有，因為馬雅人的月曆預言再過兩天就是世界末日，我還選了大海樂團（Great Big Sea）的高速版〈我們認識的世界已走到盡頭（我覺得還不錯）〉（It's the End of the World as We Know It (and I Feel Fine)）。我們還聆聽了U2合唱團的〈美好的一天〉（Beautiful Day），還有流行尖端樂團（Depeche Mode）的〈我眼裡的世界〉（World in My Eyes），歌曲一開始是這樣唱的：「讓我帶你去遨遊／周遊世界後再回來／而你根本不用動／坐好就可以了。」

時間一分一秒過去，太陽漸漸西下，我們只能坐好，保持內心平靜。按照計畫，我們升空的時間就在日落之後。我們不希望在升空前的五分鐘因為興奮而心跳加速。在鷹式壓力服下面，我們穿了一種很像運動胸罩的東西，可以把各種身體狀況的數據傳到地面控制中心。我們都不希望自己出狀況，讓監看心跳的醫療團隊擔心。特別是我：歷經了一番波折才獲准出任務，我可不希望現在出問題。我在那張升空用的注意事項清單上，還用鉛筆確切地寫了提醒自己的幾個字：「冷靜。注意身體的數據。」

小題大作。但是別讓人看見你很緊張。

升空前幾分鐘，我們把注意事項清單翻到升空那一頁：從點燃引擎到離開地面為止的所有事項，全在那一頁上面。真的很了不起，因為我們必須完成許多複雜的程序，同時要監看各個顯示器，緊盯不放。總之，那上面寫著我們必須瞭若指掌的重點。尤里與我們道別：Miakoi posadki，意思是「安全著陸」。那也是我們希望的。

升空前三十秒，那些較小的外部引擎先被點燃。地面控制中心藉此確定一切就緒，運作正常，可以打開那些把火箭帶離地球的引擎了。他們覺得這是比較保險的作法，對湯姆跟我而言，聯盟號的升空方式實在很溫和。我們有一種抖動的感覺，但是跟太空梭大不相同，沒有砰砰聲響，也不會用力搖晃。太空梭的引擎位於側邊，當引擎點燃時，太空梭會被拉扯，往一邊偏過去。然而聯盟號的引擎兩兩對稱，從重力所在的飛船中心點點燃，儘管會出現持續增強的震動現象，周邊卻沒有動靜，離開地面時也不會有一種突然爆開的感覺。

抖動的力道逐漸增強，也越來越密集，我們聽到耳機裡傳來用俄語說的倒數計時聲，接著冒出 Pusk 這個字，意即「升空」。升空時的感覺跟我過去兩次搭乘太空梭的經驗截然不同，比較漸進且直線上升，火箭必須把燃料燒掉，等重量夠輕才能升空。一開始加速，跟在地面上的感覺沒什麼差別。與其說我們是透過速度感知道自己離開了發射台，不如說是透過時鐘上的時間。

從觀眾席那邊看過來，發射後的前十秒讓人覺得火箭的飛行慢到令人難受。克莉絲汀後來承認她好害怕，怕到讓她不想再拍任何照片，雙眼一秒鐘也離不開聯盟號。與太空梭發射的情形相較，聯盟號在發射台上方似乎待得有點太久了。有位來賓說那種情況看來很像健身時握推（bench press）的動作：好像火箭下方有個看不見的人，使盡吃奶的力氣把火箭推離地面，但也有可能推不上去。

然而，飛船上的我們充滿了期待，一點也不害怕：我們深知飛船能正常運作。我們就像搭上一台大型火車頭，如果有必要，也可以拉動緊急煞車把手。我們有某種程度的控制權，真正的挑戰在於決定是否要行使那種權力，或者在何時行使。一分鐘內，在座位上感覺到把我們往下推的力道越來越強。往上攀升後，一開始我們覺得飛船充滿決心，但很平順，有點像是一根帚柄被看不見的手穩穩地操控著，一下往左，一下往右，前後移動。開始攀升後，火箭會隨著風速與氣流的改變自動調整動向。

不過，接下來的過程就越來越不平順了。第一階段的引擎關閉了，側邊的推進器爆開來，震動方式出現明顯的改變，加速也趨緩，但是飛行速度仍持續增加中。我們被往前拋，等到飛船的重量變輕，往上竄升，我們又持續往後仰。等到第二階段的引擎也分離，飛船重量變輕，往上竄升的動作又重複了一遍。此刻能把我們帶到太空的第三階段引擎點燃了，那一股把我們往後推的力量變得更強。但是那種感覺讓我們很安心，因為在一年前，用來載運補給物品的進步號（Progress）無人太空船的第三階段引擎沒有點燃，墜落在人煙稀少的喜馬拉雅山區。如果這件事發生在我們身上，而聯盟號的降落傘適時打開，也要到好幾天後，才會被找到。為了預防類似事件，我們都在偏遠地區受過冬天的求生訓練，非常清楚天候狀況會有多糟。冬天如此嚴寒，如果不幸出事，我們還真希望那套米其林雪衣仍穿在身上。

往上攀升時，每次通過重要的里程碑，我們就會鬆一口氣。其實那不是極度緊張的過程。每次到達某個階段，我們都非常清楚還是可能出現十分嚴重的問題，只是對於每個人該做什麼，早有一套計畫。我們非常清醒，隨時可以採取行動。如果真的出錯，像是引擎沒有準時脫離，我可以轉動一個開關，按下兩個緊急按鈕，爆炸螺栓就會炸開，讓返回艙脫離火箭。我有五秒鐘的時間可以評估出了什麼錯，進而採取適當行動。我們三個早已把誰該做什麼事、該獲得誰的允許等等，複習過一遍又一遍。我們的共識是，如果在Y秒之內未發生X事件，我就應該啟動分離程序。只有坐在左邊位子上的駕駛才能按到那些按鈕。我已經把平常蓋在上面的蓋子打開，隨時可以按下去。等到蓋子可以關起來時，那真是美妙的時刻。

九分鐘過去了。第三階段的引擎已經脫離，聯盟號與火箭分離，天線與太陽能板都已經打開。控管飛船的任務即將從貝科奴移交到莫斯科郊區的科羅廖夫市（Korolev），那是俄國太空任務控制中心（Russian Mission Control Center）的所在地。

歷次太空任務的組員都會帶一個所謂「重力測量器」（g meter）的小東西：可以是某種玩具或小雕像，掛在我們面前，讓我們知道何時進入無重力狀態。我們這次用一個叫「克莉歐帕」（Klyopa）的小布偶，它是俄國某兒童節目裡的角色，由羅曼的九歲女兒安娜絲塔西亞（Anastasia）提供。當綁住它的那條線突然放鬆，它開始往上飄，我浮現一種我在太空中未曾有過的感覺：我到家了。

知道和體驗的差距

太空人一生所做的事，無非是演練、練習，充滿期待，試著養成必要的技巧與正確的心態。但那些終究都是假的。只有當引擎關閉，確認自己朝著正確方向前進，速度也夠快，才能對自己說：「嘿，我們辦到了。我們來到了太空。」也許在某方面那就像迎接新生兒到來：一切都是想像的，你看了很多嬰兒書與照片，也準備好嬰兒房，還去上拉梅茲分娩呼吸法（Lamaze）的課程，你擬好了計畫，以為知道自己在做什麼——突然間，你眼前出現一個嚎啕大哭的嬰兒，這時你才知道差別有多大。

一九九五年，我只是個菜鳥組員。我不希望到了太空還給人一種不知所措、第一天上工的感覺：「那我現在該幹嘛？」我們的太空任務總共只有八天，我不希望有片刻感到自己沒用，而且也真的沒用。所以我在地球上就把到太空之後的狀況徹底想過一遍，每一步都細細思量，列出我該做的所有事情。我所說的不是「展現領導能力」這種遠大而模糊的目標，而是微不足道的小事，像是把手套與注意事項清單擺進網狀頭盔袋裡，然後把每個人座位上的泡棉靠枕收集起來，擺進所謂的「骨袋」（Bones Bag）裡，跟回程不需要的東西放在一起。

如果想融入截然不同的新環境，大有好處的一種作法是，不管你做的事再怎麼平凡無奇，都該擬定一個行動計畫。譬如我不曾體驗過零重力狀態，根據各項訓練跟學習，我「知道」那是什麼樣的感覺，只是我不曾真的體驗過。我已經習於地球上有地心引力的生活，現在卻開始朝天花板往上飄。坐在座位上看著東西飄來飄去是一回事，等到自己要起來，試著四處移動，又是另一回事了。那是一種令人迷惘的文化衝擊，連頭都暈了。如果頭部移動太快，胃就會開始翻騰，感到噁心。就算此刻感覺迷惘，待辦事項清單卻讓我集中注意力。等到我完成第一件事，又依序完成第二、第三件事，就進入狀況了。我讓自己動起來，不再覺得那麼不知所措。

參與火箭升空這一類人生大事，顯然必須事先擬定計畫。至於是不是需要同樣詳細的計畫，才能在升空後趕快進入情況，就不是那麼明顯了。不管在地球上或外太空，你不可能立刻讓身心適應新環境。進入新環境，總是需要一小段適應期，才會感到自在。就我所知，如果想讓那段適應期趕快過去，最好的方式就是把要做的小事具體擬成計畫。

在聯盟號上面，我們不需要為了擬定待辦事項清單而想破頭。等上了外太空，有很多實際的例行性事務必須處理，而且狹小的空間迫使我們活動時更加小心。首先，最重要的就是檢測壓力。一旦確認各個自動系統開始運作，火箭推進器的油管也滿了，我們就會把供氧的機器關掉，測量返回艙與軌道艙的壓力，為時一小時。即便只是稍稍減壓，我們都必須掉頭返回地球，選擇世界各地的某個備用降落地點降落——或者是，如果情況太過嚴重，隨便找個地方降落，並祈禱我們不會墜落在民宅的後院裡。

但是飛船的壓力正常，羅曼打開通往軌道艙的艙門，飄到上方脫掉鷹式壓力服。我們必須輪流做這件事：因為聯盟號實在沒有空間讓三個大人同時脫掉太空裝。雖說脫衣服比穿衣服簡單，仍有一定的難度，特別是此刻我們明顯感覺到壓力服的內裡濕濕黏黏的，有點像橡膠手套在手上戴了一陣子的感覺。我們必須把壓力服掛在通風管上幾小時，直到風乾。

接下來要脫掉尿布。像我這種愛面子的人，當然會說自己沒用到尿布，如果真的有人用了，會特別樂於脫掉。現在我們身上只剩下長袖衛生衣褲——這種內衣必須是百分之百純棉，發生火災時就能完全化為焦炭，不會融化或燒起來。直到飛船停靠在國際太空站之前，大多數太空人身上只穿著長袖衛生衣褲，最後才不情願地換衣服，因為我們知道自己會上電視，如果太空站的組員看見我們穿著骯髒的內衣，臉色肯定不好看。聯盟號上面的衛生條件其實跟露營差不多。在那麼小的飛船上，禮儀成了相對的概念：例如上面沒有廁所，如果要上廁所，顧及禮儀，組員會把頭別開，你就拿起一個長得有點像吸塵器、接著一個黃色漏斗的東西。用法很簡單：將把手轉到「開啟」，檢查一下是否有吸力，注意漏斗要拿近一點，才不會尿得到處都是。然後拿一塊紗布把漏斗稍稍擦拭，就乾了。

我一把壓力服脫掉就吃一點止吐劑。無重力狀態讓我們的身體難以適應，因此到了外太空的頭一、兩天，難免會出現噁心感。我們的內耳不再能分辨上下方，因此失去平衡感，才會覺得噁心。過去有些太空人在執行太空任務期間，會持續嘔吐；他們的身體就是無法接受無重力狀態。我知道我終究能夠適應，只是覺得任由自己在前幾天持續噁心實在沒意義，所以就服用準備好的藥，只是沒大量服用而已。

一開始，我也沒有常常凝視窗外。太空梭用的是燃料電池，聯盟號不一樣，靠太陽能維持動力。為了讓飛船上的太陽能板持續面對太陽，聯盟號必須像烤架上的烤雞一樣持續旋轉。我們看到地球就在窗外，但是那景象轉來轉去，當我們還在反胃時，實在很難持續凝望它。等到要調整飛船軌道而點燃引擎，必須保持較穩定的方位時，我才開始好好欣賞美景。

頭一晚，為了調整飛船軌道，我們兩度點燃引擎，為了前往國際太空站而攀升到較高的位置。這是聯盟號太空任務最關鍵的時刻之一，一旦出錯，飛船就會進入一個永遠到不了國際太空站的軌道。我們太空人常說：「沒什麼事情比你手頭的工作更重要。」此一格言最適用於點燃引擎的時刻。我們三人會放下手邊的事，不敢眨眼，緊盯顯示器上各種可看出引擎出問題的數據，例如燃料壓力、駛流與火箭推進氣流（steering and propellant flow）。我們三個對於當時的狀況保持極高的反應能力，但採取行動是我的職責，如果有必要關掉出錯的引擎，改用另一個推進器，我必須按下正確的按鈕——一共有二十四個按鈕，為了避免按錯，上面裝著小小的蓋子。但是引擎沒有出錯。引擎點燃後，飛船後面拖著一條雪片般的火光，四射的火花消失在夜空。

為了準備停泊在國際太空站上，我們檢查過所有推進器，也測試過各種用得到的電腦、手動控制器，以及偵測會合狀況的雷達。啟航後幾個小時內，我們已經完成所有該做的事。飄過飛船上的電視螢幕時，我注意到我們位於太平洋上智利外海的上方。在窗邊我看到一些燈光，我猜想是漁船吧。亮光消退後，我才發現那是南十字星。我看到的是夜空裡的星座，不是太平洋！能同時感到如此困惑又如此平靜，一種愉悅的奇怪情緒油然而生。

我發現我累了，非常累。於是鑽進帶有白色襯裡的淺綠色睡袋，用睡袋口袋裡的繩子把睡袋四個角輕輕綁在飛船內的鐵環上。我不希望在夜裡到處飄動，撞來撞去。此刻船艙裡已經很冷。我把衣服穿好，穿上翻毛靴，鑽進睡袋，把雙臂從側邊的洞伸出來，將睡袋上的兜帽蓋好，拉上拉鍊。我在睡袋裡飄動著，有點像子宮裡的胎兒，幾乎立刻睡著。湯姆在我身邊，羅曼則位於幾英尺外的返回艙裡。那是我自二〇〇一年四月之後第一次在太空過夜。三十四／三十五號太空任務開始了。

從光點到立體

想到國際太空站，其實不用花那麼多時間：如有必要，從地球上出發，不到三小時就能抵達，近來也有一些組員為了提升效率這麼做。但是上頭指派給我們的時間是兩天，跟一般聯盟號的組員一樣。我非常高興有那兩天的時間，讓升空時分泌的腎上腺素褪去，習於置身太空的事實。到了太空站，我們必須進行並監督各種科學實驗，為飛船做各種保養與維修工作，時時與任務控制中心通訊，行程滿檔。

在那一切開始之前，我們有一天的時間可以閒晃，在幾乎不受干擾的情況下適應新環境與思考。在聯盟號上面，除非我們位於俄羅斯正上方，否則無法與地面通訊。我們一天必須向科羅廖夫的任務控制中心數次簡報飛船的狀態，中心則是提供各種必要資料，讓我們順利完成與太空站會合與停泊的任務。除此之外，一切是如此安詳平靜。只有我們三個人獨處。

我在莫斯科標準時間（DMT）五點三十分醒來，很快地算一下：我睡了七小時。儘管出現臉部臃腫與充血等調適症狀，但感覺體力充沛。因為升空後有好幾個小時不能動彈，關節有點痛，頭也有點痛，但我強烈意識到自己平靜而快樂。

我們的儲物櫃位於返回艙，就在湯姆的座位旁，他前一晚在櫃子裡發現我們的老婆寫的卡片。我把我的卡片收起來，擺在左腿的口袋裡。此刻，太陽已經出來了，我想看看裡面寫了什麼。當我打開信封，兩個小小的心形紙片飄了出來，在太陽的光線中慢慢翻滾。我小心翼翼地抓住，看看海倫寫了什麼。我決定未來五個月都要把那兩個心形紙片擺在國際太空站小小的睡覺艙位裡，與我作伴，用這種細緻而鮮活的方式提醒我在地球上的生活。

此刻湯姆也醒了，我們便在有如大型工具箱的鐵盒裡，一起尋找鼻塞噴劑與止吐劑——那個鐵盒有個平凡無奇的名字叫「一號盒子」。羅曼也醒了。我們輪流尿尿，然後拿早餐出來吃：罐裝起司麵包、水果乾與一盒果汁。我們都希望有咖啡可喝，不過沒多久就可以喝到國際太空站的袋裝咖啡了。

羅曼快速動了起來，充滿活力與效率，好像他昨天才結束漫長的太空任務似的。他是聯盟號的指揮官，像主人一樣細心呵護、尊重這一艘飛船。不久後，他開始欣賞能量火箭太空公司幫他灌進iPod的一九六〇年代蘇聯時代的卡通舊片。雖然沒有明講，湯姆顯然非常高興能重回太空。他的動作比較從容、有耐性，做了很多事。我覺得自己就像緩緩洋流裡的一個泡泡，閒適慵懶。我把歐米茄太空人超霸錶脫掉，在無重力的空間中把玩它。稍微推一下，就變成一隻金屬水母，錶帶動來動去，充滿生氣。

我的身體開始想起自己處於無重力狀態了，習慣後就像在遊樂園搭乘最棒的機器一樣，唯一的差別是，我們永遠不必停下來。在太空船裡，我們可以讓任何東西翻滾飄浮，而且不會變舊。這種狀態的改變是持續的，也很有趣。休息時，我的內耳系統在白天就恢復正常了，凝視窗外的時間也越來越長。整個世界就在我們下方翻滾著，我在書報上看過或夢想旅行的每個地方一一從我眼前閃過：撒哈拉沙漠、維多利亞湖與尼羅河，蜿蜒的水道全部往北延伸，通往地中海。為了尋找尼羅河的發源地，許多探險家犧牲了性命，而我只要隨便瞥望一眼就看到了，全不費力。

夜空是如此美麗：地球像被一條烏黑的披風裹了起來，上面的微光點點，宛如一串串項鍊。太空任務的第二天，往外看的時候，我發現遠方有一顆非常明顯的星星。它之所以與眾不同，是因為其他星星的大小與形狀始終沒有改變，但是這一顆我們越接近，它變得越大。到了某一刻，它不再只是個光點，而是一個立體的東西，像一隻長出各種附屬器官與肢體的怪蟲。接下來，在一片漆黑的背景裡，它漸漸像座小鎮。

事實上，它就是一座小鎮：它是人類在距離地球千萬里之外建造的前哨站——國際太空站。多少科幻小說寫過它，多少孩子夢想過它，最後成真了：一個完全由人類打造、有各種了不起的功能、在宇宙的軌道上運行的龐然大物。

我們很快就要停泊在那裡，我們的太空任務即將進入下一個階段，感覺起來是如此神奇。

9 王牌太空人怎麼按電梯？

別自以為是「王牌太空人」

我的一個朋友碰過這麼一件事：他在詹森太空中心編號「南四」的大樓搭乘電梯，一名資深太空人走進去，只是站在那裡，顯然很不耐煩，等別人猜出他要到六樓去，才幫他按下按鈕。他生氣地說：「我在大學讀了那麼多年書，可不是為了學會在電梯裡按按鈕。」令人難以置信的是，還真的有人幫他按了。這件事讓我的朋友印象深刻，於是說給我聽，也許不少人也聽過。對我來講，這個故事的啟示是，如果你把自己當成「王牌太空人」（或者王牌醫生、王牌ＸＸ），就會犯下這種錯誤。對別人而言，你只是個電梯裡的傲慢傢伙，自以為是。

多年來我領會的一個道理是，來到一個新地方，不管是一部電梯或一艘太空船，別人對你幾乎只會有三種看法。負面的看法是，把你當成會主動傷害別人的傢伙、問題製造者；或是一個低調的人：你對新環境的衝擊為零，不會影響平衡的生態；或是正面的看法：會主動為新環境加分的人。當然，誰都希望獲得正面評價。但如果你從一開始就急於爭取自己的正面評價，反倒會讓別人對你產生負面看法——不管你展現多高超的技術，或實際上表現得如何。你以為這個道理不證自明，但並非如此，因為有很多人不信邪。

例如，每當太空總署篩選新進太空人的時候，至少會有一個人想盡力為自己營造正面形象。事實上，能夠被選入最後一百位候選人、獲邀到休士頓待一週的應徵者，在各自的領域都有了不起的學、經歷，值得正面評價。但總會有一個人決定主動出擊，表現出「王牌太空人」的姿態，好像把一切都摸透似的，知道每一個縮寫詞彙的意思，還有太空裝上每一個活門的功能，只要有人提出正式邀請，明天他就可以遠赴火星出任務。有時候，他們不是自大，而是太急於表現，但是兩者在別人眼裡是一樣的。

事實上，許多應徵者並未從務實的角度瞭解太空人的職責。他們怎麼可能瞭解呢？電影裡的太空人不用辛苦地閱讀用俄文寫成的工作表格。他們是超級英雄。就算是頭腦最清醒的人，多少也會受到那種形象的影響。我知道我自己就是。之所以邀請他們到詹森太空中心待一個星期，就是要破除從漫畫書獲得的印象，讓他們見識一下太空總署的工作實際上是怎麼回事，而且有些人的確在四處看看之後就溜之大吉了。

那些沒被嚇走的人，在參加各種導覽課程與參訪行程之餘，還要接受許多考試。他們必須考智力測驗，還有一項操作機械（例如加拿大機械臂二號）能力的測驗——此一測驗需要以3D的方式來想像空間，相當困難。我們甚至讓應徵者在模擬的零重力中飄浮，藉此考驗手眼協調能力。其他測驗比較沒那麼正式，例如考驗誰比較有團隊精神。應徵者當然都知道，當他們在各種活動中與太空人相處，就是在接受候選人評估，只是他們可能不知道哪些人負責評估。曾有某個太空人辦公室主任特別打電話到應徵者接受體檢的診所櫃台，詢問哪些應徵者對診所員工的態度較好、哪些最糟。診所裡的護士與員工多年來看過太多太空人了，他們知道哪些人看起來就不是當太空人的料。如果你表現出強烈的優越感，也許無意間就在候診室裡斷送了參加太空任務的機會。

這實際上是一件好事，如果有人認為自己比別的「小人物」重要，根本就不適合這份工作（就算真的當上太空人，也會討厭這份工作）。不管多麼傑出或勇敢，太空人都不可能單打獨鬥。我們能養成太空人的專業技術，是因為接受世界各地千百個專家的訓練，五個國家的太空事務主管機關的千百位技師也曾支援我們。我們的安全完全仰仗許多從未謀面的人，人數有好幾萬，包括負責組裝聯盟號的俄羅斯焊接工，負責製造太空裝的北美布料工人。而我們能擁有這份工作，則多虧有數以百萬計的人相信太空探險的重要性，願意用稅金支持我們。我們是為每個國民工作，不是少數的菁英分子，所以不管我們面對的是國家元首，還是自然科學課上的一群七年級學生，態度都是一樣的。坦白講，就算你不是太空人，待人的態度也該如此。任何人都不知道誰對自己的際遇握有決定權。有可能是公司的總裁，也有可能是某個接待人員。

進入一個新環境時，如果你希望一開始就出類拔萃，反而必須承擔毀了自己的風險。念研究所時，我就對這個道理有過沉痛的體悟，當時我們在實驗室設計低壓燃料幫浦，用各種不同的染料確認實驗的進展，那天結束時，已經累積許多瓶用剩的染料。我自告奮勇把染料倒進房間角落的排水管裡。何必多此一問呢？我已經知道所有的程序。結果，那個排水管是實驗室蒐集資料的系統之一，不能被弄髒。管理實驗室的教授不敢相信我居然把染料都倒了進去。整個系統必須重新清洗淨化，這意味著他跟其他人要多花時間工作。我敢確定，如果他知道我現在在做什麼，他一定會說：「什麼！**那個**傢伙當上了太空人？他是個笨蛋耶！」

當你的能力還不錯，但還沒充分瞭解新環境時，你沒辦法獲得正面評價。最好先當一個低調的人。須知，當個低調的人並不是壞事，那表示你有充分的能力確保自己不會製造問題，或是為別人添麻煩。在你有出眾的表現之前，必須讓自己變能幹，還要證明給別人看。不幸的是，這種事沒有捷徑。

即便到了後來，你熟悉了新環境，也有出眾的貢獻時，若你真有智慧，也該表現謙卑的一面。如果你值得獲得正面評價，別人一定會注意到你——甚至於，不試著提醒別人你有多厲害，他們認同你的機會就越高。我第二次去參加美國戶外領導學校的求生課程時，曾跟三十四／三十五號太空任務的組員湯姆．馬許本住在同一個帳篷。湯姆是最厲害的戶外活動高手：他是經驗極豐富的登山客，曾到各大陸攻頂，也曾獨自一人穿過所謂的「太平洋步道」（the Pacific Trail），從加拿大走到墨西哥，每天走的距離相當於馬拉松比賽。不過，我們在猶他州接受野外求生訓練時，他不曾用自己的專業壓迫任何人，或者要我們去做什麼。他只是靜靜地表現出自己的能力，幫了很多忙。如果我需要他，他會立刻出現，但是他不曾為了展現超高技術而排擠我，或是讓我不知所措、覺得自己沒用。我們隊上每個人都給予湯姆正面評價，他不用告訴我們他有多厲害。

行事低調沒什麼不好

所以，到底要怎樣才能成為一個獲得正面評價、為新環境創造價值的人？如同我前面提到的，一九九五年我為 STS-74 號太空任務受訓時，不確定自己該怎麼做，便觀察組員中最資深太空人傑瑞．羅斯的一舉一動。過了一陣子，我注意到他總是提早一小時到辦公室，靜靜瀏覽寄給指揮官的電子郵件，親自把那些行政上的瑣務處理掉，好讓指揮官聚焦在更重要的事情上面。我非常確定指揮官並未要求傑瑞這麼做，他自己不曾提過這件事，當然也不希望藉此獲得別人的認同。打個比方來講，他可說是自願幫別人按電梯按鈕，不炫耀也不憤慨。這種把團隊需要擺第一的行為是探險家的典範。

同時，這也是他獲得其他組員肯定的主要原因。他不只為大家帶來豐富的經驗與知識，而且事必躬親，不以做小事為忤。從他的表現看來，他把自己當成一個低調的人：儘管相當有能耐，但是不比別人了不起。

我因此留下了永難磨滅的印象。每當我進入一個新環境、尚未站穩腳跟時，我總是以低調為目標，以不驚擾別人為前提，試著在小地方有所貢獻。二〇一二年十二月，當我們漸漸接近國際太空站，我們三個組員也曾討論該怎麼做。離開地球時，我們的待遇像是即將展開長征的英雄。等到打開艙門，飄進國際太空站時，我們只是新人，連東西在哪裡都不知道。另外一組三名太空人在國際太空站已經工作、生活了好幾個月，有各種通話用的簡稱，也養成自己做事的方式與作息。也許他們樂於見到我們，因為我們帶來最新的補給品，但也會有點戒心。如果我們沒把垃圾丟在該丟的地方，或者不小心把別人特別存起來的水蜜桃點心給吃掉了，那該怎麼辦？

我們也可能惹出更大的麻煩。當我們在聯盟號上面被關了幾天後來到國際太空站，會變得有點迷迷糊糊、笨手笨腳（特別是可能急著到較有隱私的廁所解放一下）。我們就像不太會飛的雛鳥。可能飄過看起來像牆面垃圾的物品，但實際上是進行中的生物實驗，結果不小心把進行多年的科學實驗給毀了，某人的畢生心血就此化為烏有。我參加第二次太空任務時就看過這種事：我們有個組員在進入國際太空站時不小心毀掉正在進行的實驗，花了一整個月獲得的數據都沒了。

最好的入場方式並不是大張旗鼓，立刻讓所有人都知道你來了，而是以水波不興的方式進去。若想要在新環境有所貢獻，最好不要嘗試證明自己是個厲害的新人，而是不要帶來任何衝擊，觀察早已在那裡的人，向他們學習，哪裡有單調的苦差事就幫忙去做。

如果你以成為一個低調的人為目標，好處之一是你可以達成。此外，通常那也是能幫你獲得正面評價的跳板。如果你能如實觀察、學習，而非力求表現，也許就會有所貢獻。例如，在我還沒有參加太空任務之前，我跟兩位資深太空人做進入太空梭的演練。我就像個學生，張大眼睛，緊閉嘴巴，此刻指揮官伸手要打開某個東西。因為我仔細盯著，知道他即將按下的按鈕絕對是錯的，所以我說：「等一下，那個按鈕不對。」這沒什麼大不了的。他按了另一個，演練照常進行，這件事我沒跟別人多說。不過，幾個月後，我們剛好一起到卡納維爾角參加一次升空任務，有機會與詹森太空中心的主任對談，在我沒有心理準備的狀況下，那位指揮官突然大加讚揚我能夠在演練中抓出他的錯誤。過沒多久，我就被指派了第一個太空任務。也許這和那件事沒有關係，但可以確定的是，行事低調並不會減少我的機會。

不知為不知

接近國際太空站時，我們必須全神貫注，因為會合與停泊都需要高超的技術，跟停車不同，不是單靠直覺就能辦到，機械在太空中運行的方式和地球上也不一樣。當你用丟的或用滾的把球往山下的方向送，你可以精確地預測其走向，以及根據力道大小形成的不同軌跡。但是在太空中，如果我們要換到一個較高的軌道，飛船速度必須快一點，抵達後速度又必須慢一點。為了和軌道上的太空站連接，我們必須用截然不同的方式預想物體移動的樣子。的確有各種感應器與雷射裝置可以測量距離與角度，但首先我們必須瞭解那些設備傳達的訊息、未傳達的訊息，以及如何應用。

一九九五年我第一次參加太空任務時，由於我們的工作是在和平號太空站上搭建一個對接艙，方便太空梭起降，因此會合與停泊就是任務重點所在。幾年前，我的工作還是幫北美防空司令部攔截蘇聯轟炸機，如今這項任務卻要幫美、俄兩國建立較親近的關係。當蘇聯於一九九一年解體，政府經費就此蒸發，太空計畫差點無以為繼。美國不希望俄國把軍事科技賣斷或分享給政局不穩的國家，所以美國太空總署盡全力扶持對口的俄羅斯聯邦航太總署，方式是提供資金，由雙方共同進行一些計畫，例如常常造訪國際太空站。這對太空總署當然也有好處：向俄國人學習他們最擅長的太空站建造與維護工作，在過程中建立起對今日來說重要無比的夥伴關係。如今，所有太空梭都已退役，我們必須仰賴俄國才能抵達國際太空站。像這樣設法合作太空探險，對兩國來說都是明智之舉。

但是，一九九五年十一月，雙方在太空計畫上的合作關係仍處於嘗試階段。先前太空梭只曾停泊在和平號太空站一次，時間是那一年稍早，為此國際太空站還必須把一整個太空艙改裝成臨時的停泊地點。但那並非可行而安全的長久之計。我們要發揮功能的地方就在這裡：建造一個固定的對接艙。對接艙看起來有點像掛在烤肉架上的丙烷罐，只是較大，漆成橘色，先在地球上組裝好，再用亞特蘭提斯號太空梭的酬載艙運到外太空。我們必須把對接艙穩穩地裝在太空梭上面，慢慢開到和平號太空站，把兩者連接起來。我們只能祈禱那種方式有效，因為從來沒人嘗試過。飛行中的太空梭很難操縱，停泊根本就像教大象跳芭蕾一樣困難。

在這過程中，我的職責是操作加拿大太空總署的心血結晶，也就是太空梭上的加拿大機械臂。我知道它是我們的國寶，對我來講就只是一種工具，跟榔頭或農具沒有兩樣。我要把它伸進酬載艙裡，小心翼翼地將對接艙取出，旋轉成垂直，再移到離太空梭停泊裝置幾英寸的地方。為了把對接艙與停泊裝置接起來，我們必須把太空梭所有的推進器點燃，朝對接艙靠過去，就像兩列火車車廂接起來的方式。如果我們搞定了，掛鉤與門鎖會呈現堅固而緊實的氣密狀態。如果沒搞定，那就……

先前在地球上，我花了一整年練習怎麼舉起機械臂並翻轉、控制大型物件，但我們還是會擔心，非常擔心第一號計畫不能奏效。於是我們構思了幾個備用計畫。如果推進器無法連接太空梭跟對接艙，我們會用機械臂把對接艙往下一推，接在太空梭上。由於機械臂的設計有如一支大型鉗子，可移動東西，如果拿來搥東西，有可能斷掉，這時，五噸重的對接艙就會緩緩飄進外太空。

如果我在第一趟太空任務就把對接艙搞丟，我要擔心的就不只是負面評價而已，所以我非常希望第一號計畫奏效。所幸真的奏效了。任務的第二天結束時，我們在太空梭頂端架起一個像高塔的東西，準備停泊在和平號上面。和平號就像一根粗大的柱子，上面插著一根根輪輻。對接艙有十五英尺高，缺點是會把減速對接之處完全遮住。當然，我們在地球上用模擬器練習過這個動作，也發現機械臂肘上的攝影機跟我們與和平號連接的地方一樣高。角度有點奇怪，但至少讓我們有畫面可看。

結果那一具攝影機發揮了關鍵影響力。等到我們要停泊時，所有監測距離的感應器都失效，一個也沒派上用場。基本上它們傳達的訊息，包括範圍與速度等，都是錯的，所以我們別無選擇，只能藉由攝影機的畫面，以目測停泊。所幸我們非常清楚該怎麼做，因為教官堅持我們必須把會合到停泊過程中所有的感應器資料背起來，當時我們覺得他太過理論化，荒謬得可以，卻讓我們確實瞭解如何用手動的方式停泊。

我想你也許猜到了，亞特蘭提斯號指揮官肯恩．喀麥隆（Ken Cameron）停泊太空梭的那幾分鐘，我們都很緊張。如果未能一步到位，我們就會彈開來，得等二十四小時後才能再度嘗試，因為只有來到俄羅斯上方，太空站組員才能和科羅廖夫的任務控制中心通話（和平號不能持續與地面保持通訊狀態），我們也才得以嘗試停泊。然而，二十四小時內我們的燃料就會告罄，也會出現其他物件故障的風險。此外，當我們再度嘗試時，還是會面臨同樣的問題——到那時，我們的任務可能徹底失敗。可是，動作若太快太猛，也可能撞上太空站，導致失壓，害得站上所有人員在幾分鐘內身亡。

肯恩選擇不要讓操控手法太炫或太遜，以低調為目標，依賴自己受過的訓練，聰明地避免任何花招，因為太空梭頂端矗立著宛如寄生蟲的對接艙。結果他成功了。我們提早三秒鐘完成停泊任務。你能想像，當我們終於打開艙門、進入和平號的時候，大家都鬆了一大口氣，也充滿期待。那時若能響起《火戰車》（*Chariots of Fire*）電影主題曲之類的勝利樂曲，對這項國際合作計畫成功的歷史性時刻而言，再適合不過了。

只不過，我們打不開艙門。另一邊的人使盡吃奶的力氣敲打，但是俄羅斯工程師用膠帶與繩子固定了好幾層，把對接艙的艙門封得太緊實嚴密。所以我們只能採用最原始的方式：用一把瑞士小刀闖進和平號。每次出太空任務都別忘了帶瑞士刀！

俄國人認為在兩個不同空間的分界處握手會帶來霉運，於是要我們飄進去和已經在等待的他們會合，當時我隱約聽見一陣陣神奇的叮噹聲響。不久後我才想起來，那柔和的聲響是用了很久的實驗器具傳出來的，它們全被繫在站裡的金屬牆面上，即將處理掉或帶回地球。

還在適應的我們決定要扮演好客人的角色：幫忙做些瑣務，別礙事，把禮物拿給太空站上的人員（其中包括一把 SoloEtte 牌的特製摺疊吉他，某天晚上我用它來彈奏樂曲，來自三個國家的兩組太空人團隊跟著我一起唱歌）。結果，不礙事反而是最難的。太空站裡非常擁擠，飄動時要特別小心；往來於不同區域必須靠很像通風軟管的細管子鑽來鑽去。那是一種很怪的感覺，彷彿置身於一個不會傷人的巨型機器人的小腸內，幾天內我學會如何快速移動，每當我從管子的另一頭鑽出來，流動的空氣會讓實驗器具發出時鐘一般的叮噹聲響。

我們回到地球時，許多人問我們一切是否按照先前的計畫進行。事實上，沒有一件事與計畫完全相符，但一切也在我們準備的範圍內。那可說是 STS-74 號太空任務最主要的教訓之一：不要以為一切都在掌握之中，試著為所有可能做好準備。另一項教訓則是（至少對我來講）：當你還是菜鳥，以低調為目標是個好策略。我的目標非常簡單：盡力做好分內的事，不要讓其他組員分心，或給他們帶來麻煩——我也達到目標了。

如果你是房間裡最資淺的人，請別急著表現。記住所謂「不知為不知」的道理：不管你的能力多強，經驗多老到，權威多大，一定有你不知道的東西。

創造每一天的附加價值

我第一次造訪國際太空站是在二〇〇一年執行第二次太空任務時，太空梭停泊後沒多久，維持太空站運作的所有主控電腦全數故障。電腦本身就有問題，開始複寫自己的硬碟。這意味著太空站停擺了：無法控制自己的方位與天線，也難以自我診斷，所有的功能都失效，地面控制中心幾乎無法與我們聯絡。要不是我們先一步把太空梭停上去，準備控制連接好的太空站與太空梭，麻煩就大了。所幸我們可以使用太空梭的通訊系統與推進器，也不缺氧氣、食物和水，大家的態度是繼續解決問題。

然而，電腦壞了，原本計畫要做的大多數工作無法進行，有一天，我們無所事事。跟我同一組的太空人史考特．帕拉辛斯基跟我都是太空站的菜鳥，會的東西不多，也無法協助解決電腦問題。所以我們去找當時的指揮官尤里．烏沙契夫（Yuri Usachev），問他：「我們現在能做哪些事，對大家最有幫助？」他說，如果我們盤點俄羅斯貨物區每個櫃子裡的東西，他會很感謝。那是一個很大的太空艙，裡面排列著一個個櫃子，所以我們從一頭開始，把每個櫃子裡的東西都登記列冊。那很像整理壁櫥：有用，但耗時又沒成就感。顯然，如果國際太空站的運作正常，根本不可能會有兩名太空人去做那種事，但我們還是花了幾小時把它做完。我們一邊做一邊開玩笑，試著讓整件事變得有趣，完成時我們倆覺得很開心。如果不試著創造一點附加價值，我們倆當天根本一事無成。

在那一次任務中，電腦問題解決以後，我又碰到一個類似的機會。我們為某個媒體活動架了一台錄影機，但是畫面無法傳回地球。必須有人從某一邊把所有纜線解開，一條條測試。我心想：「為什麼我不來幫個忙？」結果一點也沒錯，儘管升空前已檢查過，還是有兩條纜線壞了，所以我勉強把其他纜線拼湊在一起，打開開關，畫面傳輸就恢復正常了。那看起來或許微不足道，像是第四台技工做的事，但我很開心，因為我解決了問題，讓我們依照承諾傳送影像。

說真的，這種事感覺起來真是不值一提（當時我沒跟任何人提起），因為我知道別人都做了一些很有幫助的事情，沒大肆張揚，也不會引人注意。在外太空，我們都會修理廁所（廁所壞掉是常有的事），也會幫忙把牆上的果醬擦掉（拿著吐司到處飄動就會造成這種後果）。在國際太空站，我們必須隨時做好準備，願意也樂於做每一件事，不管是可見度最高的任務，或是在沒人出面時幫忙把天線調好。

如果你對自己的能力與價值有自信，不管你負責的是操縱太空船，或只是扮演螺絲的角色，那又有什麼關係？不會因為有人要你清理壁櫥或者把別人的襪子拿出來，就覺得自尊受傷。如果你相信你做的一切對任務有某種程度的貢獻，你或許會樂在其中。

不過，我也是凡人。我喜歡被人認同，喜歡別人對我的評價正面。因此當二〇一二年十二月二十一日即將抵達國際太空站時，我特意提醒自己：等我們進去之後，我要低調一點。在老家，我成為國際太空站上第一位加拿大籍指揮官這件事很了不起，但是在外太空，站裡早就有個負責人了：在十週後凱文．福特離開、交棒給我之前，他仍然是指揮官。而我們抵達時，他跟他的組員已經完全適應，數週來始終維持國際太空站的正常運作。

我的策略很聰明，也很簡單：不要搞砸任何事或讓問題惡化。我確定自己偶爾幫得上忙，能下可靠的決定，但不必急於一時。如果我為了有所表現而莽撞行事，結果可能不會是我想要的。

我已經當了二十年太空人，我覺得自己比過去都接近正面評價的境界。而我也知道，如果我希望組員那樣看待我，勝算最大的方式就是延續過去最有效的策略：以低調為目標。

10 外太空生活教你的事情

令人心安的敲門聲

國際太空站的重量高達一百萬磅（超過四百五十噸），大小有如一個美式足球場（包括達陣區），特色是裝滿了太陽能發電板。內部的生活空間比一棟五房民宅還大。太空站是由一個個獨立太空艙組合起來的，大到在裡面活動一整天也可能碰不到其他組員。它是遨遊太空的龐然大物，令人肅然起敬的國際計畫成果。當我們於二〇一二年十二月二十一日停泊在站上時，我們那小小的飛船裡瀰漫著期待與興奮的氣氛。我們排除各種潛在的阻礙，又髒又餓，渴望趕快到太空站裡伸展四肢，探索令人印象深刻的新家。

等一下。打開艙門總是比大家預期的還久：以我們為例，耗時兩個半小時。首先，我們必須確認停泊時的衝擊未損害聯盟號宇宙飛船。它和太空站接在一起的力道與飛行速度都在合理範圍內，但為了確保機身沒有細小的裂縫，我們必須檢查所有密封處。等我們確認機身完好無缺，才把鷹式壓力服脫下來，換成普通的藍色太空裝——這種太空裝跟所有俄國製太空裝一樣，褲管底部都有一條帶子，往下一踩就可以把褲管往下拉。這種設計在零重力的環境下很有用，可避免褲腳亂飄、不乖乖貼著腳踝。終於，我們準備好了。

在俄國人的觀念裡，太空探險活動的起始時間不是火箭發射或飛船停好時，而是艙門打開的那一刻。這也沒錯：從我們飄進國際太空站的那一刻起，我們的太空生活進入了新階段。先前我們已經敲過艙門，而太空站裡的組員也回敲了幾聲——離開地球那麼久，第一次聽到這種令人心安的聲音。但是一直要等羅曼哐啷一聲把那支可拆卸式手把轉到定位、發出喀噠聲後拉下來，才能和他們見面。艙門打開時發出咯吱聲響，就像鬼屋的門，此刻他們出現在眼前：俄國太空人歐勒格．諾維茨基（Oleg Novitskiy）、伊夫格尼．塔瑞金（Evgeny Tarelkin），還有美國太空人凱文．福特，他們全都笑容可掬，看起來鬍子刮得比我們乾淨多了。

我們飄出去以後，和三十四號太空任務的其餘組員在「黎明號」（Rassvet）見面。那是從國際太空站的俄國區延伸出來的隧道狀太空艙，非常迷你，狹窄到我們只能分次一個一個飄進去：當我們六個人轉身面對相機鏡頭，為這歷史性的一刻留下永恆紀念時，大家撞來撞去，身體歪七扭八，模樣看來很尷尬。但臉上的微笑可不是硬擠出來的，我們很高興在這麼遙遠的地方相聚。那些組員我都很熟，特別是歐勒格，他曾被俄羅斯聯邦航太總署派到休士頓當太空任務主任，但是我們沒時間敘舊，已經有正事待辦了。

我們飄出黎明號，到俄羅斯區參加停泊後召開的視訊記者會，也是我們升空後第一次有機會與家人說話，那是一場公開的私人活動，有許多記者在場。我的家人在科羅廖夫市的任務控制中心，坐在一個可俯瞰飛行控制台的室內露台上，可看見我們對著鏡頭咧嘴微笑的畫面，但我們看不到他們。不過能聽見他們透過麥克風輪流對我們表達愛意，感覺還是很棒。其中有幾個人甚至說已經開始想念我們了。用轉播畫面呈現這種私密場合，讓兩端的人都有點忸怩做作，唯獨讓他們知道我們一切平安算是一件好事。湯姆與羅曼的孩子要求爸爸在無重力狀態下翻筋斗，他們倆有點不好意思，但還是樂於照做。記者會上的最大笑點來自我那三十歲的兒子凱爾。他像個冷面笑匠，拿起麥克風說：「嗨，老爸，看到你升空實在很棒。現在可以買隻小馬給我了嗎？」可能的答案只有一個，我說：「問你媽。」

事後，我們做了簡略的安全會報，最後羅曼、湯姆與我終於可以安頓下來。羅曼是最自在的一個，因為二〇〇九年他在國際太空站住過六個月。長期的太空之旅是他的家族傳統：他父親尤里是功勳卓著的俄國太空人，曾在太空中待過四百三十天，一開始待在禮炮六號太空站（Salyut 6），後來則是和平號太空站。跟羅曼一樣，湯姆曾於二〇〇九年待過國際太空站，當時他參與一次為期十五天的太空梭任務。此刻，站上的太空艙比二〇〇九年的時候來得多，但他們倆都比我熟悉，因為我只曾在二〇〇一年短暫造訪過，當時國際太空站還在施工，基本上是架尚未完成的太空船。

如今國際太空站已經成為一座持續發出嗡嗡聲響、功能齊全的大型實驗室，大到讓人無法一目瞭然：想要一眼搞清楚內部的空間，是不可能的。太空站的主結構是一個個相連的柱狀與球狀太空艙，但裡面的空間都是方正而非圓形。從某些角度，可以一眼把太空站從頭到尾看得很清楚，但如果探頭沿著通道看去，就像粗大的樹幹，一座座連接在上面的各國太空艙（俄羅斯與美國各三座，歐盟與日本各一座）就像樹枝。每當我們接近某座太空艙、從艙門飄進去時，都會有一種「愛麗絲漫遊奇境」的感覺，無法立刻決定哪一邊是「上面」，因為上下已經變成一種主觀的感覺，不再由地心引力決定，而是取決於接下來你要做什麼。例如，在三號節點艙（Node 3）裡面，跑步機裝在牆壁上，馬桶與其他健身機器在地板上，如果我們要到穹頂艙（Cupola）去，就必須以頭下腳上的方式飄進去。三號節點艙的大小差不多跟市公車一樣，不管什麼時候，裡頭都有四個人在做四件不同的事情，每個人對於「上面」的理解各自不同。

自從我第一次造訪國際太空站以來，它的規模越變越大，但是停泊後不久，我就驚覺其實我非常清楚什麼東西在哪裡：因為我們在地球上接受的 3D 演練極為精確。在其他方面，它也給我一種熟悉感。例如，氣味還是跟以前一樣：讓人覺得很乾淨，像是整潔的實驗室，隱約帶著機器的味道。俄羅斯區有點不一樣：有一點黏膠與木材店的香味。裡面有很多黏著劑，因為牆上幾乎布滿魔鬼氈。在外太空，如果不把東西固定住，湯匙、鉛筆、剪刀與試管等東西就會飄走，要等一週後清理通風管的濾網時，才會再度出現。所以幾乎你想得到的東西後面都有魔鬼氈，才能固定在牆面上。

在國際太空站，我們絕不會搞不清楚自己到底在美國區，還是俄羅斯區。俄羅斯區的直徑較小，雙手攤開就能輕易摸到兩側牆面，牆上是色澤濃淡不一的綠色魔鬼氈，彷彿置身在潛水艇裡，沒什麼不舒服。美國區給人的感覺就不一樣了。一號節點艙（又名和諧號）是一九九八年運上去的，受邀提供意見的精神科醫生認為，用色柔和可以確保太空人的心理健康，所以他們挑選了……淺橘色。後來，他們可能有了不同見解，或是不再插手室內設計，於是美國區的其餘區域都改成白色，真是謝天謝地。太空總署認為魔鬼氈太多會提高火警風險，所以減量使用，而且大都選用灰白色。圓柱狀的美國區直徑十五英尺，內部裝了許多擺放實驗用機器與儲物的架子，儘管因此成為方正的切面，空間也變小了，但把雙臂伸展開來，還是不太可能碰到兩邊的牆面。因為光線明亮，沒有窗戶，加上白色牆面，美國區很像醫院走廊。

而且跟醫院一樣嘈雜。在無重力的情況下，熱空氣不會上升，空氣不會混合流動；各種讓人舒服一點及維生所需的風扇與幫浦不斷呼呼呼、哐啷啷、嗡嗡嗡，發出各種聲響，偶爾還混雜微小隕石擊中太空站的乒乒乓乓聲（國際太空站裝有防護鋼板，擋得住微小隕石。我們睡覺時，還會把窗戶外的金屬百葉窗關起來，算是強化的安全措施——如果真有巨大隕石來襲，這一切防護都沒用，我們只能衝進聯盟號，逃之夭夭，希望自己的運氣好一點）。

第一天，我們仍然在適應新時區，因為國際太空站施行格林威治標準時間，到了晚上十一點，我已經很想睡覺了。站上六個睡覺用隔間散布於美國區與俄國區之間，一點也不豪華，但是比太空梭與聯盟號上開放式的睡眠設施舒服太多，無法完全隔音，卻是站上最安靜的地方。每個隔間都是白色的，還加裝墊子，大小像電話亭的私人睡眠容器，有一扇門，一個牆面上裝了睡袋。其他牆面則有彈性束帶（我用帶子綁了一本書、一套換洗衣物，還有一小袋盥洗用品），還有兩個放筆記型電腦的地方，一台工作用，一台個人用。隔間頂部的魔鬼氈可以固定一些小東西，像是指甲剪與萬用麥克筆——這是太空中最適合的書寫用具，因為不管怎麼拿，都寫得出來。

在無重力狀態下，不需要床墊或枕頭，我們就有睡在雲朵裡的感覺，支撐力十足，不用翻來覆去、尋找較舒服的睡姿。一穿上我的兩件式俄國睡衣，再把睡袋拉鍊拉上，就成了一個雙手有洞可以伸出的巨繭。從我過去搭乘太空梭的經驗，我知道太空人的睡相非常好笑，雙手飄浮在身前，彷如科學怪人，頭髮像鬃毛一樣散開，面露非常滿意的表情。我把小燈關掉，在這個與外界隔絕的地方，覺得平靜無比，因為我很清楚，當我們在太空中繞行地球、入睡、飄過世界各地時，休士頓與科羅廖夫的兩個任務控制中心正監控著一切。

沒辦法洗熱水澡——克難的高科技生活

儘管國際太空站是先進科技的結晶，但某些站上的生活經驗可說是非常不文明。除了確實偏僻之外，也沒有流動的水可用——在無重力狀態下，水會化為小水泡，飄走後毀掉維持太空站運作的重要設備。

這種沒落、克難的生活品質讓人聯想到漫長的海上之旅：沒什麼個人隱私可言，也缺少新鮮農產品，只有最起碼的衛生條件，組員有很多時間耗費在一般的保養與維修工作。另一個相似之處在於，得過了許久我們才不再「暈船」。

一樣是無重力狀態，住在可隨意飄動的太空站，跟無處可去的小小太空船，感覺大不相同。想像一下，你飄在一個沒有水的池子裡，像超級英雄一樣：隨便動動手腕就能移動龐然大物，如同蝙蝠一般把自己倒掛在天花板上，或像奧運體操選手在空中翻滾。你可以飛翔。毫不費力。

但是，所謂毫不費力也需要一點時間才能習慣。我的身體與腦子已經習慣抵抗重力，因此在無重力狀態下用力過度的糗事，有時顯得很可笑。兩週後，我終於可以用比較優雅的方式在太空站內移動，但還是覺得自己像是一隻在藤蔓之間盪來盪去的猿猴。我總是在驚嘆自己的身手為何如此靈活時，錯過某個扶手、撞上牆壁。直到六週後，我才感覺自己像個太空居民，移動也成了本能：專心跟其他太空人談話時，我會突然發現我們正飄過某個太空艙，就像在水池裡漂來漂去而不自知。

無重力狀態改變我們的日常生活形態，幾乎每件事都會受到影響。例如，刷牙時必須把牙膏泡沫吞進去，吐出來的後果會很糟糕，也沒有流水可以把泡沫沖進排水管。洗手時需要一袋水，裡面的水已經混合了一點免沖水肥皂；我們用吸管從袋子裡吸出一顆水珠，抓住它用雙手互相搓洗——必須小心謹慎，讓水珠像膠水一樣附著在手指上，否則就會到處飛來飛去。然後再用毛巾把手擦乾。顯然，想花多一點時間沖熱水澡是不可能的。在所有美好的生活享受中，我最想念的就是熱水澡了，用濕冷的布擦澡實在是很遜的替代選項。如果要洗頭，必須用免沖水洗髮精不斷搓揉頭皮，然後小心擦乾，藉此確保濕濕的髮絲不會在太空站裡飄來飄去，堵住空氣過濾機或飛到別人的眼睛或鼻子裡。洗髮精多少有點用處，但我的頭髮與頭皮的感覺就是不同於在地球上。

如果要洗衣服，就沒有所謂的免沖水肥皂了，連替代方案也沒有。我們只能重複穿同樣的衣服，直到穿破。我從來沒參加過長時間的太空任務，老實說有點擔心臭味問題。難道在外太空，都得用這種……臭臭的方式過日子嗎？令人訝異的是，答案是否定的。我的鼻竇的確有點堵住，因為沒有重力，頭部的體液無法流通，但我在國際太空站還真的沒聞過誰有體臭。我想理由在於衣服沒貼著身體，而是若即若離地浮在表皮，同時因為我們做事不太費力，流的汗便少很多。一雙襪子可以穿一週，襯衫穿兩週，短褲與長褲就算穿一個月，也不會被別人嫌髒嫌臭。當我覺得某件衣物實在不該繼續穿了，就會把它丟進垃圾桶——補給用俄國太空船進步號會把垃圾桶載走，整艘船在進入大氣層時燒毀。

我丟得最凶的是運動服，大概一週換一次。在長時間的太空任務中，我們強制規定要做運動：如果不做，會越來越瘦弱。我們一天必須運動兩個小時，讓肌肉與骨骼的強度能夠勝任極度累人的太空漫步任務，也可以確保回到地球時雙腳還能站立。

不過，想在能輕易移動的環境中運動其實沒那麼簡單。我們需要特殊的運動設備：一輛可以把鞋子卡住的健身腳踏車，讓我們不至於飄走；一台附有束帶的跑步機能讓我們固定踩在機器上，而不是踩空氣。我一開始把訓練強度調整為體重的百分之六十，後來在太空中待久了，才增加強度，讓訓練更具挑戰性。說真的，跑步不是我在太空中最愛做的事：因為當我們習慣到處飄浮，跑步給人一種很怪的感覺：雙腳明明不斷移動，卻哪兒也去不了，稍嫌沒意義。一邊跑步、一邊看曲棍球比賽或電影，的確能增加樂趣（酷愛跑步的太空人似乎比較不在意；宋妮塔．威廉斯就曾在太空中參加二〇〇七年波士頓馬拉松大賽，她只花了四小時二十四分）。

我也會固定使用ARED，也就是「進階型耐力提升裝置」（Advanced Resistive Exercise Device）。那種精巧的機器利用兩個真空圓筒，把最多六百磅的力量施加在橫桿或纜線上，我們必須對抗圓筒的吸力。就使用的感覺和對身體的好處來講，非常像在舉重，同時我也會用ARED來踮腳跟、蹲舉，還有一些容易多的動作。太空站的所有設備都裝有隔震器，有些甚至裝了具穩定功能的迴轉儀，這樣運動時才不會影響到科學實驗。

流汗這件事，我們也得留意。汗水不會因為重力而往下流，會慢慢累積起來，整片覆蓋在身體上。如果轉頭時速度太快，巨大的汗滴可能會離開身體，飄到太空艙的另一個角落，打在其他太空人臉上。為了顧及禮儀，在太空站運動時，我們必須把一條毛巾塞在衣服裡，或者讓它飄在身邊，隨時可以拿來吸汗。稍後我們會用夾子把毛巾掛起來，讓水分被空氣吸收，跟尿液一樣，都可以回收當作水使用。

沒有錯，水，而且是飲用水。二〇一〇年以前，國際太空站的用水很多，是用太空梭或補給太空船載來的，裝在一個個圓筒狀袋子裡；如今站上裝有淨水系統，一年可製造一千六百加侖的水。淨水系統裡的過濾器與蒸餾機持續旋轉，製造出人工重力，讓廢水流動，藉此把汗水與用來洗東西的水，甚至尿液都變成飲用水。聽起來是有點噁心（說老實話，當我在享用冰水時也不喜歡一直想它是尿做成的），但是太空站的水的確比大部分北美家庭水龍頭流出來的水還乾淨，喝起來……就跟水一模一樣。

抵達太空站之後不久，我開始拍攝一支支短片，記錄這類只發生在太空中的日常生活細節，加拿大太空總署把片子都po在官網與YouTube上面。拍片對我來講很簡單，只需按下高畫質攝影機上的拍攝鍵，開始示範動作，例如怎樣使用跑步機或洗手。太空總署的編輯就得花較多時間了，他必須幫片子配上有趣且帶有太空感的音樂與圖片，但是努力沒有白費：有些影片在網路上瘋傳，創下幾百萬的瀏覽人次。原來一般人對太空中的瑣事那麼有興趣——例如剪頭髮的情形（我請另一位組員幫我剪，他用一種叫Flowbee的電動剪髮器，接在後面的吸塵器可以直接把髮屑吸走）。

加拿大太空總署體認到這是讓大家對太空計畫產生興趣的絕佳機會，於是趁我在外太空，製作了一百多支短片。這種教育性質的推廣工作也是太空人職責的一部分，而我特別熱愛。在拍片之前，我已經花了二十年時間在許多小鎮的鎮民會堂、小學與扶輪社演講，推廣太空計畫，基本上是哪裡有需要就去。二〇一〇年，我還創立了一個計畫叫「與太空人的午餐對談」（On the Lunch Pad），利用我吃午餐的時間，用Skype軟體與學校的孩子對談。

有時候令我感到挫折的是，我發現很少人瞭解太空計畫的內容，也不知道這對他們有什麼好處。許多人反對太空計畫的理由是覺得「浪費錢」，卻對太空探險經費的實際使用情況一無所知。例如，加拿大太空總署的年度預算，實際上比加拿大國民每年花在萬聖節糖果上的錢還少，而且大部分預算都用於發展通訊衛星與雷達系統，藉此取得更多天氣與空氣品質預報、環境監測與氣候變遷研究的數據資料。同樣地，美國太空總署的預算也不是用在外太空，而是地球上，拿來投資美國的公司與大學，間接支付了紅利、創造新的工作職缺與新科技，乃至於新興產業。

太空計畫的企圖心極其強烈，其目標無非是探索我們的太陽系，瞭解地球以外還有什麼。探險的欲望是人類的天性，遠古時代早有不安於室的青少年，為了知道山的另一頭有什麼而離家。過去十年，我們發現在我們的銀河系有兩千顆行星繞行其他星體，而大部分人相信這是有價值的發現。此刻有許多機器被發送到其他星球蒐集資訊，太陽系的每顆行星幾乎都有人造衛星繞行，還有許多機械探測器用於增進我們對大氣層與磁場的瞭解，避免地球受到輻射的傷害。

我做的推廣工作，就是把這些事情解釋給大家聽，但我也學會一個道理：如果想讓人們相信太空計畫是好投資，就必須吸引他們的注意力。沒想到這種事一到外太空就容易多了：多虧網際網路，我們可以讓大家即時**親眼看見**置身外太空是怎麼回事。我們的探險活動不只受到矚目，還轟動了各大社群網站。理由很簡單：每個人天生都對其他人存有好奇心。大家都在意太空探險活動的偉大意旨，但是那些人性化的面向，那些國際太空站的日常生活細節，更教他們著迷。因此，我可以理解為什麼那些最受歡迎的短片，都是關於太空中的生活趣事。

所幸太空生活真是趣事一籮筐。例如，幾個月後我的腳底變得跟嬰兒一樣滑嫩，老繭都不見了，因為腳底只有在運動時會承擔重量。倒是腳背長滿了繭，因為做實驗或拍照時，總是必須用腳勾住防止飄走的支架，因而不斷摩擦。我也注意到我的眼睛有點刺痛，地球引力通常會讓眼球上的多餘水分流掉，如今卻沒辦法；以前我只需要在起床後把夜晚累積的眼屎擦掉就好，如今連白天也會出現眼屎，有時幾乎快把眼睛黏住了，必須常常眨眼才行。

我想人們喜歡聽這類鮮事的理由之一是，藉此用不同的方式看待這個世界，甚至有大開眼界的感覺。在地球上，叉子如果擺在桌上一定不會亂動。然而，一旦把重力這個變數拿掉，一切都改觀了。叉子會飄走，睡覺時也是飄浮的。吃東西、彈跳、用杯子喝飲料，這些從學走路開始就知道怎麼做的事情，突然變得如此神奇、困難或充滿趣味，有時還兼具這些特性。我想大家寧願相信所謂不可能其實是可能的，而我樂於提醒他們這個道理。

我們在太空中做的事的確很嚴肅，但也妙趣橫生。有趣的不僅僅是完成太空漫步的壯舉，也包括在無重力狀態下，色彩鮮艷的M&Ms巧克力在包裝內撞來撞去，發出熱鬧聲響。生活充滿各種意想不到的小小樂趣，在太空中是如此，地球上亦然，而且我認為自己可更清楚看出這個道理，因為無重力狀態令我時時保持注意力。無重力狀態就像是每天拆封的新玩具，每拆一次都有新花樣出現——也提醒我們不只要小題大作，還要細細品味其美好。

光取尿液就大費周章——寶貴的太空實驗

人類史上第一批越洋探險家並不是快樂地揚帆，完全不考慮實際問題及如何補給。在離開陸地以前，他們試著設想哪一種木材最堅固，哪一種食物最適合在長途航程中保存。他們試著降低風險，提高成功機率，方法是事先想清楚探險的每個面向。

國際太空站也是一個指標性地點：我們可以用它來思考，如果要展開更具企圖心的探險計畫，該怎麼解決各種實際問題以及如何補給。我們想釐清兩個問題：一是如何讓太空船完全自給自足，安全地踏上更遠的宇宙探險之旅？二是如何讓人類在探險之旅中長保健康？

因為我們常做運動、控制飲食（沒有油炸食物、不喝酒，也不吃邪惡但風味絕佳的蛋糕與餅乾），大部分太空人返回地球時體態都維持得很好，體脂率也降低了。然而在外太空時，我們的身體會發生一些變化，長期來說還不確定是否會影響健康。比如說，當我閉上眼睛，偶爾會看見一陣陣微弱的光線，那就是所謂的宇宙射線（cosmic rays）——來自某個遙遠的太陽、穿越宇宙而來的高能量粒子，對我的視覺神經來講，效果彷如閃電。那些閃光出現在視覺邊緣，好像故意引誘我去注意它一樣。很多太空人都有這種經驗，不是非常煩人，頂多是提醒自己不再置身地球的小小視覺問題。不過，這當然與我們暴露在充滿輻射的環境裡有關。在地球上，大氣層和磁場保護我們免於太陽與億萬顆星星的輻射傷害，國際太空站卻持續受到高能量粒子的衝擊。目前還沒有證據顯示，太空人罹患癌症或白內障的風險會大幅增加，但是我們吸收的輻射量確實比海面上高，這個問題值得研究、因應。

其他與長期太空飛行有關的改變就肯定對人體有害了：免疫系統變弱；心臟也因為無須對抗地心引力而縮小；視力容易減退，有時減退程度極為明顯（迄今仍沒有人知道確切原因）。脊柱變長是因為脊椎間的小小液囊變大，而骨質則因為體內鈣質流失而疏鬆。少了地心引力，我們不需要肌肉與扎實的骨頭來支撐體重，就算這是太空生活的最大樂趣之一，長期來說對人體卻有負面影響。

譬如，想去火星的話（來回一趟至少要兩年），當務之急就是找出這種改變的原因以及如何防制。如果到了火星才發現眼睛看不見，會是一大問題。當然，研究與長期太空飛行有關的生理變化，最理想的場所就是國際太空站了，那也是我們在站上的工作重點。

在組員進行的太空科學實驗中，大概有一半是研究自己的身體變化。我們接受各種檢測，量出心臟縮小的幅度，還有骨質密度與血管的變化，以及眼睛是否有異常等。你也可以說我們是實驗室的技師：我們不負責研判數據，只負責蒐集資料。例如，有個實驗由我在雙眼滴東西，湯姆則用一個小小的眼壓計在我的眼球上輕拍十下，數據與影像就會傳回地球，讓專家們看看我的眼壓有何改變。湯姆跟我也會用超音波去照對方的雙眼，取得精確的視神經、眼球晶體與角膜影像（所幸後來我得知眼睛沒事）。地球上的專家也會指導我們用超音波照彼此的脊骨與手骨，並進行心臟超音波檢測，其難度較高。

令人滿意的是，我的技術好到可以為湯姆的心臟照出清晰影像，也知道地球上的某位科學家能夠判讀。太空任務期間，大部分人體實驗都必須長期進行，為了讓採樣數量多到具有科學上的意義，我們需要更多太空人參與實驗，多年後才會有結果出來。

上太空前，我們就知道自己將成為白老鼠，但我們非常清楚狀況，而且心甘情願。常有科學家與醫生來太空總署說明其測試與實驗的內容，解釋他們想發現什麼、理由為何，在這些需時幾天的簡報過後，我們會拿到數百頁的資料，決定自己要署名參加哪些實驗。如果我們同意的話，醫學領域的科學家會在我們身上做任何事（一九九〇年代，太空人升空時甚至戴著心導管與直腸探針），因為資料永遠不嫌少，太空人參與的樣本永遠不嫌多。我報名參加了所有實驗，需要切片的除外，因為我可以接受在生活上有所不便，也能努力工作，但是要我捐出身體組織，免談。

尿液又是另一回事了，站上所有的太空人花了很多時間蒐集尿液。太空站的廁所是一個白色亭子，裡面有一根連接牆壁的長管，我們都是對著管子上的黃色漏斗尿尿，就像個迷你尿斗。廁所裡有讓你免於飄走的手腳用把手；我們必須抓住用魔鬼氈固定在牆上的長管，打開蓋子，等候它吸入空氣。大概有十五秒的暖機時間，而且一定會等到吸力足夠才開始，否則事後要花很多工夫清理尿液。即便直接尿在管子裡，漏斗上總會遺留幾滴尿液。崔西・考德威爾・戴森（Tracy Caldwell Dyson）是太空人樂團 Max Q 的女主唱，和我有十年以上的共同演出經驗，她最後一次上太空站時留下的訊息實在發人深省：「願上帝保佑那些把漏斗擦乾淨的人。」能夠拿來擦漏斗的東西多不勝數，包括衛生紙、嬰兒紙巾、紗布、俄國乾式擦拭布，還有消毒過的紙巾。不管用什麼擦拭，擦過後放進袋子裡，用嬰兒紙巾擦一擦手，順便丟進去，把袋子夾緊封起來，丟進垃圾桶，便大功告成。

如果參加了某項科學實驗，尿尿的方式就大不相同了，而太空人有四分之一的時間都在配合做實驗。我們必須帶一整套設備進廁所。如果驗的只是pH值，看看器官功能與體內的化學平衡，還不算太麻煩。只要帶著數據表、色表、一根棉花棒、一張pH值試紙、濕紙巾和一個小袋子就可以了——當然，這些東西也很容易飄走（為什麼詹森太空中心沒提供這類演練呢？手裡不但要顧好一堆會飄走的小東西，還要拿一根管子，同時尿尿。真不知道理由何在）。經過幾十年複雜的技術性訓練之後，培養出來的應變能力在此時就可以派上用場了：兩、三天後，我發現可以把所有小東西塞進廁所的一本書裡面，好好固定住。尿完後，我可以用棉花棒從漏斗上刮幾滴尿下來，用棒頭摩擦pH值試紙，用試紙比對色表，做有效判讀，把數據填進表格，然後照常把一切清理乾淨。第一次花了我十五分鐘，練習過後，時間縮短到五分鐘。

蒐集尿液樣本就比較複雜了，而且需要用到一個裝滿試管的小盒子、一整組清潔用品和一個像熱水瓶的塑膠袋，只不過袋子的一頭是保險套，另一頭是看起來像皮下注射器、被藍色橡膠膜片蓋起來的細長管子。已經裝在袋子裡的是一種必須與尿液混合的化學物質，這個步驟是試驗的關鍵。我要在這裡爆個料：我不太清楚女太空人是怎麼進行的，後來才發現她們的處理方式的確與男太空人大不相同。

首先，我們必須把那個像熱水瓶的塑膠袋拉直，確保保險套與袋子之間的隔膜開了，尿液才會藉由衝力沖過那小小的單向活門，把袋子裝滿，而不是倒灌，灑在我們身上、牆壁上，以及……總之你可以想像那個畫面。袋子裝滿後，為了避免尿液漏出來，還要把袋子放進一個夾鍊袋裡（這類意外至少發生過一次），用力搖晃，讓袋裡的化學物質與尿液充分混合。

此刻，我們手上沾滿了尿液變成的小小水球，廁所裡也飄浮一滴一滴的尿，這時只有提醒自己，這一切都是為了科學研究，心情才會好一點。花點時間把自己清理一下，同時用另一隻手拿消毒過的紙巾把天花板跟牆壁擦乾淨。

好了，該是分裝試管的時候了：有時候只需要裝一根，但通常需要五根試管，一切取決於實驗種類。用萬用麥克筆在試管上寫下時間、日期與姓名。剛剛在搖晃袋子時，尿液會形成泡泡，所以此刻必須輕輕搖動袋子，像離心機一樣，讓所有的泡泡跑到保險套那一頭，再利用橡膠膜片把尿液擠出來，將試管裝到四分之三滿，預留冷凍後所需的膨脹空間。所幸那些試管上面都有魔鬼氈，可以固定在牆壁上。完成後，把大袋子封在夾鏈袋裡面，將所有空氣擠出，再次把自己清理乾淨。

接著打開條碼掃描器，掃描試管上的條碼，把管子放進一個網袋裡，擺進一個叫 MELFI 的零下一百四十度特製冰箱。它看起來就像停屍間裡的冰櫃，一樣有可滑動的抽屜，裡面擺著長方形的盒子。冰箱冷到必須戴特殊的白手套才能把管子擺進去，而且只能打開六十秒，以免破壞裡面其他的生物樣本。不過這有點難度，原因是，一旦打開盒子，一堆之前裝在裡面的網袋就會飄出來。我們像是養蜂人一樣，必須把袋子一個個抓下來，跟自己的網袋一起丟回去，然後把抽屜關緊——即便只是勾到網袋的一個小角，抽屜都會卡住。事實上，我們在地球上練習過，只是當時並非無重力狀態，沒有東西會飄走。接下來就是有趣的部分了（我是說真的）：當我們把抽屜滑回去時，我們身體的上半部會被衝出來的冰晶籠罩，看起來就像冰冷的雲朵。

脫掉手套後就完工了！這整個程序大概只需要四十分鐘。由於為實驗提供樣本通常要連續採樣四天，接下來我們就知道該怎麼規畫自己上廁所的時間，而且不能忘掉有其他組員也在提供樣本，必須與他們協調時間——MELFI 這種冰箱只能每四十五分鐘打開一次。

我們做的科學實驗不只是跟採集尿液這種麻煩事有關。我們也在測試一種叫流式細胞分析儀（Microflow）的儀器，大小跟烤麵包機一樣，功能是用光纖和雷射分析血液樣本，十分鐘內就能判讀出結果——這種美妙的可攜式科學儀器對鄉間村落而言，簡直就是天賜的禮物。我們也幫加拿大進行一項叫 RaDI-N 2 的實驗，其目的是探測並測量國際太空站各個區域的中子輻射含量。我喜歡這項實驗的原因是它既簡單又優雅：把裝滿透明矽膠的試管擺在站上各個地點，只要有中子進入試管，就會形成可見的氣泡。接下來會有機器分析試管，判斷站上哪些太空艙的輻射含量較高（實驗結果顯示，有些太空艙抵擋輻射的效果比較好，不過我們尚未搞清楚輻射問題有多嚴重，也不知道長期而言是否會影響太空人的健康）。

我最愛的是一些具有「大哉問」性質的實驗，它們企圖回答「宇宙的構成要素為何？」

之類的問題。架設在國際太空站外面的太空磁譜儀（Alpha Magnetic Spectrometer）就是用來蒐集「暗物質」（dark matter）與高能量粒子，以此嘗試解答。另一項實驗則是觀察奈米粒子（nanoparticle）在無重力狀態下的活動情形，以及與粒子間合併的狀況。站上的一百三十項實驗大都無法在地球上進行：我們的任務是確保科學家能夠取得需要的資訊。

在一個巨大的實驗室裡工作，實在是一大責任與榮譽。我們做的是設法找出在太空的艱難環境中生活的方式，過程中也衍生出數以千計的實用副產品，從能調節氣溫的內衣，到藉由太空梭燃料幫浦技術製造出來的心臟幫浦。太空科學實驗的好處與副產品遍及各個領域，包括農業、醫學、機械。太空梭與國際太空站蒐集到的資料讓Google地圖的功能更強；透過不同的飲食與運動實驗，我們知道如何永久避免某種讓人體衰退的骨質疏鬆症；如今核電廠能夠在過度危險的區域以機械裝置取代人工，其技術直接脫胎於加拿大機械臂二號——例子實在太多了，無法在此一一贅述。

很多時候，我們的工作不具任何光環，但那無所謂。畢竟，我們的工作環境是一個很棒的地方。

你是否想當個快樂的人？

每天早上太空總署都會給我們一張太空站的工作日程表，以五分鐘為單位，規定我們什麼時候該做什麼事。有三件事幾乎每天都一樣。首先是某些基本的保養工作，例如檢查各項系統、打掃、確認設備是否磨損，諸如此類。偶爾會有一些定期的維修工作，像是徹底整修通訊系統。另一個部分則涉及科學實驗：我奉命花幾分鐘做某項實驗，湯姆則忙於另一項實驗，其他人也一樣。通常我們會待在不同的太空艙，進行完全不相干的工作。最後則是停工時間。

停工時做哪些事都有嚴格的規定，不過就許多方面來說，比地球上還要輕鬆。因為我不用一直出差，也不用上永無止境的緊急應變訓練課程。在太空站，我們會受一點訓練，像是利用模擬器或加拿大機械臂二號練習操作機械的技巧，或是為下一艘太空船的來訪與教官們開視訊會議，但大體來說，我們花的時間較少，有時候完工速度甚至比地面控制中心人員預料的還要快。

如果我們比預定進度早十分鐘完工，該做些什麼呢？我們可以探頭看看窗外景色：在國際太空站，只要一有空檔，我就會把握良機，好好欣賞外頭的景致。每當意想不到的閒暇時刻出現時，我們喜歡享受無重力狀態的樂趣，像是做一些旋轉和翻來覆去的動作，只為了好玩。我們也愛玩水。有人會小心翼翼地從飲用水的袋子裡擠出一個不斷打轉的水球，然後我們就像一群追著肥皂泡泡的孩子，聚在飄浮的水球旁，輕輕對它吹氣。當然，如果不小心，水球就會分裂開來，搞得亂七八糟。太空站因為有洞口產生氣流把東西吸過去，讓駕馭水球變得更具挑戰性，有時候避免災難的唯一辦法就是快速把它吸進嘴裡。偶爾我們會用牙線棒控制水球的方向，讓它旋轉，笑著追逐水球，直到太靠近牆邊，才會擋下來、用毛巾吸水。

如果我們想提高遊戲的風險，就會用咖啡或果汁來代替水。儘管出錯後會更難清理，但那顏色漂亮到足以拍出具有藝術風格的照片。我們也會對著水球拍照，嘗試捕捉我們在水球上的倒影。為了避免到處有人打噴嚏，我們的胡椒都加在油裡面，以免飄走。某次我小心翼翼地把攙有胡椒的油擠進正在飄動的水球裡，因為油水相斥，形成一種水球內有油球的奇觀。

某次行程出現短暫空檔，我們又即興創造了另一種遊戲。升空時，地面的支援團隊會用泡泡袋來包裝易碎物品，我們把實驗器具的包裝拆掉後，都會把泡泡袋拿到最遠處的日本區實驗室，放進一個大大的圓筒狀袋子裡，以免礙手礙腳。偶爾，我們必須大老遠飄到那個最遠的角落，處理剩餘的泡泡袋。因為國際太空站非常大，自然而然成為我們舉行飄動比賽的場地：快速、優雅的飄動對大部分太空人來說很值得驕傲，我也不例外。我們以一號節點艙的餐桌為起點，看誰能以最快速度把泡泡袋拿到那個袋子放好、再回到原點。過一陣子，我們還真的養成在白天收集泡泡袋的習慣，到了晚餐時間才有熱鬧的餘興節目可觀賞。我們就這樣看著彼此往日本的太空艙飄動，雙手扠腰，緊抓一小片泡泡袋，在轉角處用力飄動，幾秒後又重新出現，搶在別人之前抵達終點，每次大夥兒都笑個不停。我還記得某天自己創下四十二秒的紀錄，感到驕傲不已。

有些閒暇時間則是規畫好的，每天工作結束後，我們大都可以休息，週末的工作量也比較少。各國太空計畫的主管機關都非常注重休閒活動，站上有許多ＤＶＤ與書籍，還有樂器，包括鍵盤、烏克麗麗與吉他，還有一根迪吉里杜管（didgeridoo，澳洲原住民的管樂器）。出於民族自尊心，我不得不跟大家強調那把吉他是Larrivée牌的，製造商位於溫哥華，創辦人就叫尚・拉希衛（Jean Larrivée）。想把東西弄上太空站，並不是跑進工廠隨便拿一件就可以了：我們帶上去的每件物品都不能發出太強的電磁波，也不能含有苯或其他在封閉空間中有害人體的揮發性化學物質。

彈吉他對我也是一項考驗。無重力狀態影響我彈吉他的方式：一開始我的手勁太大，因為還不習慣沒有阻力的環境，指法出了問題。過了一陣子我才抓住要領。好處是，我不需要背帶，吉他會飄在我面前，不過為了避免它飄走，還是要抱住它。但有一件事是不變的：音樂聽起來就跟在地球上一樣，儘管風扇與幫浦持續發出噪音，每當太空船受到太陽照射也會持續傳來金屬膨脹的劈啪聲響。有時候，背景的噪音實在太大，感覺像在公車後面演奏，結果最佳的彈奏地點居然是我睡覺的隔間。湯姆與羅曼也彈吉他，所以幾乎每晚都會有某個隔間傳出音樂，就像附近有人在開營火晚會似的。

很多人認為我們在站上一定很寂寞，因為距離地球如此遙遠。我們與地球上的親友其實有很多聯繫管道，像是無線電發報器、VHF無線對講機和網際網路；透過衛星中轉，筆電也能跟休士頓的一台伺服器連線、上網。一天下來，那種數據連線大概有一半的時間是有效的，只是速度比撥接網路還要慢，等待影片跑出來是對耐性的一大考驗，收發電子郵件倒是沒問題。我們一點也沒有與世隔絕的感覺，反而刻意隨時掌握最新時事。例如，波士頓馬拉松爆炸慘案發生的那一天，我得知的案情比指令艙宇航通訊員還多。我們隨時可以跟地球上的人講話，因為任務控制中心總是有人在，只要一通電話就可以跟在家裡的親友聯絡。

事實上，任務一開始，我一天跟孩子們通一次電話，直到凱爾開口：「老爸，你幹嘛一直打電話？我們知道你很安全啦！」顯然，接到來自太空的電話已經不如一開始有刺激感。更何況通話時，雙方有兩秒的時間落差和擾人的回音。在地球上，我的家人不太用電話聯絡，因為孩子們都住在很遠的地方，但是我們常常透過我們家專屬的 Skype 聊天室溝通：克莉絲汀在愛爾蘭讀大學，凱爾住在中國，伊凡則是最近才完成德國的大學學業。在外太空時，我沒辦法隨時連上 Skype，便養成每天與海倫通話、寫電子郵件的習慣，與克莉絲汀和伊凡則主要用電子郵件聯絡。凱爾還是要忍受我打電話給他，因為他不是個喜歡寫電子郵件的人。他是職業撲克牌選手，我們會聊他的比賽結果。不久前他搬到武漢市，也聊一聊他喜歡這座城市的哪些地方、近來跟朋友們做了什麼事——我想知道他的生活，而不是聊我的事。透過視訊會議，我已經跟許多學生、記者聊了很多自己的生活細節。凱爾素有急智，對世事也有許多獨到見解，跟他聊天總能讓我和地球保持聯繫。

我想念孩子們，但是思念之情不會比在地球上的時候濃烈，因為我不常見到他們。我比平時出差時還常跟海倫講話，但我依舊很想念她。我並不寂寞。我想，寂寞跟一個人待在哪裡沒什麼關係，那是一種心態。世界上最寂寞的，往往是那些處於忙碌大都市中心的人。我在外太空未曾有過那種感覺。或許是可以俯瞰窗外的地球全景，讓我更能感覺到七十億人類的家鄉，與它的聯繫也更密切了。

我也覺得跟其他組員關係密切。在國際太空站，美、俄兩國太空人的作息時間並不相同，太空站的兩個區域也是分開的，必須刻意造訪對方才能見面。在太空的五個月裡，有時候我們會在晚餐後飄過去與他們小聚個十五分鐘。吃飯時間是彼此交流的重要機會，特別是站上只剩我們三人的時候。凱文與組員離開後，羅曼就獨自一人待在俄羅斯區了，我們鼓勵他盡可能過來和我們吃飯。我們三個在飯後常會聊天、聽音樂，羅曼的 iPad 裡裝的樂曲數量多到令人嘆為觀止。

在太空站，準備吃的並不麻煩。所有的液態食物，包括咖啡與茶都是袋裝；大部分是粉狀，只要加水進去，用吸管吸食即可。站上大多數食物都經過脫水處理，所以一樣要用某種針狀物把熱水或冷水注射到袋子裡，打開即可食用。有很多黏稠的食物，像燕麥粥、布丁與煮好的菠菜，因為會結成一團團，較容易用湯匙舀起、塞進嘴巴，不會害我們到處追著跑。大概每隔一個月，補給用太空船或另一艘聯盟號抵達時，我們才有新鮮蔬果可吃。某次，每個人都吃到一顆新鮮、清脆的綠蘋果，還有橘子。另一次則是一根香蕉、番茄與橘子各兩顆。還有一次是每人一顆洋蔥！

儘管沒有冰箱，太空食物大致上比我們想像的都還好吃。種類也很多，有俄國的燉牛肉與蒸鮭魚，還有美國菜和其他國家的特別菜餚。我也拿到特別為我準備的加拿大特產，像是煙燻鮭魚、水牛肉乾，還有一管楓糖糖漿，甚至還有提姆．霍頓斯（Tim Hortons）連鎖咖啡店的咖啡，這是站上最受歡迎的咖啡因飲料（羅曼說其他咖啡都只是「替代品」，跟它沒得比）。

包括我在內，有許多太空人待了一陣子之後都很想吃辣味食物，因為無重力狀態導致的鼻塞問題，讓所有食物都像在感冒期間吃的，較沒味道。我最愛的菜餚是袋裝的雞尾蝦佐辣根醬，吃起來不但美味，嗆辣的感覺也能幫我通鼻子。

有時候我們的確太貪心，想吃點特別的，像花生醬與果醬三明治。站上沒有麵包（因為清理麵包屑很麻煩），所以我們就用特別包裝的抗黴菌墨西哥玉米薄餅替代。有時，我們會精心準備特別的餐點，例如四月慶祝俄國完成太空漫步任務而準備的早餐，有格子鬆餅與楓糖糖漿（這兩樣對於俄國人來講是很奇怪的早餐），還有布利乾酪（Brie cheese）、冰沙與脫水草莓。那個星期天早上，我們六個人混了很久，在一個類似無窗交誼廳的地方飄來飄去，喝了很多杯提姆．霍頓斯咖啡，談天說笑，覺得我們是太空中最幸福的人。

如果能待在太空中，即便最平淡無奇的日子都像美夢成真。當然，太空的生活經驗之所以美妙，是因為我們上去的機率微乎其微。基本上，太空生活跟地球生活沒兩樣，這可以分成兩方面來說：你可以選擇把心思放在生活中的驚喜與樂趣，或是挫折上；也可以選擇好好品味最微不足道的小事、每天都會來臨的時刻，或是只有最偉大而令人興奮的經驗，才當一回事。到頭來，真正的問題是：你是否想當個快樂的人？就算我沒離開過地球，也知道答案。正因為知道答案，才促使我更深愛自己的太空人生。事實上，讓我最感挫折的是必須睡覺。睡覺有點浪費時間，因為還有那麼多事物等著我去體驗、去見識、去感受。

11 穿著方形裝備走出圓形艙門

虛擬世界中的分享

十歲時，我最想要的生日禮物是攝影機。我喜歡《國家地理》雜誌，心想如果沒當上太空人，攝影可以作為備用計畫。聖誕節早上一醒來，看到聖誕樹下的東西時，我簡直樂歪了：是一台柯達的 Instamatic 相機。我二話不說，著手拿我收藏的汽車模型與幾面鏡子拍一些很有氣氛的相片，再送去沖洗。結果洗回來的照片亮度不夠，也不動人。我又拍了一些。但是等我把大多數零用錢都花在沖洗照片之後，我領悟到一件事：我永遠也當不成專業攝影師。我拍的相片都很爛，就把相機收起來了。

多年後，有人送海倫跟我一台專業相機當結婚禮物，那是一台又重又大的三十五毫米佳能相機，帶著它簡直就像帶著一個小孩。我對鏡頭與功能做了一番設定與調整，拍出來的照片的確好看一點，但沒有人會認為我拍的家庭照具有藝術水準。偶爾我能拍出一、兩張好照片，但那只是運氣好，與天分無關。

不過，在太空中我必須讓照片的品質更可靠一點。所幸——或者說不幸，我不是唯一拍照技術有待改進的太空人，為此太空總署還找來專業攝影師教我們拍照，只是很難有好效果。想像一下攝影老師興致勃勃地講解快門速度，但一群戰鬥機飛行員只說了一句：「告訴我們該按哪顆按鈕就好。」我想任誰都知道上課的狀況會怎麼樣。少數幾位太空人卻是極具天分的攝影師，像我的好友唐恩．派提特（Don Pettit），就非常瞭解攝影竅門，上國際太空站前還要了一些改裝相機與鏡頭。他那些連拍的極光照片改變我們對世界的看法。我的水準與他真是差太多了。等到二〇一二年我自己上去，最多也只會使用自動功能。

歐盟太空總署的穹頂艙是一座具有天文台功能的太空艙，當時已經蓋好兩年。從外面看來，就像三號節點艙底部長出來的六角形肉疣，內部卻非常漂亮，一片片觀景窗構成可俯瞰地球的三百六十度穹頂。穹頂艙六邊都有梯形窗戶，位於頂部，直接面對地球的是一片直徑三十一英寸的圓窗，太空船上沒有一片窗戶比它大。這個太空艙景致無敵，還具有很多其他功能：裡面一些負責指揮與控制的工作站，是監督太空站外工作（例如控制機械臂）的絕佳地點。

進入穹頂艙之前，我們必須飄過廁所與健身器材，好像潛入水池底部一樣，投身艙中。所謂的池底卻別有洞天：一抬頭，居然看見地球全景。穹頂艙很小，最寬處的直徑不到十英尺，進去後雙腳還在艙外飄蕩，因為艙內高度不到五英尺。但這一切都不重要，我們就像置身於自己的天文台。裡面的景觀和太空漫步時所見最為接近，我們的視線暫時離開了太空站，神遊站外，被壯麗的宇宙奇觀包圍。

穹頂艙裡最多擺著八部相機，如果與站上其他小小的舷窗相較，這裡簡直就是攝影師的天堂。撒哈拉沙漠是一片壯麗的橘色，北京上空只見一片模糊髒污的霧霾，就連我都不禁想用相機捕捉那些景致。抵達太空站的隔天，我拿起一台裝有四百毫米長鏡頭的相機，希望有人把各種功能都設定好（因為我實在一竅不通），開始拍照。那有一點「以管窺天」的味道：可以把芝加哥拍進一張照片裡，卻沒辦法同時納進五大湖區。

當時我在推特網站上 po 照片已經兩年了，拍的大都是太空任務前受訓的情形，主要是應我兒子伊凡的要求。伊凡是我們家的公關大師，非常清楚媒體生態，更是社群網站高手，多年來我能用各種新手法吸引大家對太空計畫的注意力，都多虧了有他指導。他幫我在 Reddit 等網站上辦活動，隨便讓人提問，包括關於引擎的技術性問題、一般性問題，如：「是否有太空人信教？」（有虔誠教徒，也有無神論者，但不管個人信仰為何，太空任務的經驗通常會更堅定其信念。）還有一些與我個人有關的問題，像是我最怕什麼（我最怕我的孩子們發生意外）。

伊凡的專長是行銷，他認為等我上了國際太空站，應該多多宣傳太空的奇觀與美景。如果我想讓大家親眼見識太空計畫有多鼓舞人心，不再只是用言語解釋，這可說是最佳時機。我在太空站上拍了那麼多令人讚嘆的照片，只需要把它們 po 出來就可以了。推特的好處是非常容易上手，不用花多少時間就可以寫幾句說明配圖，或是回答問題，同時還能與人直接互動。在我親眼目睹穹頂艙的美景後沒多久，馬上就能在推特上與大家分享。

當然，這一切的前提是我得拍出非常棒的照片。這就跟「穿著方形裝備，要怎麼走出圓形艙門？」一樣，對我來講是一大難題：伊凡認為我有辦法宣揚太空美景，但我不是專業攝影師，而是戰鬥機飛行員。他到貝科奴去看我的時候，我就解釋過，他沒有多說什麼。畢竟，他非常清楚我這個家庭攝影師的作品實在不怎麼樣。事實上，他也認為我在推特上的留言有進步的空間，稍嫌正式了——如果我記得沒錯，他的精確措辭是「太過機械化」。所以，該怎麼解決問題？他對我微笑，鼓勵我把看見太空美景的瞬間感動分享出來就好。

沒問題。十二月二十二號那天，我把我在穹頂艙拍的第一批照片上傳到推特，當時我大概有兩萬名追蹤者，接下來因為是假期，不用上工，我有很多時間可以寫那些字數限制在一百四十字以內的照片說明。我決定用自己的話，以類比的方式描述我拍攝的東西，像是把河流比喻成蛇之類的，這絕對不會有問題。兩天後，我把一首錄音作品的連結上傳到推特：那是我剛剛錄好、由我哥戴夫寫的〈夜裡的珠寶〉（Jewel in the Night）。我是第一次錄那首歌，把iPad的錄音鍵按下去就開始錄了，因此太空站上常聽到的噪音也錄了進去，成為背景音。

伊凡認同我的作法，讓我信心大增，還決定幫我把那首歌的連結貼在不同的網站上，看看能否吸引人們的關注。然後，他想到一個主意：為什麼不把國際太空站的各種聲音錄下來，不要加音樂？只要是沒待過太空站的人就沒辦法聽到那些聲音。所以我錄了幾個聲音檔寄給他。他把檔案 po 在一個和推特使用者沒什麼交集的 SoundCloud 社群網站。

至於接下來發生的一切，我想唯一的解釋就是伊凡在放假期間花了很多時間幫我。多年來，他一直是電視遊樂器的玩家，而這個遊戲可說別具社會教育意義。當時美、加兩國太空總署的宣傳人員大都在放假，等到新的一年回到辦公室上班時，大家都很驚訝，甚至有點震驚。截至一月二日那天，我已經有四萬兩千七百名推特追蹤者了；到了一月七日，幾乎達到十一萬五千人。突然間，報章雜誌與各個網站都開始在報導我po的那些照片、我和加拿大演員威廉・薛特納（William Shatner）互動的推文，還有那些很酷的太空生活細節。這是怎麼回事？

我的照片品質的確有一些改善，但那不是唯一的原因。我每天都拍一百張照片，眼力越來越好。我學會該拍些什麼東西，像是奇怪的顏色與紋理、曲折離奇的形狀，譬如土耳其外海的某個島嶼，從外太空看來就像個驚嘆號，巴西的某一條河流則是像超人胸口的S型標誌。大家認為透過太空人的眼睛看世界是一件很酷的事，特別是他們住的地區從我所在的高處看起來成了什麼樣子。然而，我會突然大受歡迎，主要還是因為伊凡這個幕後推手。他持續把我的東西轉貼在YouTube、Tumblr、SoundCloud和其他網站上，於是我的照片、錄音檔及加拿大太空總署的影片都有越來越多人點擊。這對他來講已經變得跟破關一樣：他有辦法讓多少人迷上太空？人在愛爾蘭的克莉絲汀是統計分析天才，悉心幫他分析，分享的推文與新的追蹤者之間是否有關聯（結果並無關聯）。

我兒子單打獨鬥，沒錢可拿，卻讓大眾對太空計畫感到興奮並產生興趣，這實在令我覺得既驕傲又感激。多年來，每當我開始說教，想讓孩子知道服務群眾有多重要，他們就會翻白眼。伊凡卻露出了真面目：外表看來再憤世嫉俗，實際上卻樂於助人。

太空—地球的連線演唱會

我對這種媒體曝光率感到驚訝，但是二〇一三年三月十四日那場交接儀式會讓我感動，不是因為電視轉播了我接下國際太空站指揮官一職的過程，而是凱文・福特所做的安排。在我毫不知情的狀況下，他不但發表一段讚譽加拿大的演說，還播放我們的國歌，讓大家感受到那一刻對一個小國來講，有多重大的意義。

當上指揮官並不會改變我在太空站的日常生活；如果接下來的太空任務沒出什麼差錯，我有可能不會下達任何命令。但是當危機出現，我就必須為全體組員與太空站的安危負責，而此一體悟在某些細微處改變了我在任務期間的經驗：一方面，我的警覺性更高了；另一方面，我更強烈地認為自己該為組員的快樂負責。關於後者，我仰賴一個長久以來絕對有效的策略：巧克力。復活節那天早上大家起床後，在睡覺的隔間外發現一袋高品質的巧克力彩蛋——捐贈者是海倫，她老早就把彩蛋送過來了。我也養成拿巧克力棒到俄羅斯區去的習慣，大家都很喜歡，只有羅曼眼睜睜看著巧克力棒抱怨，說他正在節食。

此時，太空站上有三名第三十五號太空任務的新組員：俄國太空人帕威爾・維諾格拉道夫（Pavel Vinogradov）與沙夏・米蘇爾金（Sasha Misurkin），還有美國太空人克利斯・卡西迪（Chris Cassidy）。在俄國區獨處了兩週後，羅曼很高興終於有人跟他作伴，而美國區這邊也很歡迎克利斯這位生力軍：他曾是美國海軍海豹部隊一員，做起事來帶著特種部隊的幹勁。

我們是一個很快樂的團隊，因此產能高並不令人意外。從三月十五日展開第三十五號太空任務後，我們完成的科學實驗數量是史上最高紀錄，同時還有時間進行我們的泡泡袋運送比賽。為了讓氣氛活絡一點，我們之中一人偶爾還有機會與名人視訊對談。幾年前，太空總署與其他國家的太空計畫主管單位就開始安排這種刺激的社交活動，讓長時間的太空任務有趣一點。升空前好幾個月，我們每個人都被問到希望在國際太空站與誰講講話。我挑選的對象是幾位加拿大樂手，像布萊恩·亞當斯（Bryan Adams）與莎拉·克勞克蘭（Sarah McLachlan），湯姆則是希望與《魔戒》（*Lord of the Rings*）系列電影的導演彼得·傑克森（Peter Jackson）聊天。我們有一個小時可聊，時間多到足以瞭解彼此的興趣與生活。

我們都很喜歡這種安排，特別是視訊時那種虛幻而刺激的感覺。我永遠忘不掉與尼爾·楊（Neil Young）聊天的情況：他剛剛把一輛一九五九年出廠的林肯牌「大陸」（Continental）房車改成油電混合車，跟我講話時就坐在那輛車的後座；我們倆都把身子向前傾，好奇地盯著對方奇怪的交通工具與生活。我問他該怎麼寫歌時，他說他不曾「寫歌」，只把想到的寫下來，還特別補充一句：如果寫到一半卡住了，最好先停下來，等思路暢通了再繼續。他也說他總是很謹慎，避免評斷任何一首歌，直到完成為止。如此一來，歌曲才不會被污染、阻礙。如今，每次我寫歌時總會想起尼爾的建議。

結果，我在外太空時，居然還有機會跟裸體淑女樂團（Barenaked Ladies）的艾德·羅伯森（Ed Robertson）一起演出，我先前在地球上寫的歌曲〈I.S.S.（有人在唱歌嗎？）〉（I.S.S. (Is

Somebody Singing?)）。我飄浮在國際太空站的日本實驗室裡，為音樂教育聯盟（Coalition for Music Education）舉辦的 Music Monday 活動與他合唱。整個活動全程錄影，同時世界各地有數以百萬計的孩子也一起同唱。我們費了很多工夫才促成那次的合作演出，但我覺得一切付出都是值得的，因為有那麼多孩子關注、歌頌國際太空站，想必許多人也因此受到了啟發與激勵。老實說，每當我看著那支影片，仍然有點激動。

就大眾的關注度而言，這次合唱演出算是我在指揮官任內的大事之一。此外，我還辦過幾十次問答活動，回答世界各地學童的問題。要讓孩子們對外太空的種種可能性感到興奮，從來不是難事。我只要把麥克風放掉，任它飄個幾秒鐘，然後回答他們一定會問的問題：在外太空怎麼上廁所？光是這樣就能讓他們著迷不已。

另一件大事發生在四月十九日。當時與羅曼一起太空漫步的是帕威爾，他將在我離開後接任指揮官。就在我要去幫他們的忙之前，先跑去上廁所。剛開始，機器如往常一般發出喀噠聲響，咻咻咻吸個不停，但突然間不動了。吸力完全消失，搞得四周有點髒亂。沒有人可以幫我。湯姆正在歐盟區做一項實驗，連四處飄動或使用無線電都不行。克利斯與沙夏也已經開始在他們的聯盟號飛船裡忙了起來。由於太空站的配置與大家正在進行的工作，我們甚至沒有辦法到俄羅斯區上廁所。

此時最重要的是立刻把我們的廁所修好，不管太空漫步了。休士頓那邊為我們想了一個計畫：我必須把機器的主體部分拿出來，上面有好幾個電路與管路接頭，是個有許多髒東西會通過的幫浦，包括各種清理污水的化學藥品，因此我必須戴上手套、護目鏡與口罩，而且把機器解體後，所有零件也要用兩、三層袋子裝起來。完成分解程序後，科羅廖夫的任務控制中心剛好呼叫我們：請把艙門關起來。過去曾有一些組員因為太匆忙、沒做好這個步驟；如果沒有把艙門完全封死，或者是壓力檢測沒過關，俄國太空人離開太空站的時間就會延遲。我不希望羅曼與帕威爾擔心，認為修理廁所的工作害我分神，所以我趕快把所有護具脫掉，盡速往艙門飄去。等到門關好了，他們也都出去了，我才回頭繼續修理。我就這樣來回奔波，持續了三小時。

我的工作並不是全世界最重要的，卻必須謹慎行事，因為羅曼與帕威爾必須靠我才能安全地離開太空站，而修理廁所一點也不能大意，只不過我還真不知道自己能不能把它修好。等到終於可以把開關打開時，我欣然聽見一陣陣美妙而低沉的嗡嗡聲，也才發現之前機器像老舊卡車一樣發出喀噠聲響，根本是老早就故障了。其實我不喜歡像這樣唱獨腳戲，總希望有人在身邊提點我，但我還是設法把兩個互相衝突的複雜問題解決了，而且沒搞砸任何事情。真正令我感到滿意的是，我已經掌握了在太空中生活的訣竅，一切是如此有效率而順利。

當時，在虛擬世界裡，我已經有六十八萬一千名推特追蹤者了；其他各個社群網站也有超過一百二十萬的粉絲。關於我的報章雜誌報導，還有提及我的電視影片與收音機節目內容，多不勝數，連伊凡都來不及掌控。我被捧成了攝影師與詩人，甚至是個名人。當然，我非常清楚這一切發生的過程，但是置身太空的我感覺好不真實，跟我必須事事小題大作、連廁所都必須親手修理的日常生活相較，顯得如此不搭軋。

伊凡要我再做另一件事：完成第一支在太空中拍攝的音樂錄影帶。他要我唱大衛．鮑伊（David Bowie）的〈太空奇遇〉（Space Oddity）。我才剛抵達國際太空站沒多久，他就提出這項建議，也在地球上幫我做了各種準備工作，例如找人幫忙剪接影片等。

他向我保證，影片一定會讓世人大開眼界。我不是非常相信，但先前幾個月的時間裡，我已經體會到自己應該相信伊凡的判斷力。一路走來，他始終明白人們最感興趣的，就是其他人了；如果我們想激發民眾的想像力，為加拿大太空總署的推廣影片增加數以百萬計的瀏覽人次，就該讓大家看看國際太空站的真實人生。

首先，伊凡改寫了原曲的幾個字。在他的版本裡，歌曲裡的太空人得以倖存，此外，他也把聯盟號飛船與國際太空站寫進去。接下來，我用麥克風與 iPad 把歌曲錄下來。我的樂手朋友愛姆．葛里納（Emm Gryner）幫我在歌聲之外加入鋼琴伴奏，其他樂器的演奏與歌曲後製則由喬伊．科克朗（Joe Corcoran）處理。完成後，我又配合他們的音樂重新錄歌。一月到二月間，我錄了三個版本，沒花多少時間。

一直到取得大衛．鮑伊的授權，我才開始拍攝影片，當時已經是四月底、五月初了。我先把攝影機架在一個伸縮支架上，拍下我在站上不同處所飄浮的畫面。但真正施展魔法的人不是我，因為地球上有許多人會幫忙處理許許多多的細部工作。像是加拿大太空總署有些工作人員必須在晚上與週末加班，幫我看帶子，到處跑腿，取得合法的授權。

我對影片很滿意，為了讓它在我離開國際太空站的前幾天問世，伊凡費心籌備。我把分內的事做完後，幾乎就不再去想它了。讓我操心的另有其事：一個危機正迫近眼前。

氨氣外洩危機

抵達國際太空站的一年多前，我們就必須與其他人一起決定站上的放假日。這需要大家一同協調，因為對俄國人來講，七月四日是個普通的日子，但大多數美國太空人都希望那天放假。在進行三十五號太空任務前，我們決定在五月九日星期四休假；那一天對俄國人來講是個大日子：紀念二次世界大戰德國宣布投降的「戰勝日」（Victory Day）。不過五月九日的前幾天，我要求休士頓那邊派一些工作給我們幾個美國區的太空人，因為湯姆跟我即將在十三日離開，而且週末也會有一些休息時間。

二〇一三年五月九日這天，我還是照常幹活，結果帕威爾在三點三十分過來找我，他說：「你應該來看一下一件有趣的事。外面出現小小的火花與煙火。」帕威爾的英文不夠好，過了一下子我才聽懂他在說什麼。接著我明白了：是俄羅斯慶祝戰勝日在放煙火——挺有道理的，但令我訝異的是，居然從太空也看得到。我飄到俄羅斯區，往窗外一看，才發現那不是地球上的景觀，而是太空站站體左側冒出來的火花。

從太空站裡面，我們看不出有任何問題，浮現我腦海的第一個念頭是，剛剛我們被隕石打到，造成小小的損傷。湯姆用長鏡頭拍了幾張照片，當我們把影像放大時，才發現那些火花的形狀都不太一樣，有的像一滴滴的顏料，有的則是一塊一塊的。這種現象不太尋常，最好跟控制中心聯絡一下，不過我必須花一點時間思考該怎樣措辭。我想我不該說：「休士頓，我們發現國際太空站周圍出現小小的不明飛行物。」為求謹慎，我跟任務控制中心說我們看見了火花，而中心那邊也認同隕石造成損傷的理論，因為從遙測數據上看不出異常。我們從不同角度多拍了幾張照片，傳給他們，便照常繼續做事。

大概在四小時後，地面傳話過來了：站上的太空船停泊處出現氨氣外洩的問題。這可是個大問題。透過熱交換器（heat exchanger），氨氣能夠冷卻站上的大型電池與電力轉換系統，還有我們住的地方。站上有許多各自獨立的冷卻迴路，出問題的那個迴路負責冷卻一組很常用的電力系統；少了那個系統，太空站會發生嚴重的斷電問題，有部分實驗會因為熱度過高或缺電而停擺。我把所有選項很快想過一遍：任由氨氣漏光，失去一個重要的電力系統，等下一批組員來修理，或是延後我們的返航日，立刻著手修理——我們可能需要一週的準備時間才能做太空漫步。幾個小時過後，我們又得知另一個壞消息：氨氣外洩的速度越來越快。太空站就像在失血。

站上的人員並沒有立即的危險，無論如何，情況如果持續惡化，我們還是能駕著聯盟號飛船逃生。但我想大家都能想像當時的情況：到底要怎樣才能趕快解決氨氣外洩的問題？這成了我們不停討論的話題。只剩下不到四天的時間，羅曼、湯姆與我就要按計畫搭乘飛船離開了，但我們怎麼可以一走了之？透過太空漫步找出外洩地點絕對必要，如果我們走了，就要等下一隊組員抵達後才能進行，這還要好幾週的時間。帕威爾與沙夏做不來，因為他們沒受過修理美國區站體的訓練，俄國太空裝與那一部分站體也不相容。而美國太空人克利斯．卡西迪不能獨自一人做太空漫步，那太危險了。

到了晚間十一點，指令艙宇航通訊員還未給出進一步的指示，不過任務控制中心的每個人都在想法子。於是我跟其餘組員說，我們該去睡覺，充分休息，為隔天的任務做好準備。我也建議羅曼與湯姆，他們得跟老婆說我們很可能無法準時回家了，接著我就打電話跟海倫講這件事，她說：「喔……好吧，只要你沒事就好，我們可以忍一忍。」難道還有別的選擇嗎？

禮拜五早上，我們照常於六點起床，第一件事就是打開筆電，檢查太空總署每晚會寄來的工作日程表。上面寫著：「歡迎來到準備太空漫步的一天！」我必須花點時間消化這個訊息。昨晚還沒有這個指令的任何跡象，而且只花一天準備太空漫步，更是前所未聞。通常，太空漫步任務需要數年的事先計畫，最少也要幾個月；就算是計畫外的太空漫步任務，都必須先由別的太空人在詹森太空中心的水池裡把整個程序演練一遍。

但是我們沒有時間了。太空總署希望盡可能保留住氨氣，所以他們計畫將幫浦控制箱拉出來，試著找出問題根源。就像冰箱下方出現積水，你不知道漏水的到底是水管、牆壁還是冰箱裡面——解決問題的第一步是把冰箱拉離牆壁。這次太空漫步任務背後的思維也是一樣：把太空站盡頭的幫浦控制箱拉出來，就在站體的最側邊。一夜過去，他們決定由誰來執行這項任務：克利斯是太空漫步的一號太空人，湯姆是二號。

換言之，我不用出去。有某個片刻，我感受到極度的失望。如果我能出去，我的指揮官任期也能畫下完美句點，以英雄之姿功成身退：因為我完成一次緊急的太空漫步任務，解救了國際太空站。我再也沒有機會做太空漫步了，因為我早已跟加拿大太空總署說，我打算在回到地球後退休。但是先前克利斯與湯姆兩人已經執行過三次太空漫步任務，不但是一起合作，而且就在此刻太空站外面氨氣外洩的位置。顯然他們是最佳人選。這一切在我心頭與腦海盤旋了一、兩分鐘，接著我下定決心：我不打算暗示他們我有多羨慕，也不會說我真希望這次太空任務是由我執行。中心的決策是對的，我必須接受，向前邁進，全神貫注在唯一的大事上：設法解決當下的問題。也許這不是我自願接受的考驗，卻能印證我是否適合擔任國際太空站的指揮官。一位領袖的成敗終究不取決於他做了多少值得榮耀、自豪的事，而是他能否讓團隊持續專注在目標上，並鼓勵大家達成，特別是風險很高而結果非常重要的時刻。領袖必須奠立基礎，促成他人的成功，然後退居幕後，讓他們接受歡呼。

該是我這麼做的時候了。此刻我必須成功扮演指揮官的角色。

我從睡覺的隔間探出頭來，幾乎在同一時刻，湯姆與克利斯也探出頭：我們像是草原上三隻咧嘴微笑的狗。**看到郵件了嗎？我們要執行太空漫步任務了！**我們仍然覺得任務很可能隨時喊停，但必須做好準備。我們把不能延後的科學實驗做完，三個人就此專注地籌畫。通常我們有好幾天可以妥善安排，但這回只有一天。

我們開始調配湯姆與克利斯的飲食：他們需要大量碳水化合物，延長身體的消化時間，假使真的需要太空漫步，就有足夠的能量。我們必須為太空裝充電，把所有必要的飛行纜索與裝備蒐集好，把隔天所需的一切先擺在氣密艙內，調整某一件本來要留給下一批組員的太空裝，讓尺寸符合湯姆的體型——這一切只是起頭而已。此刻，任務控制中心也在盤算計畫的內容。隨著時間過去，氨氣外洩沒有改善的跡象，他們也越來越清楚太空漫步的每一步該怎麼走：一號太空人該怎麼移動，接著是二號太空人，他們必須帶哪些設備、哪些工具。那一天，我花了一點時間打造出一個工具，看來像牙醫用的口腔鏡，只是尺寸更大，可用來檢查封閉空間，找出外洩的地方；我用了大量膠帶與束帶，把一面既有的鏡子打造成太空漫步用的工具。

我們把飲水袋裝滿、將頭盔擦亮，把足夠的緊急氧氣筒擺進氣密艙裡，所有物品檢查了一遍又一遍，一切必須井然有序，同時預想任何可能出的差錯：其中一個就是氨氣污染：當湯姆與克利斯把幫浦控制箱拉出來時，可能會被氨氣噴到，回太空站時一定要先消毒。氨氣消毒程序很少派上用場，我們也不常練習，所以我要求跟他們稍事演練，一起檢視消毒設備，然後複習一下不同污染程度所需的程序。

同時，我也請太空總署與俄羅斯聯邦航太總署協調，派一名俄國太空人幫忙調整太空裝，以及隔天的準備工作。沙夏的英文很流利，但他是個菜鳥太空人。羅曼受過最完整的美國太空裝訓練，但他正在為回程的聯盟號飛船打包——此事極為重要，而且很花時間，因為每件物品擺放的位置會影響飛船的飛行狀況。太空總署與俄羅斯聯邦航太總署都希望羅曼能繼續手邊的工作，讓我們如期在週一離開。私底下我覺得這想法太荒謬了：我們怎麼可能如期離開？不過，兩國的太空機構都堅持我們可以，因此達成協議，由即將接任指揮官職務的帕威爾來幫忙。

隔天晨間吃完早餐，我們就動身了。我扮演的是ＩＶＡ（intravehicular crew member）的角色，意思是「站內組員」，負責在太空漫步前幫他們著裝，做好離開太空站的所有準備。結果這份工作比我預期的還困難，多一個人手實在幫了大忙。我老爸曾說，有一種人的手好像會思考，非常靈巧，帕威爾就是那種人：他似乎天生就知道各種太空裝備的複雜功能。

有很多地方，只要站內組員疏忽了，就可能搞砸一切，而且在自己意識到時已經沒有挽救餘地——例如，沒有把頭盔內的攝影機裝好。此刻我最需要保持低調了，因為我的目標不是讓湯姆與克利斯在最短的時間內離開太空站，創下紀錄，而是按部就班，把帕威爾跟我在獨自一人或團隊合作時都沒做過的程序做好。站內組員的工作有很多細節，充滿迷人之處，讓我高興的是我能保持一絲不苟。因為懂俄文，我能確保與帕威爾一起工作的效率與安全性，同時也能讓我手下的團隊充分準備，完成這項困難、危險又重要的任務。

幫太空人穿上太空裝，將一切配置完畢，裝好設備——整個過程就像在組裝一台大型的鋼鐵機器人，而湯姆與克利斯沒辦法幫多少忙，因為他們已經戴上面罩，提前用純氧呼吸。太空裝內部的壓力比太空艙低許多，他們必須先呼吸純氧，把體內的氮氣排出來，確保不會因為減壓得到潛水夫病。這一切工作必須花好幾個小時完成，最後我們開始依序幫兩人著裝，等他們進入氣密艙後就把艙門關起來，啟動減壓程序。

我覺得有點不安。一旦氣密艙的艙門關起來，一切就不能重來了。我知道自己很小心，但即便我出一點紕漏，或是他們少帶某個裝備，可能都要等太空漫步任務進行到一半時才會發現。我看著他們離站，馬上投入工作，而我這時才很快地把休士頓寫在工作日程表的事情做完。但我心裡始終掛念著站外在做一件大事的兩名組員，我也很清楚他們置身險地。得要等到他們倆回來，我才能鬆一口氣。

這時我只能扮演盡力支援的角色，我決定打破慣例，不去做運動。我緊盯著湯姆與克利斯的每道程序，清楚掌握他們的工作進度，也仔細聆聽他們和控制中心的對話。當太空站與衛星的距離拉遠，無法與休士頓通訊時，我準備好無線電，提供必要資訊，指示接下來的步驟，讓克利斯與湯姆抓緊進度。過程中，我按照克利斯事先提出的要求，提醒他說幾句話來紀念馬克·吉布斯（Marq Gibbs）——多年來，馬克一直是中性浮力實驗室的頭號潛水人員，負責幫我們演練太空漫步，他一週前無預警地於睡夢中猝逝，年僅四十三歲。回到太空站前，克利斯特別表彰他的貢獻，並指出每一次太空漫步任務的背後都有許許多多的幫手。

在那五個半小時的太空漫步任務中，我覺得自己有點像看著舞者表演的編舞家，除了有種參與感和責任感之外，也正分享著他們的風險與成就，同時必須像個旁觀者，相信他們能把工作做好。等到他們返回氣密艙，用氨氣感應器檢測時，我跟他們說：「好吧，接下來就照我們昨天演練的做吧。」這感覺太棒了。充滿變數的部分已經結束，等到我發現他們的太空裝未被污染，不用把昨天預演的冗長程序重複一遍，我更開心了。

最棒的是，看來他們不只找出問題所在，也解決了問題。他們把幫浦控制箱拉出來時，本以為會看到下方有氨氣外洩，但是並沒有，那個箱子完好無缺，這意味著導致外洩的是幫浦本身。於是他們把舊幫浦換成一個存放在附近的備用幫浦，將它拴好，等到他們回來後，太空總署便把那條循環氨氣的管線重新加壓。氨氣已不再外洩。

等到我把氣密艙重新加壓後，帕威爾跟我一起把兩位組員的手套與頭盔脫掉，心情十分愉快。我們完成一項成功機率很低的任務，做好了工作，甚至可說是解決了問題，拯救了整個太空站。此外，還能按照原定計畫，在四十八小時內離開。

我們幾個人在短時間內一同完成了太空漫步任務，這是前所未有的紀錄。我可以感受到大家都很自豪。湯姆與克利斯付出長期的努力，才培養出這樣的能力；帕威爾是第一次負責這種任務，但技巧純熟；沙夏則是願意幫忙分擔多一點工作，好讓帕威爾前來支援；至於羅曼則是努力不懈，做好打包事項，讓我們準時離開——這一切都讓我感到很驕傲。

令我感到自豪的還有，我並未辜負太空總署的期望：他們相信我能承擔國際太空站指揮官一職。當初我進入詹森太空中心，並非顯眼的指揮官候選人。我是飛官出身，沒有多少值得一提的領導經驗。更糟的是，我是個沒有多少領導經驗的加拿大飛官。對我來說，這就像是我曾遭遇的難題：穿著方形裝備，要怎麼走出圓形艙門？但我還是設法擠出去了，最令人驚訝的地方在於：這一路走來，我讓自己成為夠格的指揮官，而且只花了二十一年的時間。

Part III

COMING DOWN to EARTH

第三部

回程的學習

12 只剩最後二十步的危險

關鍵的最後一哩

一九九五年，我第一次參加太空任務，等我們準備離開和平號太空站時，所有人都沉醉在一片歡樂的氛圍中。我們忙著到處與人合拍離開前的紀念照，在一個又一個信封上簽名（這是俄國太空人的傳統：我不知道理由為何，但他們非常喜歡蒐集各種曾被人帶去外太空的信封），同時一再確認我們沒有遺漏任何太空梭的裝備。我們還把剩餘的所有佐料送給和平號的組員當作臨別贈禮，包括一袋袋的莎莎醬與芥末醬，希望能為平淡的太空食物增添一點風味。

任務即將結束，但我並不感到失落。我認為我歷經了一段任誰也無法奪走的人生體驗。沒錯，那一段太空中的日子極為短暫，卻永遠與我融為一體，所以我已準備好離開。我們完成一個史無前例且近乎不可能的任務，為未來即將造訪太空站的太空梭打造一個對接艙，而且任務表現良好。就在我們準備離開時，可以感覺到太空梭裡洋溢一股凱旋而歸的氣氛。

我按下按鈕，準備讓亞特蘭提斯號太空梭與和平號太空站脫鉤，兩、三分鐘後，那些內建式彈簧把我們推開，這是一次極其順利的啟航。當我們開始飄走，太空梭與和平號之間的無線電發出沙沙聲響，隨即傳來一陣陣憂鬱的俄語歌聲，〈那些日子〉（Those Were the Days）的樂曲聲在太空梭裡四處繚繞。前天晚上，我們才在和平號上面合唱這首歌，湯瑪斯・瑞特（Thomas Reiter）和我用吉他伴奏。在我們啟程返航之際，這首感傷中帶點做作的歌曲是我們的心情寫照。大家的情緒激昂，好像一支剛剛勇奪科技奧林匹克大賽金牌的隊伍。

我們繞站飛了一圈，好好看了和平號最後一眼，把太空站的外觀拍下來。當時我們正試著瞭解太空垃圾（orbital debris）這種現象，包括太空船受其撞擊的頻率以及那些石頭與宇宙塵粒子的大小，這類研究至今仍然持續。太空垃圾的人為成分很少，幾乎全來自宇宙，像是隕石或彗星尾巴等。把那些照片放大，仔細檢視，我們可以看到太空站上面有多少破洞與凹痕，這就是研究的重要資料。亞特蘭提斯號繞行和平號一整圈，就像一隻鯨魚繞著巨大無比的烏賊移動三百六十度，然後我們點燃引擎，安全地飛走，踏上返家的航程。不過我們還是把無線電開著，跟太空站的朋友再聊聊天，播放一點柴可夫斯基的音樂給他們聽，直到雙方距離拉遠、無線電斷了為止。

太空梭這種太空船比聯盟號複雜很多，不像聯盟號那樣高度自動化，降落時需要非常高超的駕駛技術。它就像一架高超音速的滑翔機，太空總署總是挑選一流的試飛員，經過多年訓練後，才把太空梭交給他們駕駛。光是讓太空梭做好準備，順利完成重返大氣層的程序，就需要事先進行好幾個不同系統的檢查與調整工作，其中還有一個訣竅：將機腹面對太陽好幾小時，讓輪胎的橡膠變熱，才能安全著陸。換言之，降落時需要的專注度與準備工作一點也不亞於升空時。

我學到的教誨是：不管是任務的第一件事，或是最後一件事，其重要性都是等同的，實際上最後一件事甚至更為重要，理由在於你已經累了。就像馬拉松比賽的最後一哩路：你必須更為努力，逼迫自己堅持下去，直到最後。你很想告訴自己：「只剩最後二十步了。」但如果你開始期待終點線的出現，就有可能鬆懈下來而犯錯——對我們這一行來講，錯誤是很要命的。

如果你認為降落是平凡無奇的尾聲，那很危險。你不該帶著感傷的心情回顧過去，而是自問：接下來可能害死我的是什麼？

第一次返回地球：自己穿上太空裝

第一次搭乘太空梭降落時，我人在中層艙面，周遭沒有窗戶，沒有儀器與控制面板，我只是一個滿懷希望、對狀況很瞭解的乘客。我主要的職責是確保駕駛艙裡每個人的衣服都穿好，也緊緊地固定在座位上。我的表現完美無缺，自己待在中層艙面，此刻太空梭駕駛吉姆．海索（Jim Halsell）把頭盔戴上。他的通訊線飄浮在頭盔的頸環與太空裝的頸環之間，當兩個頸環扣起來以後，那條線也被卡住，結果他無法與我們的指揮官與任務控制中心通話。在飛行的整個過程中，這是個大問題，特別是重新進入大氣層的時候。

我連我自己的橘色壓力服都還沒穿上，就聽見吉姆大叫：「快上來幫我。」他沒辦法打開頭盔，把通訊線拿出來。駕駛艙裡的人員已經在進行各種檢測，把飛行控制面板的開關打開。他的頭盔又大又厚，必須大叫才能讓聲音傳出來。於是我飄到上面，試著幫他把頭盔拉開。運氣不好，頭盔完全卡住了。我必須更加使勁，但吉姆已經扣好安全帶，距離那些重要的控制按鈕只有幾英寸。如果太過用力，頭盔突然鬆開，我很可能直接撞上控制面板，惹出大禍。我一面加強勁道，一面小心避免惹禍，但頭盔還是絲毫不動。

你能想像當時的畫面嗎？我們即將進入外氣層，我是身上只穿著內衣的菜鳥太空人，我的胃開始翻滾，只有我能出面解決一個出乎意料的問題，因為其他人都專注在自己的工作上，試著讓我們活著抵達地球。我靈機一動，趕快往下飄到中層艙面去拿一根又大又長的一字起子（小偷用來破門而入的那種），然後飄回去，用起子把頭盔撬開。此刻，吉姆仍專心地操作複雜無比的太空梭控制面板，試著忽略我的身體包住了他的頭盔，以免頭盔飛走；另一方面，我要設法用起子撬開頭盔，我很肯定自己就像某一集卡通裡，兔寶寶（Bugs Bunny）死命抱著大塊頭猛男拳擊手「殺手」（The Crusher）的頭。

最後，頭盔啪一聲被我打開了，我藉著天花板把自己彈下來，幫吉姆把通訊線弄好，重新戴上頭盔，時間剛好足夠飄下中層艙面，穿上自己的橘色壓力服——只不過，當時太空梭上已經有一點重力了，所以我不斷往地板彈，開始感到噁心。說真的，太空裝不大適合自己一人穿上，但勉強一點是可以辦到。當我終於穿好，便趕快把身體放倒在座椅上。此刻我們已經深入大氣層，以十二馬赫的速度航行，我因為不斷施力，搞得汗流浹背，而且此刻我發現自己的通訊線也沒裝好：我可以聽見他們的通話內容，但他們聽不見我的。這不是什麼大問題，因為此刻我最在意的是別吐出來。

從我坐下之後，到太空梭開始減速，感覺好像只有五分鐘，此刻我們在空中劃出一道弧線，讓機身與佛羅里達的機場跑道平行。因為身邊沒有窗戶，我什麼也看不見，但我確定自己聽見我們掠空而過的呼嘯聲，就像乘坐載貨火車一樣，而且也感覺到最後往地面俯衝的動作，接著太空梭就優雅地觸地著陸了。我們最後進場時的速度是三百節，著陸時則是一百九十五節，因為有減速傘與輪胎煞車發揮作用，得以小心減速。等所有動力靜止後，指揮官才對著無線電說：「輪胎停下來了，休士頓。」

我們的任務其實還不算完成。必須再次保持專注，壓抑情緒，把體力投注在接下來一小時的工作。如果要確保太空梭能在幾個月內再度啟航，必須小心完成總共一百五十個步驟的關機程序，而且每個步驟都很重要。太空梭的液壓系統與生命維持系統使用各種腐蝕性的有毒燃料，地面工作人員必須把剩餘的燃料放掉，把機頭與機尾的油嘴蓋起來，我們才能離開——就算是狀況最好的人，也已經步履蹣跚。有些太空人需要別人攙扶，許多人在嘔吐，每個人都覺得地球的重力難以適應，但一小時後我們都換上了藍色飛行裝，回到太空梭的機腹下方檢查是否有任何損傷，與地面人員打招呼，召開小型記者會。

等到這一切結束，我才允許自己放鬆。我感到有點暈眩，但也很興奮。我的分內工作結束了，而我們整個團隊一起完成了任務。

隨時都是千鈞一髮

當我們從貝科奴升空時，俄國地面組員依照傳統，對我們說了一句送行祝詞：Miakoi posadki，意思是「安全著陸」。那是一句亦莊亦諧的祝詞：也可以說是在開玩笑，因為在哈薩克的降落過程一點也不安穩。乘太空梭返回地球的過程極為平順，但是眾所周知，聯盟號降落時會遇到很多激烈的狀況：飛船必須抵抗強烈的重力，機身會嚴重抖動、快速翻滾，最後墜落在哈薩克的荒原上，發出粗重刺耳的砰一聲聲響。

降落過程令人難受無比，幾乎每個體驗過的人都有自己的故事可以說。我最愛的是俄國太空人尤里．馬倫申科（Yuri Malenchenko）的版本，故事發生在二〇〇八年他與美國的佩姬．惠特森（Peggy Whitson）和韓國的李素妍兩位太空人返回地球時。聯盟號的爆炸螺栓在返回地球時，會把軌道艙與服務艙炸飛，兩者都在大氣層中焚毀。只有返回艙的防熱盾能抵擋熱氣。尤里與佩姬的聯盟號重新進入大氣層時，他們聽見爆炸螺栓的爆炸聲響，但他們不知道有一個太空艙未被炸開。那一個太空艙仍靠著一個螺栓與返回艙連接在一起，艙體越來越熱，因為隨著空氣越來越凝重，壓力與摩擦力都會增加。返回艙等於帶著一個沉重的巨大火球返航，這與設計原理不符，因此失控。

如果聯盟號以彈道弧度劃過天際，下墜速度將高達九G，但是因為座艙持續翻滾，組員的感覺更為強烈。他們不是被一股力道壓住，而是在椅子上搖來晃去，承受來自每個方向的擠壓力道。組員不明白問題的成因到底是什麼，但他們知道肯定發生了嚴重錯誤，如果繼續這樣猛烈地抖動翻滾，返回艙就會毀掉。

所幸，飛船下降的力道實在太強，螺栓終於斷掉，起火的太空艙隨即脫離。但是它與返回艙連接在一起的時間實在太久了，返回艙的頂部完全燒焦。尤里在個性強硬的俄國太空人之中算是比較鎮定的，只是當他感覺有液體滴在雙腿上，也不禁猜想：「喔，那是被燃燒液化的金屬，聯盟號一定正在熔解。」他沒多說什麼，只是稍稍移動大腿，繼續用盡全力控制飛船（後來他才搞清楚，滴在他大腿上的是水；一片氧氣面板後面的冷凝水滴在降落時通常會結冰，當時卻被融化）。他們真是命懸一線，差個幾秒就要性命不保。

由於飛船設計得非常好，船體穩定下來，減速傘也打開了，返回艙重重墜地，但安全無虞。只不過墜落處跟預定地點相差一大段，沒有人在現場等待。地面控制中心甚至沒人知道他們的確切位置，因為返回艙帶著一顆火球，雙方的通訊中斷了好幾分鐘。

在太空中待了幾個月後，太空人通常都沒有足夠的體力打開艙門，需要一個小組在地面待命，幫他們撤出。無論如何，過了幾分鐘，尤里還是設法把艙門打開，露出一條縫隙——在這麼虛弱的狀況下，身體又經過劇烈搖晃，他還能辦到，實在是超人的表現。門一打開，他就聞到煙味。艙體的溫度那麼高，這是可預期的，但是等到他繼續推門、把縫隙打開一點，才看到他們置身在一片火海裡。聯盟號在一片草原上著陸，造成大火燎原。等尤里把艙門關起來，他的手已經被燒傷。他們既噁心又難過，實在很想離開返回艙，此刻卻被困在滿是濃煙的狹小太空艙裡，而周圍是一片大火。他們的體能也沒法讓他們跳出去或衝出去。只能等待，但遲遲不見人影。

不久之後，尤里決定冒險一試，再次打開艙門。好消息是，大火已經往別處延燒。他試著爬出去，結果呢？居然有幾個當地的哈薩克人站在那裡！他們看到冒煙趕過來，好奇地看著他，其中唯一會講俄語的人說：「你從哪裡來啊？」尤里想要解釋，但那傢伙打斷他：「那你的船呢？你的船打哪裡來啊？」他無法相信那一艘平底飛船真的是太空船。

此時，佩姬與降落時背部嚴重受傷的素妍試著離開返回艙，那幾個當地人也伸出援手。尤里很想拿出無線電設備，呼叫救援直升機，但是他沒力氣走回聯盟號。沒問題。身材最矮小的那個傢伙自告奮勇，幫忙爬進那艘從天而降的「船」，把他伸手可及的東西都拿出來。尤里看見他把東西裝進口袋裡，卻無力阻止。

不過，尤里還是當面質疑他。就在此時，第一架直升機出現了，機上人員立即用無線電通知任務控制中心，已經找到返回艙，但是沒看到減速傘。減速傘當然是在大火中燒掉了，但所有聽到消息的人心裡只有一個念頭：組員們都罹難了。機毀人亡。直升機降落後，隨之而來的是一陣歡呼聲，無線電回傳了好消息：返回艙以彈道軌跡降落，現場一片大火，還有幾名喜歡船的盜賊。

我希望自己返航時不會遇到這種戲劇性事故，但就在我們離開太空站之際，我也開始預想自己第一次搭乘聯盟號降落的畫面。我為了降落受過那麼多訓練，也把返航視為太空人生涯的完美句點：一段差點無法成真的罕見經驗，一項事先經過深思熟慮、充滿遠大目標的任務。在過去的飛行員生涯中，我對每一次航程都充滿期待，但我想這次返航不是最令我懷念的。

我猜得沒錯。

行前匆匆的灰姑娘

太空任務的最後幾天通常有點慌亂，因為要做的事很多。除了例行工作，我們必須用一台電腦模擬器練習降落程序，仔細地幫聯盟號打包，因為每樣東西的擺放方式都會決定船體的重心，進而影響我們對飛船的控制程度。一般而言，到了任務的最後階段，我們終於有時間去做那些拖延幾個月的小事：像是拍攝自己在太空站的影片給老家的親友看，與組員們擺出一些只有在太空中可以辦到的奇怪姿勢，留影紀念，還有——以頭下腳上的姿勢尿尿，因為那是唯一可以那樣做的地方。

我們的任務不會就此結束。我們為了那件緊急意外在五月十一日做太空漫步，對於四十八小時後就要離開的人而言，這可是一件大事，後來的時間也在慌亂中度過。直到離開聯盟號的那一刻，我們可以說是忙到「滿場飛」，除了幫太空站大掃除，丟棄舊衣服，還要為許多小事收尾。

因為離開前過得亂七八糟，我們一點也沒有感傷的情緒，五月十二日舉行的指揮官交接儀式既不隆重也不憂傷，而是在歡欣的氣氛下匆匆完成。我把職務交給好友帕威爾．維諾格拉道夫後，他成了新任指揮官。我發表了簡短演說，兩人慎重其事地握握手（在無重力狀態下，握手並不容易，因為我們的身體不斷上下飄動，那畫面有點好笑），然後繼續完成待辦事項。

羅曼聚焦在聯盟號的準備工作上，湯姆與我必須完成一些臨行前的實驗，並且試著幫克利斯．卡西迪打點一切，讓未來的工作順利一點。接下來幾週，他必須獨自待在太空站的美國區，就跟先前凱文．福特的團隊離開後，羅曼獨自待在俄羅斯區一樣。我們鼓勵克利斯與俄國太空人一起吃晚餐，和他們培養交情，容許自己享受休息時間，而不是夜以繼日地工作。那天晚上，湯姆、羅曼與我終於把我們專屬的隊徽徽章貼在牆上。在那排五顏六色、為數眾多的隊徽裡，我們的編號是三十五，想到先前有那麼多太空人來過，以後也會有許多人繼往開來，我們才萌生微微的感傷。

那天晚上莫斯科標準時間九點，我正在檢視聯盟號的確認事項清單，〈太空奇遇〉的影片已經上傳到 YouTube。我沒多想些什麼，只希望伊凡的努力能有好結果。那是他的主意，他必須負責，也是他的心血結晶，而且他是唯一為影片的反應感到緊張的人——這充分顯示成果是他的。我只是唱唱歌，彈彈吉他，按下錄音鍵而已。上床前，我很快地上網看一下是否有人瀏覽過。我非常震驚。點擊人次居然接近一百萬。

太空站的最後一天有點像是一般旅行快結束的時候。我做了一些雜務，包括把睡覺隔間用吸塵器打掃一番，將剩餘的少數個人物品清理掉，例如睡袋。下一批組員會帶新睡袋過來，我們則把自己的帶上軌道艙，以免在脫離軌道時遇到麻煩，必須在聯盟號上多待一、兩晚。如果派不上用場，睡袋就會跟軌道艙一起在大氣層中燒掉。我拍了幾張最後的照片，把日本實驗室清理乾淨，做了幾個實驗，再次把聯盟號的確認清單拿出來看一遍，保持記憶清晰。

要做的事那麼多，我還是覺得有必要忙裡偷閒，設法讓身心在這不可思議的地方獨處。七歲時，我跟家人從薩尼亞市遷居米爾頓的農場時，也有過類似的衝動。當時的情況仍歷歷在目：我在佛朗明哥路（Flamingo Drive）附近到處遊蕩，最後看一眼住家四周，充分意識到住在那裡的歲月是我人生的一大部分，也是我成長中難以磨滅的記憶，如今步入了尾聲。在國際太空站我也做了一樣的事。我特意去一趟穹頂艙，花時間回味一下待在那裡的感覺，看看地球的樣子，就此銘刻於心。我並不悲傷，只有景仰之情。我想體會自己待在站上的時間有何重要性、站上的一切對我有何意義。

時間來到三點半，我們就像灰姑娘一樣，突然變成另一個世界的人。匆匆與其他組員道別後，就算很想繼續與他們在那遙遠的太空站逗留，也深知必須把握時程。接著，我們趕緊登上聯盟號，關閉艙門。我不會再回到國際太空站，但沒有關係，所有我深愛的人都住在地球上。

「我不再是指揮官了」

上了聯盟號之後，步調突然變慢。那種改變極為戲劇性，有點像是用最大音量聆聽貝多芬的《第五號交響曲》之後，四周突然陷入一片寂靜。我們必須仔細進行各種壓力檢測，才能確認艙門關好。溫度則要等到大約兩小時後才會穩定下來（一開始飛船裡很冷），接著，才能百分之百確定飛船處於密閉狀態。前一週，我們已經解除它的冬眠狀態，檢查過推進器與運動控制系統。隨後，羅曼就一直在進行裝船的工作：他必須獨自進行，因為只有俄國太空人才獲准做這件事，壓力也很大。當凱文．福特與他的組員返回地球時，凱文的座椅避震器故障，讓他承受了較高的重力衝擊，有人懷疑可能是裝船程序出了問題。所以羅曼必須確保我們的聯盟號沒事，結果也的確如此。

返回艙內裝滿了冷藏的醫療樣本，還有各種待修機器，滿到我們必須把個人物品留在太空站，裝進寫著「希望回到地球」的袋子。我在三月就先把一些東西送回去了，但仍有一些物品必須留在站上使用——包括我最愛的襯衫、用來掛在睡覺隔間外，寫著「正在錄音」的牌子。如今我只能把它們留下，希望它們不會永遠留在站上。未來也許會有另一艘飛船能容納它們。

我不想留在上面的一件物品是我的楓葉隊（Maple Leafs）球衣。多年來他們的戰績始終慘澹，如今終於打進史丹利盃（Stanley Cup）職業曲棍球季後賽，而那一晚正是東區八強賽的第七戰。我都是利用在站上跑步、騎腳踏車的時間看錄影重播，但不曾錯過一場球賽；那些前一天的比賽影片是美、加兩國的太空總署透過資料上傳系統提供給我的。楓葉隊的球迷非常死忠，甚至可以說非理性，所以你想我會在意自己不該在太空裝下面穿著球衣嗎？五月十三日那天的球賽對他們來講，是整季最重要的一場，我別無選擇。我把球衣穿在長袖內衣底下，在左邊的座位上坐定。能夠重回這堅固的小型太空船，我覺得很踏實。

我不再是指揮官了，羅曼才是聯盟號的指揮官，過去他也有駕駛聯盟號返航的經驗。湯姆跟我完全沒有，而且也五個月沒搭乘聯盟號了，所以做壓力檢測時，我們重新檢視各種可能致命的狀況：例如詳細討論如果無法順利離開太空站，該怎麼辦；還有脫離軌道後，如果點燃了引擎卻沒有適切加速，該如何應變。羅曼是自信而親切的領袖，他有辦法帶領我們把所有程序檢查一遍，有效率地進行各種檢測。然後，我們才穿上鷹式壓力服。

著裝後，感覺顯然比較貼一點。在無重力的狀態下，脊椎骨之間的軟骨會變大，讓身體變長；我們的太空裝在製作時其實就考慮到這一點，但我還是很驚訝地發現，我都五十三歲了，還能長高一、兩吋。我們每個人大概花了十五分鐘才擠進壓力服，隨後關閉艙門，跟軌道艙說再見——它非常狹小，但五個月前在前往國際太空站的路上，也曾是我們僅有的生活空間。除非出錯，必須在外太空多待一天，否則我們不會需要它，回到地球的時間只需要三個半小時。軌道艙裝的都是垃圾，等一下就會丟掉。

我們終於著裝完畢，綁好安全帶，膝蓋頂著胸口，我按下讓飛船脫離國際太空站的指令。我們要上路了。

一顆劃破天際的火燙子彈

與宛如煙火秀的升空過程相較，離站的光景非常平和。那些巨大的鉤子與扣子大概需要三分鐘才會打開。我們的聯盟號好像寄生在大船上的藤壺，但那些小小的彈簧逐漸把我們推開，飛船慢慢飄走，我們看著站上的朋友在窗邊與我們揮手道別。

一開始我們飛得很慢，一秒只移動四英寸，三分鐘過後，我們讓引擎持續燃燒十五秒，開始加速，慢慢滑行，藉著環繞軌道的機制離開太空站。我們必須遠離太空站、到達安全的距離，才能再度點燃引擎，否則飛船的廢氣與潑灑出去的廢棄燃料會毀掉太空站的大型太陽能發電板，就像暴風毀掉船帆一樣。

進入地球軌道後，我們與國際太空站的運行軌跡開始有點不同。莫斯科的任務控制中心計算了所有新資料，例如開始引擎燃燒、離開地球軌道的時間，然後我們用鉛筆把資料寫在確認事項清單裡。此刻平靜無比，但我還是吃了止吐劑，因為我知道平靜只是暫時的。

大概在兩個半小時後，時間到了：我們把飛船的尾巴轉到前面，準備燃燒引擎，脫離地球軌道，燃燒時間將持續四分二十秒。引擎燃燒的過程中，我們會歷經一個無法回頭的關鍵時刻：因為飛船的速度大減，一定會落入大氣層中。在那之後，我們會感覺彷彿有一隻手用力地把座位上的我們往後推。我們會自以為在朝另一方向加速，實際上卻是在減速。

接下來的五十四分鐘裡，飛船在落入地球時會猛烈翻滾，好像車禍後車子又爆炸了十五次。聯盟號的飛行軌跡從圓形改為橢圓形，等飛船掉到低點時，我們開始穿越外氣層，因為那裡的空氣較凝重，速度馬上減緩。那就像在高速公路上急速馳騁時把手伸出窗外，可以感受到風的阻力。引擎點燃後的第二十八分鐘，爆炸螺栓把軌道艙和服務艙都炸開，任由它們燒毀。我想到了尤里、佩姬與素妍的降落經驗，希望我們的聯盟號不會出錯。螺栓爆炸時，發出斷斷續續的砰砰聲響，聽起來應該沒問題。然後我看到原本覆蓋在飛船上的隔熱布料，已經起火燃燒，從窗邊飛去。空氣阻力讓返回艙穩定下來，我知道我們沒事了。返回艙仍在翻滾，但不管是軌道艙或服務艙，肯定已離我們而去。

儘管有防熱盾的保護，熱度與濕度還是持續升高。我從窗戶看到橘黃色的火焰，返回艙噴出一串火花，然後聽見持續性的砰砰聲響。可能是防熱盾有瑕疵，不然就是艙體含有濕氣，又或者是我們真的遇上了大問題。我沒說話，因為沒什麼好說的。如果防熱盾失效，我們就死定了。我們就像是一顆劃破天際的火燙子彈，即將在天亮時落地。

兩分鐘後，到了四十萬呎的高空，我們可感覺到空氣變得更凝重了。返回艙內的氣溫仍在上升，我的楓葉隊球衣已經被汗水浸濕。此刻的空氣阻力更大，地心引力用粗魯的方式歡迎我們歸來，把我們往椅背上用力一推。很快地，重力攀升到地球重量的三．八倍，與過去五個月的無重力狀態相較，這種衝擊力道實在太強大了。我的臉被壓得往兩側耳朵移動，我可以感覺到皮膚的重量。我小口小口呼吸，我的肺部不想抵抗地心引力。雙臂彷彿有一噸重，突然間連要把手抬個幾英寸高、按下控制面板的按鈕，都千難萬難。我們從無重力狀態進入極重力狀態，回到地球上時重力又只剩下一G，整個過程只有十分鐘，卻是漫長的十分鐘。

等到返回艙大幅減速後（就像一顆大石頭掉進很深的水池裡，最後速度也會放慢），小降落傘張開，更加減低降落速度。到了一萬七千英尺高空，主降落傘才打開，我們三個又笑又叫，高呼：「咿哈！」返回艙不斷急速旋轉，發出咯咯聲響，因為轉得太快了，我們反而沒有想吐的感覺。突然間，砰！返回艙艙體穩定了下來，平穩地掛在降落傘下方。我們把保護返回艙免於在大氣層中燒毀的防熱盾拋掉；窗戶本來因為熱氣而一片黑漆漆，此刻防熱盾脫離，可以看到晨間的蔚藍天空了。所有剩餘的燃料也被排掉，以免我們在觸地後燒成一團火球。

不斷翻滾那麼久之後，我們很虛弱，試著調整呼吸，像是剛坐完最可怕的雲霄飛車的遊樂園旅客。我們的座椅突然間往前搖晃，自動升高，讓避震器的避震係數升到最高點，好化解即將來臨的撞擊。重力加速度讓安全帶緊縮起來。我們都知道觸地時會受到猛烈撞擊，座椅上的襯墊都是依照我們的體型特別打造的，避免背部摔傷。觸地前一刻，我們都不發一語，連羅曼也不再開口了——身為飛船指揮官，他必須不斷敘述我們降落的過程，把情況回報給地面控制中心，講話速度飛快。我們都輕輕地咬著牙，以免傷到舌頭。

返回艙裡的伽馬射線測高儀等待地面的回聲，觸地前兩秒鐘時，它下達指令，自動把幾枚名稱十分樂觀的「順利著陸火箭」（Soft Landing Rockets）發射出去，裡面的炸藥會把返回艙的下降速度降為每秒五英尺。可怕的車禍將減輕為輕微的撞擊：一噸重的鋼鐵與鈦合金材質太空艙，就這樣撞在哈薩克的堅硬地面上，裡面包著我們的血肉之軀。草原上的風很大，降落傘把我們拖得往一旁倒下去，返回艙就像一段被砍下來的樹幹，滾了幾下後，羅曼才按下按鈕，切斷降落傘……所有的動作就此停止。返回艙平躺在地上，這時我的身體頭下腳上，幸好有安全帶綁著，才沒從椅子上掉下來。此刻的我驚魂未定，心神不安。

一般的著陸過程就像這樣，我們掉在預計的地點，因此聽得見搜救直升機的嗡嗡聲響。吸氣時可以聞到返回艙的濃烈焦味。湯姆指著窗外，不久前我們還在外太空，此時只看到一片淡棕色的塵土。一連串人聲不斷傳入耳際，是俄國地面組員的聲音。

我們終於回到了地球。

有如感官負荷過度的新生兒

接下來，我們知道艙門被撬開，看見外面的藍天與閃亮的陽光，聞到新鮮空氣的味道，許多人影與聲音在騷動著。有人伸手把羅曼抬出返回艙。其他人負責把樣本與科學實驗結果拿走，那些東西必須立刻安置在冰箱裡，或用飛機載走。接下來，湯姆與我才被依序抬出去。過去我曾數度親臨降落地點，身分是太空總署的代表，所以地面小組的人都認識我，把我抬出來的傢伙用俄文跟我說：「克里斯，影片拍得很棒，我們都感到驕傲。」我知道他說的是〈太空奇遇〉的影片，因為身為我的同行而驕傲。從天而降後能被人用這種方式歡迎，實在太棒了。

我幾個月沒見到陽光，膚色慘白，不斷眨眼，並且身體虛弱，四肢無力，被人抬到一張帆布摺疊椅上，坐在湯姆與羅曼身邊，而羅曼已經在跟醫護人員說笑，看來狀況良好，彷彿馬上可以去打一場高爾夫似的。我看起來就比較糟糕了。醫生與護士幫我把額頭的塵土擦掉；我離開返回艙時不小心碰到焦黑的艙體邊緣，就連臉部也碰到了，看起來好像沾了一臉焦炭。他們輕聲詢問我是否沒事，同時把毛毯蓋在我身上。美、加兩國太空總署的官員、當地政要及俄國士兵，在現場走來走去。一時間，我還難以適應身邊有那麼多歡迎我們的人，過去五個月來，出現在我眼前的人不曾超過五個，特別是剛剛在降落過程中又消耗了許多體力。

取下頭盔後，有人遞給我一支衛星電話。電話上是海倫。幾名記者為了拍照往前擠過來：我像是電影中打電話回家的外星人。電話裡傳來妻子的聲音，如此肯定而清晰，她鬆了一口氣，也很高興。我說我愛她，然後問她：楓葉隊贏了嗎？她說沒有，他們從季後賽被淘汰了。他們跟我一樣，化為一團火球後墜地了。

我面露微笑，勉強表現出正常的樣子，掩飾住不習慣與想吐的感覺。但我感到手臂是如此沉重，幾乎無法抬起來，於是我動也不動，盡可能避免出力。我身體的每個部位都感到疼痛或是經過劇烈震盪。過了幾個月在太空中靜靜飄浮的生活，被關在一個平穩與隔離的空間裡，此刻各種聲音、顏色、味道與地心引力突然紛至沓來，我就像感官幾乎負荷過度的新生兒。難怪新生兒誕生時會大哭抗議。

我就這樣坐著不動十五分鐘，把我的個人物品交給一位專責照護人員保管，以免無故失蹤（有很多人收集待過外太空的東西），接著我連人帶椅被抬進一個臨時醫療站，安置在摺疊床上。此刻我已經在嘔吐，感覺很糟糕。醫護人員把我清理乾淨，幫我脫掉鷹式壓力服與沾滿汗水的楓葉隊球衣，換上一般的藍色飛行裝，讓我吊點滴，以免脫水休克。

接下來，我跟羅曼與湯姆一起登上一輛長長的低矮裝甲車，車裡瀰漫著柴油味，我們被載往幾百碼外搭乘直升機。因為一直想吐，這種體驗實在不太好受。我們各有一架專屬的MI8俄國運輸用直升機，機上有床，還有護士、照護人員與醫生各一人。我最愛的是那張床。因為頭暈，每次移動頭部都覺得天旋地轉。我幾乎立刻睡著。

大約一小時後，我們在卡拉干達市（Karaganda）的機場降落，這時我的精神恢復不少，也有力氣在直升機上簽名了（開啟簽名傳統的某位美國或俄國太空人只是臨時起意，隨後立刻被制度化，成為必要之舉——降落後簽名的人，有一些我認識，有一些只聞其名，能夠和這些同事名列其上，實在很酷）。湯姆、羅曼與我被扶上車子，火速前往參加一個典禮，由當地某位重要人士為我們披上類似魔法師梅林（Merlin）穿的紫袍黑帽，贈予一把雙弦的葫蘆狀吉他。身穿正式服裝的哈薩克年輕女孩為我們獻上給旅人的三樣東西：鹽、麵包與水。

隨後的記者會上，我被問到的第一個問題是：「你知道你的〈太空奇遇〉影片已經有七百萬點擊人次了嗎？」說真的，我不知道。那數字聽來令人難以置信。儘管我現在很想吐，但必須說清楚：那支音樂影片並非三十四／三十五號太空任務的重點。那一支音樂影片的目的，是讓大家有機會看到難得一見的美好太空經驗。我用俄文含含糊糊地說了幾句話，表示重點在於把人送上外太空，而非機器人。接著有位好心人士把我推往洗手間，好好吐一吐，不用擔心媒體亂寫。

稍後我們搭車回到機場跑道，羅曼搭飛機返回俄國，而湯姆跟我登上太空總署的 G3 專機——那是一架後面有兩張床、可容納十名乘客的小型噴射機。我們在半夢半醒之間，只能點到為止地道別，毫無離別的傷感。我們沒有那種感覺。我們已準備好進入夢鄉，暫時忘掉一切。大概二十小時後，休士頓到了，行程中我們小睡了幾次，清醒時醫護人員幫我們測量血壓心跳等數據，蒐集更多的血液與尿液樣本。太空總署想瞭解長期太空任務對人體會造成什麼影響，盡可能大量取得各種樣本。我趁著噴射機中途在普雷斯蒂克機場（Prestwick）加油時，坐在椅子上沖澡。這是差不多半年來我第一次洗頭髮，把全身清洗乾淨的感覺實在太棒了。

飛機抵達休士頓時，我還是感到筋疲力竭，腳步仍舊不穩，而那裡已經有一小群人等著歡迎我。我親親海倫，抱了她一會兒。在國際太空站跟她講電話，總是有兩秒的時間差，如今能這樣當面說話，一方面我覺得是一種奢侈的享受，另一方面也感到熟悉而安心。親友們都來了，他們都是我認識且喜愛、過去五個月來常常想到的人，我跟每個人都說了一些話。我很高興，也有點尷尬，像是走過婚禮上的人群、接受祝福的新郎——而婚禮不就是一種象徵人生轉變的必要儀式嗎？海倫看著我，知道我想離開，所以我們就走了，直接回到太空人的宿舍。

時間來到晚上十一點半，這意味著我們必須抽十四管血液，然後進行一些模擬器演練與測驗，藉此評估我們的平衡感與注意力。湯姆跟我向來知道這是必要的程序，也深諳其重要性，但是時間那麼晚，身體還不太舒服，便忍不住想抱怨。等到測驗沒過關時，感覺就更差了。

有一項測驗是關於雙手與眼部協調性，跟二十一年前我在渥太華參加太空人徵選時所做的測驗有點像：依序用左手、右手及兩隻手，把木栓插進木栓板上一排排的小洞，看我們能夠做得多快、多準。原理很像克里比奇紙牌遊戲（cribbage drag race）。剛剛脫離無重力狀態的我仍笨手笨腳，就算只是從那淺淺的盒子裡把一根木栓拿出來，也會把其他木栓弄得到處亂飛。接下來是一項電腦測驗：一方面我們必須試著把游標保持在一個不斷移動的圓圈內，同時要在上面輸入出現在另一個螢幕上的數字。不過，最糟糕的還是運動模擬器測驗。傾斜的平台上架著一個小小的圓形駕駛艙，我們必須坐進去，針對電腦畫面上的各種情境回應，有時是駕駛太空總署的 T-38 教練機，有時是在蜿蜒曲折的山路上開賽車，也有可能操縱一台火星上的球狀探測車。就算不是在降落後測驗，那些畫面還是很逼真，此刻我真的很想吐。

到了上床時刻，我覺得自己從未因為要睡覺而那麼高興過。在完全不用施力就能飄浮的太空中過了幾個月，現在就連撐住頭都覺得好累。能躺在床上最棒了。

那天還有另一件讓我高興的事情：我覺得我們完成一項困難的任務。三十四／三十五號任務完成太空計畫史上最多的科學實驗，因為社群網站，也達到社會教育的目的。我知道我再也不會重回外太空，但我終於完成畢生致力追求的目標。我不會為此傷感，而是歡欣鼓舞：我終於做到了！我知道要做的事情還很多，雖然此刻我還不清楚到底該做些什麼。過去五個月來，我每天欣賞十六次日出，看遍地球美景，如果說，在這過程中我體悟到什麼道理，應該就是：人生的挑戰與機會何其多，只怕你沒有足夠時間去接受挑戰、善用機會。

沒錯，我們扎扎實實地降落在哈薩克了，但我不覺得這是某種結束，而是另一個開始。至少就這方面而言，我們是「安全著陸」了。

13 爬下太空艙，還是要倒垃圾

從天而降的一條蛇

太空梭還沒退役前，我常常開小飛機往來於休士頓與卡納維爾角之間。沿途沒什麼風景可看：因為民航機必須避開軍用機場，偏偏那個地區又有很多軍機場，一路上都必須飛在州際公路的正上方。我像個通勤族似的，以I-10號公路為行進路線，只不過我是飛在一萬英尺的高空中，極目所及是墨西哥灣沿岸各州平坦沙地上的公路，好像一條灰色緞帶。沒什麼好興奮的。

某次我開著一架比奇飛機公司的「男爵」（Beechcraft Baron）雙引擎飛機，機上還有我的消防員朋友羅斯．威爾森（Russ Wilson），飛到佛羅里達州西北部的時候，我感覺有東西輕輕掠過我的腳——那是個炙熱的夏日，我只穿了短褲。我本以為那是一條垂在飛機駕駛座下方的電線，所以我換了換坐姿，想避開它。片刻過後，腿部又覺得碰到東西了。好怪。我低頭一看，發現一條從地板往上移動的黑蛇。不是小蛇，也非巨蟒，但肯定是我在飛機駕駛艙內看過最大的一隻蛇。我的雙腳本能地往上抬，羅斯因而低頭，看到了那條蛇。我們就這樣呆在那裡，沒有動彈，不敢相信自己的眼睛。

每當飛行任務別具挑戰性時，戰鬥機飛行員總會說自己忙著「殺蛇打火」。但那可是一條真蛇，在一萬英尺高空殺蛇似乎不是什麼好主意。蛇要是殺不成，牠可能不會像現在這樣客氣了。羅斯沒多猶豫：他一把抓住夾著飛機確認事項清單的寫字板，把那條蛇壓在地板上。然後用專業手法抓住蛇頭的後方，把牠從我的座位下方拉出來。

此刻，那條蛇開始亂動，急著想逃走，我試著繼續開飛機，彷彿沒有任何異狀。接下來呢？我們沒多費唇舌，決定打開身邊的窗戶。窗口很小，如果駕駛艙失火仍可讓煙排出去，問題在於飛機正以兩百英里的時速移動，突然間，我們好像置身颶風裡面。聲音很大，我們的耳朵因為機艙失壓發出嗡嗡嗚響，還有一隻不停到處亂動的大蛇。不過消防員就是擅長於急難中應變。羅斯靜靜地往我靠過來，把手伸出窗外，盡量把蛇身擠出去，接著把蛇放掉。真驚險。蛇就這樣不見了。我們趕緊關窗，之後才想到應該四處看一看：飛機上還有蛇嗎？那隻蛇到底是怎麼上來的？我們不是在做夢吧？

在一陣緊張與腎上腺素亂竄過後，我們都笑了出來。這段插曲讓我們覺得不可思議，而且有點傳奇軼事的味道。接著我心想：「蛇是從哪裡冒出來的？」但是一想到飛機下方的畫面，我就笑不出來了：一隻在下墜過程中不斷扭動、感到困惑而迷惘的黑蛇，最後將掉在某輛車的擋風玻璃上，我非常清楚那是什麼感覺。

從太空回到地球後，我覺得自己好像突然被人從天堂推下來，啪的一聲墜地。不久前，我還擁有超人般的特異功能——我會飛，現在竟然脆弱到必須靠別人幫助，才能步履蹣跚地到處走動。我的身體被無重力狀態寵壞了，一碰到地心引力就發出強烈抗議。我一直作嘔，筋疲力盡；四肢彷彿有千斤重，身體的協調性糟透了。

還有，一名記者在任務結束後的記者會上一再問道：「如今一切都結束了」，我有何感覺？這有點惹毛我。其實還不算結束：每次飛行結束後，接踵而來的就是幾個月的復健期，要接受各種醫療檢測，還有開不完的簡報會議，對象從太空總署的最高層主管，到負責國際太空站補給工作的人員。但那個問題之所以讓我很煩，是因為它儼然暗示太空任務是我這輩子最後值得一提的經驗，可悲的是，接下來我的人生只會每下愈況。我對自己和這個世界的看法並非如此。每項任務都只是整片人生拼圖裡的一小塊，我希望我的人生還要很久才會結束。

從峰頂回到基層

如果你開始認為只有那些最重要的、最耀眼的人生經驗才算數，你會常常覺得自己是個廢物。就我個人而言，我寧願長保快樂，所以對我來講，每件事都很重要：那些微不足道、平凡無奇的時刻，那些被報紙報導的大事，還有那些無人知曉、只有自己知道的事情。最難的是，在引人注意的榮耀時刻過後，你要怎麼安於常態。你必須設法享受並慶祝那些時刻，然後將其拋諸腦後，繼續走下去。

為了要讓每個歸返地球的太空人「繼續走下去」，太空總署都會提供許多幫助。回到詹森太空中心的太空人辦公室報到時，我們不會受到英雄式的歡迎，大家只會熱烈地認可我們的成就，說一聲「幹得好」，然後任由我們低調地從太空總署的舞台頂端走下去，至少不再享有過去的能見度與威望。剛剛完成聯盟號飛行任務的太空人會被重新分配工作，成為支援團隊的中堅分子；還是很重要，但並非眾人目光焦點。

通常來講，不管你幹哪一行，眼前都會有清清楚楚、一個個的台階，只要穩健地不斷往上爬，就能登上專業領域的最頂尖舞台，但是太空人的地位始終高高低低，在不同的角色與職級之間輪轉。從組織的角度看來，這是有道理的：此舉讓太空計畫的每個層面都很穩固，也能強化每個人的團隊精神，為追求共同目標而努力（為全人類拓展知識領域，提升能力極限），這一點比我們個人都來得重要。對太空人而言，這也有道理，因為這可以促使我們腳踏實地，專注工作，也就是持續支援、宣導人類的太空探險計畫。就算有人萌生想要炫耀的念頭，也會從一開始就打消，因為我們的地位在一夕之間改變，上頭希望我們扮演較不受矚目的新角色，而不是坐著回憶過去太空中的美好時光。

在太空總署看來理所當然的是，今天的巨星到了明天本來就該變成劇務，在幕後做苦力，不受注目。例如，佩姬．惠特森當過三年的太空人辦公室主任，如今她也恢復一般太空人的身分，支援其他太空中的人員，而且她知道當上頭指派某項工作時，她獲選的機會不會比別人高。

這種角色轉換過程極為平順的理由之一在於，也許外人沒有明顯的感覺，其實太空任務組員與辦公室成員這兩種角色並非涇渭分明。舉例來說，指令艙宇航通訊員也會接受訓練，與組員一起參與演練，等到他們到太空出任務，通訊員就扮演支援角色，或是每天待命，事後也會參加檢討會議。因此，指令艙宇航通訊員可說是不可或缺的一名組員，任何直接支援任務的人員也一樣。

身為支援團隊的一分子，我們都非常清楚自己工作的意義與重要性，並非取決於外界是否知道我們在做什麼。一旦當上太空人，也能充分瞭解地面人員是任務成敗的關鍵，所以就某方面來講，等到我們再度加入支援團隊，更能全心幫助那些正在出任務的太空人，也更加覺得自己的工作是有意義的。

但我不會以偏概全，主張這種扁平化的組織全無缺點，或者說放棄自己夢寐以求的工作是令人歡欣無比的經驗。我想，即便是最樂觀的小朋友也會覺得五味雜陳。然而，太空人在接受訓練時，本來就需要常常轉換角色，有時是太空人，有時是支援的團隊成員，時間一久也習以為常了。

遲早我們都會發現，如果能以優雅的身影走下舞台，對所有人、甚至對自己都是好事一樁。因為我曾被美國太空總署派駐到俄羅斯當了好幾年的太空任務主任，等我再度回到星城受訓時，偶爾會覺得納悶：「為什麼這位新的太空任務主任這麼做呢？」很快我就發現，不管他怎麼做，我最好堅守沉默是金的原則。我不再是負責人了。我的角色僅限於旁觀，只有絕對必要時，才用比較委婉的方式修正他們的工作程序。通常，我覺得「有問題」，其實只是另一個人的管理風格與我不同。

即便我們曾經在某個職務上獲得別人的正面評價，一旦任期結束，就該轉而保持低調了——如果你想保住自己的正面評價，就更該如此。結果我發現，從外太空回來後，想要保持低調比我想的還要容易。至少一開始，我們覺得身體狀況很差，低調大有好處。

提早體驗老化

根據過去經驗，我們只要在太空中待幾天，回地球後就需要幾天的復原時間。所幸，我前兩次任務都證明此一經驗法則是正確的。相對而言，那兩次任務的時間比較短（一九九五年的任務是八天，二〇〇一年是十一天），所以我們返航後我只難過了幾天，大概一個禮拜後就恢復正常了。

三十四／三十五號太空任務可就不一樣了。我在太空待了五個月之後，身體不只適應了無重力狀態，還出現一些狀況。雙腳不再習於負重，只要走幾步路，就會出現一種類似走過炙熱煤炭的燒灼感。坐下也沒舒服一點：腳就好像被大頭槌敲了好一陣子，痛得不得了。坐著時，總覺得尾椎不舒服；因為習慣身體不用施力的無重力狀態，有重力時坐在椅子上委實不對勁。站著也一樣。我的脊椎在太空中被拉長，現在又變緊了，下背總是很痛。令我驚訝的是，這些副作用過了許久才消退。幾個月後，我的雙腳與背部仍常常因為討厭的重力而感到不適。

我的心臟在太空中也有所改變。回到地球時，它已經忘記怎麼把血液推往頭部，光是要站起來就很吃力。站了幾分鐘後，心跳會加快到每分鐘一百三十下。同時，血壓則是往下降，害得我頭暈不已。為了幫助血液循環，我穿了好幾天的飛行裝，藉此穩定小腿、大腿與腹部的血壓。此一原理有點像擠壓氣球底部，把空氣往上推；穿著飛行裝倒也還好，感覺就像身體下半部被重物壓住。即便如此，只要快速站起來，還是非常暈，因此我很怕去上廁所。剛開始那幾天，我真的差一點跪倒在地，頭撞在地板上（我認識的某位太空人曾經因為想站起來小便而昏倒）。這就是為什麼在任務結束後的隔離檢驗期間，太空人住處的淋浴間都會擺一張椅子。儘管暈眩感不再那麼強烈，仍繼續擺上好一陣子。我學會在起床後站著不動，讓暈眩感消退，再做一些較急促的動作，像是走過客廳。

病因之一是內耳負責控制平衡的前庭系統，在出過太空任務後完全失常。在國際太空站，因為上下方顛倒，前庭習慣只回應自己身體的旋轉與加速動作。回到地球後，因為重力突然把我往下拉，卻有地板撐著，導致內耳持續感覺到肉眼看不見的加速運動，沒人知道理由為何。那種感覺讓我想吐，比坐過遊樂園裡最厲害的雲霄飛車還要糟糕。我的身體以為那種症狀是神經毒物引起，讓我想把它吐出來，並且躺下，藉此減緩毒性發作的時間。著陸後，我斷斷續續服用了十天的止吐劑；有時覺得沒事，有時則是臉色發青，很不舒服。

我的胃口很快就恢復了，平衡感卻沒有。一開始，走路很難，像醉漢一樣步履蹣跚，重新習慣後就克服了（重點是我必須一直張開雙眼）。然而在第一週，我因為調整得太過火，轉彎幅度太大，以至於撞上東西或者往前傾，就像走在強風裡。這也意味著我有兩、三週不能開車，以策安全，不過我不在乎，因為我真是累翻了，就像大病初癒的人。

我睡得很沉很甜，這倒是出乎意料的好處；過去兩次太空梭任務結束後的頭幾天，我曾有飄浮在床上的奇怪感覺（出任務的時間太短，身體可能完全搞迷糊了）。這次我沒那種困擾。床是讓我感到最舒服的地方，而且一直很想睡，一天還會偷偷小睡幾次。

所幸，太空總署分別派了專屬訓練員給我們倆，本來就參與任務的醫生也協助我們復健：那些醫師的專科名稱叫ASCR，意即「太空人身體強度訓練、健康狀況調整與復健」（Astronaut Strength, Conditioning and Rehabilitation）。回太空中心報到的第一天，他們就要我把雙臂高舉過頭，然後躺在地上，試著抬起腿來。舉手抬腿的動作我都做得到，但很勉強。躺在墊子上時，感覺好像有兩個人坐在我身上，把我壓制住。太空環境讓我變成大力士，只要用一根手指頭就能移動一台冰箱，此刻我的感覺是……呃，真不公平。我每天在太空站都運動兩個小時，回到地球後卻還是如此虛弱。

人體到外太空後產生的許多改變，真的與老化過程非常相似。事實上，在任務結束後的隔離檢驗期間，湯姆跟我就只能像兩個老笨蛋一樣，踏著蹣跚的腳步到處晃，預先體驗一下我們九十歲時的感覺。我們的血管變硬，心血管系統也改變了。在太空中，鈣質與礦物質大量流失，骨質變疏鬆；因為一天有二十二小時不用抵抗重力，連肌肉也鬆弛了。

往好處看，在復健專家的協助下，大部分傷害都是可逆的；同時，透過抽血採樣，醫生也更瞭解人體在老化過程中的改變。回來後的幾個月，太空人基本上跟白老鼠沒兩樣，只是體型較大而已。

我們甚至要接受類似迷宮的測驗，就跟白老鼠一樣。科學家想要深入瞭解長期的太空生活對人體產生的影響，所以在隔離檢驗第一晚的測驗，之後會重複進行，再加上一些新的測驗。例如有個檢驗就像跳格子遊戲：地上擺著一條長長的梯繩，我必須用雙腳、單腳以及隔一格等各種方式跳過去，而梯繩的形狀有的像學校操場上畫出來的格子一樣簡單，有的比較複雜，受測時就像在跳迪斯可。還有一些限時衝刺測驗，我必須繞著地上的圓錐，向前、向後或往兩邊跑。我在出任務前也做過這些測驗，測驗結果可以拿來與任務後的成績比較。毫不意外，在返回地球後的頭幾週，我的靈敏度與反應時間都大幅衰退。

其他測驗就更麻煩了。其中一項測驗測的是太空生理時鐘對身體能力的影響，他們會把兩個像塑膠螺栓的東西分別貼在我們的額頭與胸口，同時用臂套監測血壓心跳等數據。有一晚，我就戴著那些東西出去吃漢堡，看起來像科學怪人。接受平衡測驗時，我先是戴上感應器，然後身穿背帶，站上一個望著地平線圖片的小平台。科學家要我把頭稍稍往後仰、向前傾，同時他們會移動地平線圖片或平台，看看我會不會失去平衡感，或是把午餐吐出來（差一點）。

我必須接受各種測驗與媒體專訪、參加檢討會議，休息時間很少。我覺得有一點分神、不投入，必須刻意保持注意力。我還有一種被孤立的奇怪感覺。我是回到了地球，但回不去我過去的生活。回來後頭一個月，白天我幾乎都待在詹森太空中心，連週末也不例外。海倫會帶著健康的午餐，開車載我上下班，直到三週後，醫生才同意讓我開車，安全無虞。

恢復正常體力的時間需要久一點。我一天花兩小時跟復健科醫生在一起，他們藉著飄浮跑步機（floating treadmill）之類的機器，讓我開始做一些較不費力的運動：那種跑步機看起來就像一顆大大的橡膠氣球，氣球裡連接一件可以直接套上去的橡膠短褲，充氣後，他們可以設定我雙腿跑步時所需的力氣。我從六成的強度開始訓練，力道相當於我在太空站使用的跑步機。

兩個月後，我終於獲准到外頭跑步了，但我覺得雙腳又重又慢。在我踏著笨拙、不靈活的腳步慢跑時，可以感覺到五臟六腑都在翻滾。心血管反應也令人失望：顯然我的血液還是大都流往雙腳，血管還是常常忘記該把血液送到肺部與頭部。我發現至少有六個月的時間，我無法做一些會讓心血管負擔突然增強的活動，像是滑水或團體運動。除此之外，我的骨頭也無法承受任何衝擊或壓力。曾有太空人從國際太空站回來後跌倒，看起來不怎麼嚴重，卻把臀骨摔斷了——我可不想成為第二個案例。

人生的一個篇章

返回地球約三週後，湯姆與我一起回到星城，參加傳統的俄國官方簡報會議與典禮。對他來說，前後為期數年的三十四／三十五號太空任務結束了。對我來說，結束的卻是長達二十一年的太空人生涯。幾個月前，我就跟加拿大太空總署說我要退休，不久之後就會公布這項消息。

然而，這一趟星城之旅感覺起來是如此安心而熟悉，但又有點奇怪。打包後搭飛機，在莫斯科的多莫傑多沃國際機場（Domodedovo），與前來接機的太空總署司機艾芬（Ephim）會合，我們跟這個總是面露微笑、看來有點壞壞的傢伙是老交情了。這一切我經歷了許多次，但是知道也許不會再有這樣的經驗後，感覺自然不同於以往。艾芬把我們載到太空總署的市區宅邸。多年來，那一直是我的第二個家，舒適而樸實，此時我真的感到……自由自在。我好久沒有像這樣完全獨處，可以控制自己的行程。真是很多年了。那裡沒有醫生、家人、訓練員，我只需要為自己負責，感覺起來是如此愉悅、自我，又簡單。湯姆與我都說那樣好頹廢，然後就此分開，樂於讓對方獨處。我在池塘邊散步，靜靜地看書，不疾不徐地收看電子郵件。我覺得……好享受。

艾芬說羅曼買了一輛新車，所以隔天早上當他開著一輛金色ＢＭＷ敞篷車出現時，我已經有心理準備了。顯然那是他與自己約定好的獎賞，在太空中辛苦了那麼久，我非常能瞭解這種實際的享受：我自己就有兩輛敞篷車，一輛是年份久遠的雷鳥跑車（Thunderbird），較新的是野馬跑車（Mustang）。羅曼跟我彼此咧嘴微笑，我們是兩個俗氣的中年男人，完全不以此為恥。

稍後，我們去參加技術性的簡報會議，過程直來直往，省略了許多不必要的程序，因為羅曼早已把所有細節跟俄羅斯聯邦航太總署報告過了。那一趟簡報之旅，實際上只是讓我們三人有機會表達感謝與致敬，對象是我們的老朋友，包括多年來與我們一起訓練、幫我們做升空準備的教官與訓練員，同時也為了拍照。我們與媒體見面，雙方用俄文問答，接下來則是在攝影師的要求下不斷微笑，並且與別人握手。現場的記者比往常還多，那是太空飛航史上的大日子；那一天也是史上第一個女太空人范倫蒂娜．泰勒斯可娃（Valentina Tereshkova）參加太空任務的五十週年慶。她跟我們三個組員一同站在尤里．加加林的雕像前，與我的朋友、史上第一位執行太空漫步任務的太空人阿列克謝．列昂諾夫（Alexei Leonov）一起合影。能夠帶著自己剛剛達到的成就，與偶像們站在一起，實在太不可思議了，背後的深意令人費解，我只能暫時當它是一件值得慶祝的事，留待往後慢慢思考。

這趟星城之旅的高潮是在一個長形、過度暖和的大廳舉行的頒獎典禮，觀禮人士包括許多教官、太空任務主任的部屬、羅曼的家人、太空總署的管理階層、俄羅斯聯邦航太總署及能量火箭太空公司的高層人員、當地政要及許多青年團體。他們一個個上前表彰我們的功績，發表簡短演說，跟我們握握手，頒發禮物，包括牌匾、手錶、書籍，還有數不清的花束。湯姆、羅曼與我各有一張桌子可以擺放各種禮物，到最後，桌上的東西都滿了出來。湯姆跟我把花束都轉送給太空任務主任辦公室的女性員工，價格不菲的禮物則拿給太空總署的管理階層保存（政府員工不能收受昂貴的餽贈，但我們獲准留下一些小東西）。

等我說完再見，我們坐進太空總署的廂型車，我強烈感覺到自己再也不會回星城了。突然間，我不想離開，我想再次遍訪友人與同事，抱抱他們，重溫一起經歷的所有往事。我希望我不只是來說再見，而是把這次星城之旅提升為一件大事，因為對我來講的確如此。我人生的一個篇章結束了。然而，我只是靜靜地坐在廂型車裡，憂鬱地看著那些熟悉的臉孔與地方漸漸消失，但也心存感激。俄羅斯這個國家一直對我很好。

回到大西洋另一頭，氛圍卻是歡樂、喜慶而喧鬧的。加拿大總理要我回去一趟。我受邀擔任卡加利牛仔節（Calgary Stampede）遊行活動的帶隊貴賓，我倍感榮耀，特別是該市才剛花了一番工夫完成嚴重水災後的重建工作，趕上慶祝一年一度牛仔節的日子。分別位於休士頓與蒙特婁的美、加太空總署都舉辦了派對。我不知道握了多少次手、接受多少專訪，也覺得自己越來越強壯。我把我在詹森太空中心的桌子收拾乾淨，把休士頓住家的東西裝箱，把許許多多表彰我的物品與禮品一起帶回加拿大。〈太空奇遇〉的音樂錄影帶是我進入音樂界的敲門磚，它讓我在各個大型活動上演出。邀約實在太多，我必須寫一封制式化信函，婉拒各種演講與代言活動。我的生活既刺激又累人。

而我知道，這一切只是曇花一現。

謙卑的力量

十二年前的美國副總統是誰？五年前是哪一部電影贏得奧斯卡金像獎的最佳影片？上一屆奧運比賽勇奪競速滑冰金牌的選手是誰？我曾經知道以上每個問題的答案。在當時這些都是大事，但過沒多久，只有活動的參與者才會記得。

太空任務也一樣。太空人在升空與降落時獲得的殊榮不會維持太久。媒體會轉移焦點，太空人自己也必須邁入下一個人生階段。如果我們辦不到，不管是始終抱持自大傲慢的心態，或是害怕自己再也無法完成其他大事，都會造成裹足不前的下場。

有些太空人跟許多過氣名人一樣，陷入絕境，但他們是例外。史上有超過五百人有機會從外太空看到地球，太空任務似乎讓他們的謙卑程度有增無減。我們看過太多了：閃耀動人、光影變幻莫測的北極與南極光，散布在巴哈馬群島周邊淺海處的美麗藍色堡礁，還有颶風暴風中心周圍掀起的巨大泡沫狀猛烈氣流——這一切都會大幅改變我們看待世界的觀點。那些景觀不只令我們讚嘆不已，也促使我們謙卑處世。當然，這讓我瞭解，如果我以為自己在地球上生活的五十三個年頭有多重要，也太過目光短淺了。我為我的團隊在國際太空站的成就感到驕傲，特別是我們完成史上最多的科學實驗，湯姆與克利斯還執行了那次緊急的太空漫步任務。但是在太空探險的歷史紀錄裡，就算我們出現在一個小小的註腳裡，都很幸運了。

我不是說太空之旅讓我覺得自己只是個小人物。事實上，它讓我覺得自己有責任為地球貢獻心力，讓別人瞭解它目前的遭遇。從太空中，我們可以看到馬達加斯加島的森林逐漸消失，那些原本被天然植被穩住的紅土不斷落入海洋裡，鹹海的水因為被引入農田，導致湖岸移動好幾十英里，原本的湖底已經裸露出來，成為荒漠。我們看到地球有多堅韌，它忍受了一切破壞，改變自己，仍舊支撐所有地球生物的生活，還有許多天然災害帶來的問題，譬如許多火山不斷噴發火山灰。但是人類不知好好維護它，情況越來越糟糕。我們必須用一種更長遠的觀點看待環境，盡力改善現狀。

我感受到一股離開地球之前未曾出現的使命感，這件事常把認識我的人搞得很煩。最近有個朋友就很挫折，因為我跟他出去散步時會不斷停下來撿垃圾，速度放得太慢。結果，這成了不大為人所知的「太空任務症候群」之一：現在我會在街上撿口香糖包裝。

我知道自己在偉大的宇宙裡，猶如滄海之一粟，這讓我不至於放大自己的成就，也沒讓我謙卑到無法接受掌聲。我還是能接受，事實上也挺喜歡升空與降落時的盛大場面。但是我知道大多數人，包括我在內，常常搞錯鼓掌的理由：我們該鼓掌的不是那引人注目的戲劇性短跑紀錄，而是選手不屈不撓的多年準備過程，或是經過一連串失敗仍不動搖的優雅姿態。因此，人們為我鼓掌，卻不知道多年來身為太空人的我是怎麼過活的：太空任務並非我唯一的生活重點，甚至連重點都不算。

真正的重點在於，我要如何在地球上活得更精采。

有些人以為，像我們這樣去過太空的人，一定會覺得日常生活太過平淡，甚至缺乏生氣。但對我來講，事實剛好相反。完成太空任務後，我覺得自己就像完成一趟計畫並期待多年的有趣旅行：我感到完滿、充滿能量，對這世界的看法也有些微的改變。

去過外太空，只會讓你的餘生更豐富：當然了，除非你只有在最高的專業舞台上才能感受快樂與理想性。如果是那樣的話，走下舞台只會讓你非常失落。你會覺得突然間失去了掌聲，現實怎麼會如此赤裸裸，連倒垃圾這種事都要你去做，還要忍受不完美的日常生活。

在成為太空人的過程中，我瞭解了一個道理：真正重要的，不是別人認為某件工作有多少價值，而是做那件工作時自己有何感受。我當然也想重返太空，有誰不想呢？但是一些小小的成就也讓我很滿意、很快樂，例如在中性浮力實驗室裡把某件事做好，或者把車子的某個故障問題修好。如果我用狹隘的方式去定義成就，認為只有高能見度的顛峰經驗才是成就，那麼參加太空任務之前的那些年，我一定覺得自己很失敗、很不快樂。如果你覺得自己能一天成就十件事，當然比每十年才成就一件事好多了。

生平最令我驕傲的一項成就，其實與太空任務、甚或我的太空人身分都無關：二〇〇七年，鄰居鮑伯（Bob）與我在小屋旁蓋了一座碼頭。鮑伯和我那間小屋的前任屋主處不好，以至於十年後兩座平行的碼頭日趨荒廢，更奇怪的是兩者之間隔著一道寬一英寸的縫隙（彷彿「楚河漢界」），偏偏它對我家那隻老狗就是有令人難解的吸引力，常常卡住牠的腳。鮑伯跟我立下一個充滿男子氣概的目標：為了省點錢，我們決定自己將碼頭稍微整修一番。我們的愛妻皆不以為然，皺著眉頭問道：「你們是在開玩笑吧？」

那句話更刺激了我們，決定把兩個碼頭都拆掉，重新來過，共同蓋一座穩固的碼頭，想在上面停一架小飛機都沒問題。我們只需買下一堆木材、租一台駁船和一台打樁機，然後在夏天放假時每天從日出忙到日落。就像幫和平號太空站蓋對接艙，這可以解決長期問題，同時讓先前敵對的雙方化敵為友，而且結果一樣令人受益良多，感到滿意——甚至更加滿意，因為那件事是我們自動自發完成的，全憑自己的手藝與巧思。感覺起來，興建那座碼頭是全世界最棒的差事。那一年我剛巧在太空總署的太空人辦公室擔任國際太空站的營運主任，至今我仍覺得碼頭才是我那一年的最大成就。

事實上，我覺得每一天都過得很滿意，不管是在外太空還是在地球上。我做什麼都全力以赴，哪怕只是在幫我那艘船修理船水泵，或者用吉他練彈還沒學過的歌曲。此外，我也會在一些小事上獲得滿足感，像是在網路上和女兒一起玩 Scrabble 拼字遊戲（我們從沒停下來），閱讀某個想成為太空人的一年級學童寫給我的信，或是把街上的口香糖包裝紙撿起來丟掉。不管是這一切，還是在太空總署服務期間，我有過許多走下舞台的經驗了，所以不怕退休。

如果你相信自己唱了一齣好戲，準備好放下一切，就算曲終人散也不必感到心痛。當太空梭快要除役時，常有記者要我公開表達內心有多難過：「我們知道你很難過太空梭要除役了，但你到底**有多**難過？」我一點也不難過。我非常自豪。太空梭總計出過一百三十五次太空任務，我有幸成為團隊的一分子，參與過的計畫包括將哈伯太空望遠鏡（Hubble telescope）放到地球軌道上，還有和平號太空站與國際太空站的興建工作。一路走來，我們挺過挑戰者號與哥倫比亞號兩艘太空梭失事的可怕意外。哥倫比亞號失事後，許多人說，該是讓太空梭走入歷史的時候了：重回外太空有何意義？為什麼要讓太空人冒生命危險？媒體的報導方式太過簡化，反對人士也未真正瞭解問題，只有一堆意見，但我們還是克服萬難，讓太空梭安全地繼續服役。我們需要靠太空梭，才能完成複雜無比的國際太空站興建計畫（當我們把第一批太空站站體送上外太空時，連設計都還沒完成），最後也辦到了。所以面對太空梭時代結束、太空梭變成博物館陳列品，我完全沒有難過的理由。太空梭曾是太空探險計畫的偉大工具，也完成了自己的使命。

我也這麼看待自己退休的事。我全力以赴，完成自己的使命，但現在是我邁向人生下一階段的時候了。然而，我不用像太空梭一樣被送入博物館——我也有過機會，只是沒有好好把握。幾年前，卑詩省某間博物館希望幫我立一尊人像：臉部用石膏塑型的方式製作（______，以上留白，你可以自行填入任何詼諧評語）。館方寄來一個包裹，裡面有石膏塑型說明書，還有一張安慰我的紙條寫著：「這沒有火箭科技那麼難啦。」所以海倫跟我把塑型工具組打開。裡頭有綠色膠狀物，要塗在我的頭髮、眉毛與八字鬍上，粉紅色膠狀物則是塗在臉部的其他地方，還有可以把膠狀物固定住的石膏布。說明寫得極為詳細，但整個過程還是像一場災難。海倫把膠狀物塗在我的鼻孔，差點把我搞死。膠狀物也太快定形，石膏布無法黏上。整張面具就這麼毀了。為此我躺在滿是石膏的地板上，耳朵還因此感染。

我心想也許這是註定好的，決定不要再受一次罪了。總之，一個沒有臉的假人完美地反映我在太空人生涯裡學到的一個道理：重視謙卑背後隱含的智慧，還有謙卑為你帶來的洞察力。謙卑的心讓我更順利地走下舞台。就算我決定走上一個新舞台，也無妨。

謝詞

這本書對我來講真的很重要。寫書的過程幫我把很多零碎的記憶、思緒與事件拼湊起來，不但化為文字，也讓我銘記於心。這本書裡面包含我這輩子做過的抉擇，就像我的心血結晶，拿著它有如抱著一個新生兒，簡直像奇蹟。

更重要的是，我非常感激它幫我把那麼多人、那麼多親友緊密地結合在一起，為某個目標努力付出。很多人甚至不知道自己有那麼大的貢獻，因為我只是在回憶裡請教他們，回想他們如何幫我塑造出各種信念。

我無法一一言謝，因為該感謝的人真可用「族繁不及備載」來形容。我只能挑出最重要的人，但是不可避免的，不管是很重要或者我愛的人，都可能被遺漏了。

家人給我的支持無窮無盡，他們給了我許多故事，引導我，給我很大的空間。我在卷首把這本書獻給海倫，因為沒有人比她更值得我感謝，她是我的最愛。在凱爾、伊凡和克莉絲汀成長的過程中，我始終是一個工作狂，也是個專心事業、沒什麼自己時間，也不常在家的老爸，對他們三人，我要在這裡說：你們的上校老爸很感謝你們。你們每個人都讓我非常自豪，可以到處吹噓你們有多好。對我的爸爸羅傑（Roger）與媽媽艾莉諾（Eleanor），我要說：多虧有你們傳承並交給我實踐的價值觀，我才有可能實現那一晚許下的太空飛行願望。我的人生能一飛沖天，是因為你們幫我打下基礎。我哥戴夫千里迢迢趕往貝科奴市，與我一起彈奏升空前的最後一首歌，我要對他說：你的音樂與我長相左右。

常言道「物以類聚」，不是好人不相識。瑞克·布洛海德（Rick Broadhead），是我可敬的朋友與經紀人，總為我帶來歡樂，體諒我，而且不屈不撓。一路走來，我始終感激艾莉諾·費里庸（Elinor Fillion）的實際協助與道義上的支持。凱特·費里庸（Kate Fillion）把我寫的一字一句看過那麼多遍，她實在瞭解我，令人驚訝。妳對我的熟悉，猶如一位指揮家，在新樂曲尚未演出前，就對那些樂音了然於心。真的很了不起。

安·柯林斯（Anne Collins）與約翰·帕斯利（John Parsley）充滿勇氣，也信任我。令人佩服的是，他們總是展現耐性與堅忍不拔，把事情做對。

最後我要感謝這裡沒有提及的人，並向他們致敬，因為你們與我共度此生。至於那些早已離我遠去的可貴友人，我要說：不管過去或未來，我都深受你們的影響。到目前為止，我的人生是一趟充滿刺激的旅程。我要擁抱你們每一個人。

國家圖書館出版品預行編目資料

太空人的地球生活指南 / 克里斯・哈德菲爾（Chris Hadfield）著 ; 陳榮彬譯. -- 初版. -- 臺北市 : 大塊文化, 2014.06
面 ;　公分. --（smile ; 117）
譯自 : An astronaut's guide to life on earth
ISBN 978-986-213-529-7（平裝）

1. 哈德菲爾（Hadfield, Chris） 2. 傳記 3. 生活指導 4. 太空人

785.38　　103006905

LOCUS

LOCUS

L O C U S

LOCUS